नेताजी सुभाष चन्द्र बोस : दस्तावेज़

भाषण-विचार

खण्ड-दो

नेताजी सुभाष चन्द्र बोस : दस्तावेज़

भाषण-विचार

खण्ड-दो

सम्पादक

सत्यप्रकाश सिंह

वाणी प्रकाशन

वाणी प्रकाशन

4695, 21-ए, दरियागंज, नयी दिल्ली 110 002

फ़ोन : +91 11 23273167 फ़ैक्स : +91 11 23275710

शाखाएँ

अशोक राजपथ, पटना 800 004, बिहार

कॉफ़ी हाउस कैम्पस, महात्मा गांधी मार्ग, इलाहाबाद 211 001, उत्तर प्रदेश

महात्मा गांधी अन्तरराष्ट्रीय हिन्दी विश्वविद्यालय, वर्धा 442 001, महाराष्ट्र

सुल्तानिया रोड, मोतिया पार्क, भोपाल 462 001, मध्य प्रदेश

www.vaniprakashan.com
marketing@vaniprakashan.in
sales@vaniprakashan.in

Netaji Subhash Chandra Bose : Dastavez-2
Edited by Satyaprakash Singh

ISBN : 978-93-5229-835-8
Collective Works

प्रथम संस्करण 2021

मूल्य : ₹ 595

आर. टेक ऑफ़सेट प्रिंटर्स, दिल्ली-110032 में मुद्रित

वाणी प्रकाशन का लोगो मक़बूल फ़िदा हुसेन की कूची से

देशवासियों के नाम सन्देश*

अपनी यूरोप यात्रा पर रवाना होने की पूर्व सन्ध्या पर मैं सभी मित्रों व देशभर में फैले अपने शुभचिन्तकों को, जिन्होंने मुझ में इतनी दिलचस्पी दिखायी, प्रेमपूर्ण व हार्दिक धन्यवाद देना चाहूँगा।

जब तक मैं भारत में रहा, मेरी अस्वस्थता के बावजूद सरकार ने, कारण वही जान सकते हैं, मुझे रिहा करना या थोड़ी-सी भी आज़ादी देना उचित नहीं समझा। यहाँ तक कि बार-बार अनुरोध करने के बावजूद उन्होंने मुझे अपने वृद्ध एवं बीमार माता-पिता से मिलने की अनुमति नहीं दी।

फिर भी मैं समझता हूँ कि जो थोड़ी-बहुत सुविधाएँ सरकार ने मेरे लिए जुटायीं, वह मेरे मित्रों व शुभचिन्तकों द्वारा देशभर में किये गये आन्दोलनों तथा विशेष रूप से राष्ट्रवादी प्रेस के कारण ही सम्भव हो पायी। उनके प्रति मैं हृदय से आभारी हूँ।

जनता भलीभाँति जानती है कि मेरे स्वास्थ्य की वर्तमान स्थिति की पूरी ज़िम्मेदारी सरकार पर है, फिर भी उन्होंने सरकारी ख़र्चे पर यूरोप में मेरे उपचार के लिए मना कर दिया और भारत में मेरे मित्रों व रिश्तेदारों को भी मेरा इलाज़ कराने की अनुमति नहीं दी।

मेरे बड़े भाई श्री शरत चन्द्र बोस के बन्दी बनाये जाने की वजह से, पिछले एक वर्ष से मेरा परिवार आर्थिक तंगी से गुज़र रहा है, अतः मेरे लिए सरकार का प्रस्ताव स्वीकार करना असम्भव था। किन्तु मेरे कुछ मित्रों व रिश्तेदारों ने स्वयं ही मेरे उपचार की ज़िम्मेदारी लेकर धन एकत्र करना शुरू किया है ताकि यूरोप में मेरे ठहरने व इलाज़ का ख़र्च वहन किया जा सके।

अतः, उन्हीं के प्रयत्नों से मेरा यूरोप जाकर इलाज़ करा पाना सम्भव हो पाया है।

---

* 25 जनवरी, 1933 को यूरोप यात्रा पर रवाना होने से पूर्व, यह सन्देश सुभाष चन्द्र बोस ने केवल फ्री प्रेस के नाम जारी किया था।

अभी मेरे लिए यह कह पाना सम्भव नहीं है कि मेरा स्वास्थ्य पुनः पहले-सा हो पायेगा अथवा नहीं। भविष्य में जो भी हो मैं उन सभी को, जिन्होंने मेरा यूरोप जाना सम्भव बनाया, हार्दिक धन्यवाद देता हूँ।

यद्यपि मैं बहुत संवेदनशील व्यक्ति हूँ, किन्तु अपने मित्रों व शुभचिन्तकों की सहायता को स्वीकारने में मुझे झिझक नहीं है, क्योंकि मेरा मानना है कि केवल ख़ून का रिश्ता ही रिश्ता नहीं है, सभी देशवासी मेरा परिवार हैं, मैंने अपने देश के प्रति अपना जीवन समर्पित कर दिया है। अतः देशवासियों का भी मेरी देखभाल करने में उतना ही हक़ है जितना कि मेरे रिश्तेदारों का है।

ईश्वर से मेरी प्रार्थना है कि वह मुझे भी उसी प्रेम व स्नेह से भर दे जो प्रेम व स्नेह मुझ पर मेरे हर जाति व धर्म के देशवासियों ने न्योछावर किया है।

मेरे विदेश रवाना हो जाने के क्षणों तक मुझ पर लगी पाबन्दियों के बावजूद मैं अपने साथ अपने देशवासियों के शुभविचार, शुभकामनाएँ और प्रेम तथा सहानुभूति लेकर जा रहा हूँ।

मैं उन्हें विश्वास दिलाना चाहता हूँ कि मेरे स्वास्थ्य अर्जन में उनकी प्रार्थनाएँ व शुभकामनाएँ महत्त्वपूर्ण भूमिका अदा करेंगी (यदि अधिक देर नहीं हुई है तो) क्योंकि किसी भी चिकित्सक द्वारा दी जाने वाली अच्छी-से-अच्छी दवाई से अधिक महत्त्वपूर्ण अपनों की दुआएँ होती हैं।

साम्राज्यवाद विरोधी संघर्ष और साम्यवाद*

अपनी राजनीतिक स्वतन्त्रता की प्राप्ति के लिए हम लोग ब्रिटिश सरकार के साथ अहिंसापूर्ण संघर्ष कर रहे हैं। किन्तु आज हमारी स्थिति उस सेना के समान है जिसने कड़े संघर्ष के दौरान अचानक दुश्मन के सम्मुख बिना शर्त आत्मसमर्पण कर दिया हो।** यह आत्मसमर्पण भी इसलिए नहीं है कि राष्ट्र की यह माँग है या राष्ट्रीय सेना ने अपने नेताओं के विरुद्ध विद्रोह किया है या युद्ध के दौरान सेना बल में कटौती कर दी गयी है बल्कि इसलिए है कि हमारे कमांडर-इन-चीफ़ लगातार उपवास रखकर थक गये हैं अथवा किसी विशेष कारण ने उनके निर्णय को आच्छादित कर लिया है, वह कारण उनके सिवा किसी और के लिए समझ पाना असम्भव है।

* 10 जून, 1933 को लन्दन में तृतीय भारतीय राजनीतिक सम्मेलन में, अनुपस्थिति में पढ़ा गया अध्यक्षीय भाषण।

** यहाँ बोस जन-अवज्ञा आन्दोलन को माहत्मा गाँधी द्वारा अचानक वापस लिए जाने के सम्बन्ध में कह रहे हैं—सम्पादक।

मैं पूछता हूँ कि यदि किसी अन्य देश में ऐसा होता तो क्या हुआ होता। महान युद्ध के पश्चात दुश्मन के सम्मुख आत्मसमर्पण करने वाली सरकारों की क्या नियति हुई? किन्तु भारत अद्‌भुत जगह है।

1933 का आत्मसमर्पण 1922 के बारदोली वापसी की याद दिलाता है। किन्तु 1922 की वापसी के लिए कुछ स्पष्टीकरण, चाहे असन्तोषजनक ही क्यों न हो, तो दिया जा सकता है। 1922 में लोक अवज्ञा आन्दोलन को समाप्त करने के लिए चौरी-चौरा में हुई हिंसा को ज़िम्मेदार ठहराया गया था। किन्तु 1933 के आन्दोलन में आत्मसमर्पण करने के लिए क्या स्पष्टीकरण प्रस्तुत किया जा सकता है?

इसमें दो राय नहीं कि असहयोग आंदोलन, जो 1920 में शुरू किया गया, आज तक किसी-न-किसी प्रकार अस्तित्व में था, भारत के लिए वर्ष 1920 का सबसे उपयोगी आन्दोलन था। इसमें भी कोई शक नहीं कि 1920 में जब राजनीति के क्षेत्र में भारत अधिक आक्रामक रुख अपनाने की योजना बना रहा था तब महात्मा गाँधी निर्विवाद प्रवक्ता बनकर सामने आये और लोगों को विजय की ओर अग्रसर किया। इसमें भी दो राय नहीं कि पिछले दशक में भारत एक सदी आगे बढ़ा है। किन्तु आज भारतीय इतिहास के चौराहे पर खड़े होकर यह सोचना आवश्यक और उचित है कि, हमने कहाँ-कहाँ ग़लतियाँ की हैं ताकि भविष्य में सभी ग़लतियों से अपने को बचाते हुए हम सही दिशा में क़दम रख सकें।

स्वतन्त्रता प्राप्त करने के हमारे समक्ष दो मार्ग हैं। एक तो आक्रामक मार्ग है। दूसरा मार्ग समझौते का मार्ग है। यदि हम प्रथम मार्ग का चुनाव करते हैं तो हमें स्वतन्त्रता प्राप्ति तक निरन्तर संघर्ष करना होगा और जब तक हम स्वतन्त्र नहीं हो जाते, किसी प्रकार का समझौता करने का प्रश्न ही नहीं उठेगा। किन्तु यदि दूसरा मार्ग अपनाते हैं तो हमें अपनी स्थिति को सुधारने के लिए, इससे पहले कि अन्य क़दम उठाये जायें, विरोधियों से कई छोटे-मोटे समझौते करने होंगे।

सबसे पहले तो प्रत्येक व्यक्ति को यह स्पष्ट जानकारी हो जानी चाहिए कि पिछले तेरह वर्ष से चला आ रहा हमारा संघर्ष असहयोगपूर्ण आक्रामक रुख अपनाये हुए था या समझौते का रुख अपनाये हुए था। सन्देहास्पद आदर्शवादी नीति ने बहुत हानि पहुँचाई है। यदि हमारा रवैया आक्रामक रहा होता तो 1922 में बारदोली आत्मसमर्पण नहीं होता और न ही मार्च, 1931 का दिल्ली समझौता ही होता। दूसरी ओर यदि समझौतावादी नीति अपनायी गयी होती तो दिसम्बर 1931 में हमें, जबकि स्थिति भी हमारे पक्ष में थी, ब्रिटिश सरकार से लाभ मिला होता। मार्च, 1931 में हमारी दृष्टि से स्थिति समझौता करने की नहीं थी,

जब तक कि भारतीय राष्ट्रीय कांग्रेस व ब्रिटिश सरकार के मध्य समझौता न किया जाता। मार्च, 1931 में हमारी क्षमता को देखते हुए वह समझौता असन्तोषजनक था। संक्षेप में हम कह सकते हैं कि राजनीतिक योद्धाओं के रूप में न तो हमने आक्रामक रुख ही अपनाया और न हमने राजनीति से ही काम लिया।

भारतवासियों जैसे निहत्थे लोगों व प्रथम श्रेणी के ग्रेट ब्रिटेन जैसे उपनिवेशवादियों के मध्य संघर्ष में हमें आवश्यक स्रोतों की उपलब्धि तभी हो सकती है यदि हमारे लोगों में उत्साह बना रहे और वे सरकार के प्रति विरोधी रुख अपनाये रहें। दो हथियारबन्द व प्रशिक्षित सेनाओं के मध्य संघर्ष में मनोवैज्ञानिक तथ्य का महत्त्व नहीं जैसा कि हमारी स्थिति में आवश्यक है। सन् 1922 में जब पूरा राष्ट्र पूरे मनोयोग से क्रियाशील था और लोगों से साहसपूर्ण व त्यागपूर्ण संघर्ष की पूर्ण आशा थी। उस समय में हमारे कमांडर-इन-चीफ़ ने समझौते का हाथ बढ़ा दिया। यह भी ठीक उस समय हुआ जब कुछ माह पूर्व एक उपयुक्त अवसर गँवा दिया गया, जो आज की स्थिति में राज्य से समझौता करने का एक अच्छा अवसर सिद्ध होता।

बीते इतिहास को याद रखना और उससे कुछ सीखना आसान नहीं है और भारत की वर्तमान स्थिति से स्पष्ट होता है कि हमने 1921 व 1922 की घटनाओं से कोई पाठ नहीं सीखा है। यह दुखद बात है कि वर्ष 1925 और 1931 में देशबन्धु सी. आर. दास व पण्डित मोतीलाल नेहरू की मृत्यु के पश्चात भारतीय इतिहास के पटल से दो मुख्य राजनीतिज्ञ खो गये जो सम्भवतः भारत को वर्तमान स्थिति से बचा पाने में सक्षम होते।

दिसम्बर, 1927 में जब भारतीय राष्ट्रीय कांग्रेस की मद्रास में बैठक हुई थी तब स्वतन्त्रता के प्रस्ताव पर एकमत सहमति से संकेत मिला था कि हमारे लोग उत्साह से परिपूर्ण हैं। सन् 1928 में जब बम्बई में साइमन कमीशन आया तब, सम्पूर्ण भारत में हुए प्रदर्शन सन् 1921 के दिनों की याद दिलाते थे। एक दृष्टि से सन् 1928 की स्थिति सन् 1921 की स्थिति की अपेक्षा अधिक लाभकारी थी, 1921 में भारतीय उदारवादी कांग्रेस के विरोधी थे जबकि 1928 में ब्रिटिश सरकार के विरुद्ध थे तथा साइमन कमीशन के विरुद्ध संघर्ष में कांग्रेस व लिबरल पार्टी साथ थी। अतः साइमन कमीशन के आगमन पर 1922 में महात्मा गाँधी द्वारा स्वेच्छा से स्थगित किये गये आन्दोलन को पुनर्जीवित करने का अच्छा अवसर था। पिछले दो वर्षों में आगे बढ़ने की अपेक्षा हमारे क़दम पीछे की ओर हटे हैं। दिसम्बर, 1928 में कलकत्ता कांग्रेस अधिवेशन में 900 की अपेक्षा 1300 वोट द्वारा एक प्रस्ताव पारित किया गया था, जिससे कांग्रेस द्वारा प्रभुत्व की स्थिति

को स्वीकार कर लेने से हम पीछे की ओर ही हटे। इस प्रकार कलकत्ता में हम न केवल दिसम्बर, 1927 की मद्रास की अपनी स्थिति से पीछे हटे, बल्कि 1920 की नागपुर स्थिति से भी पिछड़े, जहाँ नागपुर प्रस्ताव में स्वराज का अर्थ पूर्ण स्वतन्त्रता माना गया था न कि 'डोमिनियन स्टेटस'।

कलकत्ता कांग्रेस के प्रस्ताव में ब्रिटिश सरकार को एक वर्ष का समय दिया गया जिसके भीतर उन्हें भारत में डोमिनियन स्टेटस क़ायम करना था, किन्तु सरकार भारत को कोई ऐसी पेशकश देने को तैयार नहीं है। कांग्रेस नेताओं की स्थिति बहुत ख़राब हो गयी है क्योंकि वर्ष 1928 बीत रहा है और कोई प्रस्ताव पेश नहीं हुआ है। नवम्बर, 1929 में लाहौर कांग्रेस में नेताओं द्वारा पुनः प्रयत्न किया गया, किन्तु वह भी निरर्थक रहा। संयुक्त घोषणा-पत्र जिसे अब दिल्ली घोषणा-पत्र माना जाता है—में नेताओं ने इस शर्त पर लन्दन में आयोजित की जा रही गोलमेज कॉन्फ्रेंस में भाग लेना स्वीकार किया है कि भारत को 'डोमिनियन स्टेटस' दिये जाने का आश्वासन दिया जाये।

सन् 1928 के कलकत्ता कांग्रेस में 'डोमिनियन स्टेटस' प्रस्ताव के विषय में मैंने महात्मा गाँधी का विरोध करने का दुस्साहस किया था और नवम्बर 1929 में दिल्ली घोषणा-पत्र का विरोध करने का विचार भी था। हमें यह समझ लेना चाहिए कि गोलमेज़ सम्मेलन पूर्णतः मिथ्या था, क्योंकि उसमें युद्धरत दोनों गुटों के पूर्णाधिकार प्राप्त प्रतिनिधि शामिल नहीं थे। सरकार द्वारा नामित अवर्गीकृत अधिकांश भारतीय इस सम्मेलन में उपस्थित होंगे जो ब्रिटिश राजनीतिज्ञों की राय को स्वीकार कर लेंगे। इस पर भी यदि किसी कारण से सम्मेलन में भारत के पक्ष में निर्णय हो जाते हैं तो भी वे ब्रिटिश सरकार पर लागू नहीं होंगे। हम बताना चाहते हैं कि इस सम्मेलन को आयोजित करने का सरकार का मुख्य उद्देश्य भारतवासियों को इंग्लैंड में बुलाना है और उन्हें आपस में झगड़वाकर स्वयं तमाशा देखना है। इसलिए हमारी राय है कि जिस प्रकार सिन फिन्नरर्स ने आयरिश सम्मेलन का बहिष्कार किया था, जिसका आयोजन श्री लायड जार्ज ने किया था, उसी प्रकार भारतीय राष्ट्रीय कांग्रेस को भी गोलमेज़ कॉन्फ्रेंस का बहिष्कार करना चाहिए।

किन्तु हमारी पुकार व्यर्थ थी। हमारे नेतागण सरकार से होने वाले संघर्ष, जिससे बचना कठिन होता जा रहा था, से अपने आपको सुरक्षित बाइज़्ज़त बचाने के लिए बेचैन थे। किन्तु सरकार कोई अवसर प्रदान नहीं कर रही थी। परिणामतः जब दिसम्बर, 1929 में लाहौर कांग्रेस की बैठक हुई तब लोग बहुत उत्तेजित थे और नेताओं के पास स्वतन्त्रता का प्रस्ताव पारित करने के अतिरिक्त शेष कोई चारा नहीं था।

स्वतन्त्रता में ब्रिटिश नियन्त्रण के पृथकरण की बात थी–वह एक कड़वी गोली थी जिसे पचाना भी कठिन कार्य था। कांग्रेस ने निर्विवाद रूप से इस प्रस्ताव को स्वीकार लिया और 9 वर्ष से चली आ रही इस ढुलमुल नीति को समाप्त कर दिया, तब हमारे देश के मध्यमार्गी लोगों में जागृति आयी। हमारे नेताओं ने उन्हें भरोसा दिलाने के लिए सुन्दर मुहावरे और आकर्षक नारे गढ़ लिए। हमें बताया गया कि स्वतन्त्रता का अर्थ पूर्ण स्वराज है, (जिसको प्रत्येक व्यक्ति अपनी सुविधानुसार अर्थ दे सकता है।) महात्मा गाँधी ने सन् 1930 में अपना प्रसिद्ध ग्यारह सूत्रीय कार्यक्रम बनाया जो उनके अनुसार स्वतन्त्रता का सार था और जिसके आधार पर सुगमता से ब्रिटिश सरकार से समझौता किया जा सकता था। इस तरह नेताओं के इन कार्यों द्वारा लाहौर कांग्रेस द्वारा पारित स्वतन्त्रता प्रस्ताव का प्रभाव स्वतः ही व्यर्थ हो गया।

लाहौर कांग्रेस के पश्चात नेताओं के लिए अकर्मण्य बैठना कठिन हो गया। इसलिए 26 जनवरी, 1930 में स्वतन्त्रता दिवस समारोह मनाकर आन्दोलन का शुभारम्भ किया गया। अप्रैल तक पूरा भारत आन्दोलन की गिरफ़्त में आ गया (अहिंसक आन्दोलन ही सही)। क्रियाशील होने के आह्वान का परिणाम इतना ज़बर्दस्त था कि महात्मा गाँधी भी चकित हो गये और उन्हें यह कहना पड़ा कि यह आन्दोलन दो वर्ष पूर्व शुरू किया जा सकता था।

1921 के आन्दोलन की ही भाँति 1930 के आन्दोलन से सरकार अचम्भित रह गयी और बहुत दिन तक यह निर्णय नहीं कर पायी कि इस आन्दोलन को दबाने के लिए क्या प्रभावशाली क़दम उठाये जायें। अन्तरराष्ट्रीय आर्थिक और राजनीतिक स्थिति ने भी भारत की सहायता की। इसलिए मार्च, 1931 के दिल्ली समझौते (गाँधी-इरविन समझौता) के तहत कार्रवाई को स्थगित करना भारी भूल थी। यदि नेतागण समझौता करना चाहते थे तो उन्हें उपयुक्त समय की प्रतीक्षा करनी चाहिए थी, और वह अवसर ज़रूर आता यदि छह माह या एक वर्ष तक आन्दोलन जारी रहता। एक बार फिर व्यक्तिवाद की जीत हुई और दिल्ली समझौता करते समय उद्देश्यों पर ध्यान नहीं दिया गया। मैं तो यहाँ तक कह सकता हूँ कि यदि मार्च, 1931 की स्थितियों को ध्यान में रखा जाता तो भी यदि हमारे नेताओं ने राजनीति और दूरदर्शिता से काम लिया होता तो अधिक उपयोगी मुद्दों पर समझौता किया जा सकता था।

किन्तु वास्तविकता यह थी कि, यह समझौता सरकार के लिए तो लाभदायक सिद्ध हुआ, किन्तु हम लोगों के लिए हानिकारक सिद्ध हुआ। सरकार को कांग्रेस द्वारा सन् 1930 व 1931 में अपनाये गये तरीक़ों के अध्ययन का अवसर मिल

गया जिससे उन्होंने अपने तन्त्र को इस काबिल बना लिया कि जब भी कांग्रेस आन्दोलन करे तो वे उसे दबाने में कामयाब हो सकें। अतः यह आवश्यक हो गया कि वर्ष 1931 की समाप्ति से पूर्व सरकार द्वारा जनवरी 1932 में पारित प्रस्ताव की तथा वर्षभर अपनाये गये तरीक़ों की खोज की जाये। किन्तु कांग्रेस ने क्या किया? इस तथ्य को जानने के बावजूद भी, कि सीमावर्ती प्रान्तों, संघीय प्रान्तों तथा बंगाल में असन्तोष व्याप्त है, हमारे नेताओं ने संघर्ष जारी रखने की दृष्टि से देश को तैयार नहीं किया। यदि मैं यह कहूँ कि यह सब कुछ युद्ध की स्थिति से बचने के लिए किया गया तो मैं ग़लत नहीं हूँ।

कुल मिलाकर दिल्ली समझौते ने कोई विशेष प्रभाव नहीं डाला, क्योंकि लोगों का रुख इतना आक्रामक था कि वे नम्र नारों से शान्त होने वाले नहीं थे। यदि ऐसा न होता तो मुझे पूरा विश्वास है कि तब नेतागण निश्चय ही शत्रुतापूर्ण रवैये को दबा देने में सफल हो जाते। भविष्य के कार्यकर्ताओं को यह अवश्य जान लेना चाहिए कि 1932 का आन्दोलन नेताओं द्वारा ठीक रूप में नहीं चलाया गया, जैसा कि चलाया जाना चाहिए था, बल्कि ज़बर्दस्ती उन्हें इस आन्दोलन में खींच लाया गया था। यदि यह बात सही है तो, इसमें कोई आश्चर्य नहीं होना चाहिए अगर हमारे नेतागण 1932, जनवरी में जिस संकटपूर्ण स्थिति में डाले गये थे, आज उससे बचने का प्रयास करें।

यदि हम मार्च, 1931 के दिल्ली समझौते को बार-बार पढ़ें तो वह एक दुखदायी दस्तावेज़ है—

1. सबसे पहली बात तो यह है कि उसमें स्वराज जैसे महत्त्वपूर्ण विषय के सम्बन्ध में, ब्रिटिश सरकार की ओर से, आश्वासन का एक भी शब्द नहीं है।

2. दूसरी बात यह है कि भारतीय राजाओं के साथ फ़ेडरेशन (संघ) के प्रस्ताव की मौन स्वीकृति शामिल है, मेरे विचार में यह प्रस्ताव देश की राजनीतिक प्रगति में बाधक है।

3. इसमें उन बन्धक बनाये गये अहिंसक दूतों, गढ़वाली सैनिकों की रिहाई का कोई प्रावधान नहीं, जिन्होंने अपने निहत्थे देशवासियों पर गोली चलाने से इनकार कर दिया था।

4. उन राज्यबन्दियों या नज़रबन्दियों की रिहाई का भी प्रावधान नहीं, जिन्हें बिना मुक़दमा चलाये, बिना क़सूर के बन्दी बनाकर रखा गया था।

5. पिछले कई वर्षों से चले आ रहे मेरठ षड्यन्त्र काण्ड को वापस लेने का कोई प्रावधान नहीं।

6. उन राजनीतिक बन्दियों, जिन्होंने लोक अवज्ञा आन्दोलन में भाग नहीं लिया, की रिहाई का कोई प्रावधान नहीं।

अतः यह स्पष्ट है कि दिल्ली समझौते के अन्तर्गत, गढ़वाली सैनिकों, राज्यबन्दियों, मेरठ षड्यन्त्र काण्ड तथा क्रान्तिकारी बन्धकों आदि के विषय में किसी प्रकार की चर्चा नहीं की गयी, इससे पता चलता है कि स्वयं को उपनिवेशवाद के विरुद्ध संघर्ष करने वाली केन्द्रीय पार्टी मानने वाली, राष्ट्रीय कांग्रेस ने केवल सत्याग्रहियों का प्रवक्ता व प्रतिनिधि होना ही स्वीकारा।

यदि मार्च, 1931 का दिल्ली समझौता बड़ी भूल थी तो मई, 1933 का आत्मसमर्पण दुर्भाग्य था। राजनीतिक युद्धनीति के सिद्धान्तों के अनुसार तो लोक अवज्ञा आन्दोलन को और अधिक सुदृढ़ कर सरकार पर दबाव डाला जाना चाहिए था जबकि उस समय भारत के नये संविधान की रूपरेखा पर चर्चा चल रही थी। ऐसी नाज़ुक स्थिति में आन्दोलन को स्थगित कर देने से सारा कार्य, संघर्ष और राष्ट्र की तपस्या, जो पिछले तेरह वर्षों में की गयी थी, व्यर्थ हो गयी। दुखद स्थिति तो यह है कि जो लोग इस विश्वासघात के विरुद्ध कड़े शब्दों में अपने विचार व्यक्त कर पाते वे जेल में बन्दी बनाकर रखे गये हैं। जो जेल से बाहर हैं वे महात्मा गाँधी के 21 दिनों के उपवास के कारण अधिक विरोध नहीं कर पाये।

किन्तु ढाँचा बन चुका है। लोक अवज्ञा आन्दोलन को एक माह स्थगित करने का अर्थ है सदा के लिए दबा देना, क्योंकि इतने लोगों की भागीदारी एक रात में नहीं बनायी जा सकती। अतः अब हमारे सामने समस्या यह है कि इस दुखद स्थिति से कैसे निपटा जाये और भविष्य के लिए क्या योजनाएँ अपनायी जायें।

इस समस्या को हल करने से पूर्व हमें दो प्रश्नों के उत्तर और देने होंगे

1. हमारे उद्देश्य के अन्तर्गत क्या इंग्लैंड व भारत के बीच समझौता सम्भव है?

2. हमारी नीतियों को देखते हुए समय-समय पर समझौते करके अथवा बिना समझौतों के आक्रामक रुख अपनाकर राजनीतिक स्वतन्त्रता प्राप्त की जा सकती है।

पहले प्रश्न के उत्तर में मैं कहना चाहूँगा कि यह समझौता सम्भव नहीं है। राजनीतिक समझौता तभी सम्भव है जब दोनों के रास्ते एक हों। किन्तु भारत और इंग्लैंड के सन्दर्भ में रास्ते क़तई एक नहीं हैं इसलिए इन दो राज्यों में समझौता असम्भव है, जैसा कि निम्न बातों से भी स्पष्ट होता है–

1. दोनों देशों के मध्य सामाजिक रूप में कोई साम्य नहीं है।

2. भारत और ब्रिटेन की संस्कृति में कोई साम्यता नहीं है।

3. आर्थिक दृष्टि से, भारत ब्रिटेन को कच्चा माल उपलब्ध कराने का माध्यम मात्र है जबकि उपभोक्ता स्वयं ब्रिटेन है दूसरी ओर भारत स्वयं निर्माता बनना

चाहता है ताकि पक्के माल का निर्माण करने में वह आत्मनिर्भर हो सके और न केवल कच्चे माल का अपितु पक्के माल का भी निर्यात कर सके।

4. आजकल भारत ग्रेट ब्रिटेन के लिए सबसे बड़ा ख़रीददार है। इसलिए भारत का औद्योगिक विकास ब्रिटेन की आर्थिक स्थिति के लिए हानिकारक है।

5. भारत की सेना और प्रशासनिक सेवाओं में फ़िलहाल ब्रिटिशवासियों को नौकरियाँ मिली हुई हैं। किन्तु इससे भारत को हानि है, भारत चाहता है कि उसके अपने बालक-बालिकाएँ इन पदों पर आरूढ़ हों।

6. भारत पूर्णतः आत्मनिर्भर है और ग्रेट ब्रिटेन की किसी भी प्रकार की सहायता के बिना भी अपने पैरों पर खड़ा हो सकता है इस दिशा में अन्य संघों की अपेक्षा भारत की स्थिति अधिक मज़बूत है।

7. ब्रिटेन ने भारत को एक अरसे से दबाया और शोषित किया है, अतः यह भय सत्य है कि यदि दोनों देशों के मध्य कोई राजनीतिक समझौता हुआ तो भारत को हानि होगी और ब्रिटेन को लाभ पहुँचेगा। इतने वर्षों की ग़ुलामी के बाद भारत में हीनभावना पैदा हो गयी है और यह तब तक दूर नहीं हो सकती जब तक कि वह ब्रिटेन साम्राज्य से पूर्ण मुक्त न हो जाये।

8. भारत पूर्ण स्वतन्त्र राष्ट्र का दर्जा चाहता है, जिसमें उसका स्वयं का झण्डा हो, अपनी सेना हो, आर्मी, नेवी और वायुसेना तथा सभी स्वतन्त्र देशों की राजधानियों में उसके अपने राजदूत हों। इस जीवनदायी और शक्तिवर्धक स्वतन्त्रता के बिना भारतवासियों को आत्मसन्तुष्टि नहीं होगी। भारत के लिए स्वतन्त्रता, मनावैज्ञानिक, नैतिक, सांस्कृतिक, आर्थिक व राजनीतिक आवश्यकता है। भारत में नये जागरण की यह आवश्यक शर्त है। आज के बाद भारत में स्वतन्त्रता का अर्थ संघीय राज्य नहीं, जैसा कि कनाडा या आस्ट्रेलिया में है, बल्कि पूर्ण स्वतन्त्रता है जैसी संयुक्त राज्य अमेरिका अथवा फ्रांस में है।

9. जब तक भारत ब्रिटिश साम्राज्य के नियन्त्रण से मुक्त नहीं हो जाता तब तक वह ब्रिटिश राज्य के अधीन स्थानों में रह रहे भारतवासियों के हित में कोई क़दम नहीं उठा सकता। ग्रेट ब्रिटेन का झुकाव सदा गोरों के साथ रहा है और रहेगा भी, जो भारत के विरुद्ध है दूसरी ओर स्वतन्त्र भारत अपने उन लोगों के हित में, अधिक गम्भीरता से क़दम उठा पायेगा, जो ब्रिटिश राज्य अधीन देशों में रह रहे हैं।

इन सब बातों से यह स्पष्ट है कि भारत व ग्रेट ब्रिटेन के मध्य समझौता सम्भव नहीं है परिणामतः यदि भारतीय नेता इस तथ्य को नकारकर ब्रिटिश सरकार के साथ समझौता कर भी लेते हैं तब भी वह अधिक समय तक चलने वाला नहीं।

मार्च, 1931 के गाँधी-इरविन समझौते की भाँति ही यह भी अल्पायु सिद्ध होगा। भारत की सामाजिक, आर्थिक और राजनीतिक शक्तियाँ जो भारत के भीतर रहकर कार्य कर रही हैं वह ऐसी हैं कि ये भारत और ब्रिटेन के मध्य तब तक समझौता नहीं होने देंगी जब तक कि भारत की वैधानिक आकांक्षाएँ परिपूर्ण नहीं हो जातीं।

वर्तमान गतिरोध का हल भारत की स्वतन्त्रता में निहित है जिसका अर्थ है भारत में ब्रिटिश साम्राज्य की पराजय। अब हमें भली-भाँति सोचना होगा कि भारत स्वतन्त्रता कैसे हासिल कर सकता है?

दूसरा प्रश्न अर्थात कौन-सी विधि अपनायी जायी—के जवाब में मैं कहना चाहूँगा कि देश ने छोटे-मोटे समझौते करना भी अब अस्वीकार कर दिया है। भारतीय राष्ट्रीय कांग्रेस को भी देशवासियों का सहयोग इसलिए प्राप्त हो रहा था क्योंकि कांग्रेस ने स्वतन्त्रता दिलाने का वादा किया था, और जब तक आज़ादी नहीं मिल जाती संघर्ष करते रहने की बात की थी। इसलिए भविष्य की नीति व योजना का निर्धारण करते समय हमें हमेशा के लिए, समय-समय पर समझौते करने की प्रवृत्ति को छोड़ देना पड़ेगा।

कांग्रेस को आशा थी कि वह सिविल प्रशासन को असहयोग व अवज्ञा आन्दोलन की सहायता से पंगु बनाकर राजनीतिक स्वतन्त्रता हासिल कर लेगा। भविष्य में सफल होने की दृष्टि से हमें उन कारणों का विश्लेषण करना आवश्यक है जिनकी वजह से हम अपने उद्देश्य में असफल रहे।

आज भारत में ब्रिटिश सरकार की स्थिति भारतीय राष्ट्रीय कांग्रेस की तुलना में ठीक उस हथियारबन्द सेना की तरह है जो विजय की कगार पर पहुँचकर अचानक विरोधी हो गयी है। कितना भी हथियारबन्द क़िला क्यों न हो किन्तु उसके सुरक्षित अस्तित्व के लिए चारों ओर बसे लोगों का मैत्रीपूर्ण रवैया अति आवश्यक है। किन्तु यदि चारों ओर के लोग विरोधी हो जायें तब भी ख़तरे की कोई बात नहीं जब तक कि वे क़िले को जीतने के लिए आक्रामक रवैया नहीं अपनाते। भारतीय राष्ट्रीय कांग्रेस क़िले के निकटवर्ती लोगों की पूरी सहानुभूति व सहयोग जीतने में सफल रही है। भारत की ओर से यह आन्दोलन की प्रथम सीढ़ी है। दूसरी सीढ़ी के लिए निम्न दोनों में से एक क़दम उठाया जाना चाहिए—

1. साम्राज्य को आर्थिक रूप से पूर्ण असहयोग, जिससे वहाँ की सेना भूखी मरकर आत्मसमर्पण कर देगी।

2. सेना और हथियारों की सहायता से क़िले पर क़ब्ज़ा।

इतिहास साक्षी है कि दोनों विधियों से सफलता मिली है पिछले महायुद्ध में सैन्य दृष्टि से जर्मनी विजयी हुआ किन्तु मित्र राष्ट्रों की आर्थिक सहायता

के अभाव में उसे आत्मसमर्पण करना ही पड़ा। यह इसलिए सम्भव हो पाया क्योंकि मित्र राष्ट्रों का समुद्र और जर्मनी तक पहुँचने वाली संचार सेवाओं पर पूर्ण आधिपत्य था।

भारत में शत्रु के क़िले को हथियारों द्वारा जीतने का कोई प्रयास अभी तक नहीं हुआ है क्योंकि कांग्रेस की नीति सदा अहिंसक रही है। कांग्रेस द्वारा सामान्य रूप में आर्थिक विघ्न निम्न कारणों से सम्भव नहीं हो पाया।

क. भारत की सभी बाह्य संचार प्रणालियाँ सरकार के अधीन हैं।

ख. भारत के अन्दर त्रुटिपूर्ण संगठन, तथा एक बन्दरगाह से देश के दूरदराज़ इलाक़ों तक पहुँचने वाली संचार-प्रणाली पर कांग्रेस की अपेक्षा सरकार का नियन्त्रण।

ग. राजस्व एकत्र करने वाले तन्त्र—जिन पर भारत में ब्रिटिश राज्य का अस्तित्व निर्भर है—के विषय में गम्भीरता से कोई विचार नहीं किया गया। अधिकांश राज्य घाटे में हैं, अतः सरकार या तो कर बढ़ा देती है या फिर उधार लेती है।

यह सदैव याद रखने की बात है कि राष्ट्रीय आन्दोलन को सफल बनाने के लिए और विदेशी सरकार को निष्क्रिय करने के लिए निम्न क़दम उठाने अति आवश्यक हैं—

1. करों व राज्य की आय को बचाना।

2. ऐसे माध्यमों को अपनाना, जिनकी सहायता आर्थिक या सैन्य-सरकार को निराशा के क्षणों में प्राप्त होती हो।

3. भारत ब्रिटिश सरकार के शुभचिन्तकों की सहानुभूति व सहयोग जीतने की कोशिश जैसे—सेना, पुलिस व सिविल सेना अधिकारी ताकि आन्दोलन को दबाने के लिए सरकार द्वारा दिये गये आदेशों का अनुपालन न हो सके।

4. सैन्य बल पर असली शक्ति पर क़ब्ज़ा स्थापित करना।

अन्तिम क़दम को छोड़ दिया जा सकता है क्योंकि कांग्रेस अहिंसा के प्रति वचनबद्ध है किन्तु यदि हम निम्न तरीक़े नहीं अपनायेंगे तो हम वर्तमान प्रशासन को आत्मसमर्पण करने के लिए बाध्य नहीं कर पायेंगे।

1. कर तथा राजस्व संग्रह करने पर रोक।

2. मज़दूर एवं किसान संगठनों को सरकार तक पहुँचाई जा रही सहायताओं को रोकने का आग्रह कर।

3. अपने प्रचार की सहायता से सरकार के सहायकों की सहायता व सहानुभूति प्राप्त करना।

यदि उपर्युक्त तीन तरीक़े भी अपना लिए गये तो सरकारी तन्त्र को छिन्न-भिन्न किया जा सकता है। प्रथम तौर पर उनके लिए प्रशासनिक व्यय वहन करना कठिन हो जायेगा। दूसरे, उनके आदेशों की उनके अपने अधिकारी अवहेलना करेंगे। और अन्त में अन्य क्षेत्रों से मिलने वाली सहायता सरकार तक नहीं पहुँच पायेगी।

राजनीतिक स्वतन्त्रता पाने का कोई अन्य आसान मार्ग नहीं है। यदि जीत प्राप्त करनी है तो उपर्युक्त तरीक़ों को पूर्णरूप में या एक-एक कर अपनाना आवश्यक होगा। कांग्रेस की हार की वजह यही थी कि वह इन तीन तरीक़ों में से एक भी तरीक़ा अपना नहीं पायी। शान्तिपूर्ण बैठकों, जुलूसों और प्रदर्शनों ने, जो पिछले कुछ वर्षों से चले आ रहे हैं, सरकारी प्रतिबन्ध के बावजूद, कुछ असर तो पैदा किया है और सरकार को नाराज़ भी किया है, किन्तु वे सरकार के अस्तित्व को कोई ख़तरा नहीं पहुँचा पाये हैं। हमारे सभी प्रदर्शनों व जनवरी, 1932 से 70 हज़ार लोगों की गिरफ़्तारी के बावजूद ब्रिटिश सरकार कह सकती है कि–

1. उनकी सेना उनके प्रति वफ़ादार है।
2. उनका पुलिस बल पूर्ण ईमानदार है।
3. उनका सिविल प्रशासन (राजस्व एवं कर एकत्र करने वाला विभाग, न्यायालय, क़ानून और जेल प्रशासन) अभी उनका हितैषी है।
4. सरकारी अधिकारियों का जीवन और सम्पत्ति अभी तक पूर्ण सुरक्षित है।

सरकार शेख़ी बघार सकती है कि यदि भारत की सामान्य जनता उसकी विरोधी भी हो तब भी कोई फ़र्क़ नहीं पड़ता। जब तक हम लोग आक्रामक रुख अपनाकर, आर्थिक असहयोग द्वारा सरकार पर दबाव नहीं डालेंगे तब तक वर्तमान सरकार अनन्त काल तक चलती रहेगी, हम चाहे जितने भी असहयोग या अवज्ञा आन्दोलन क्यों न कर लें।

पिछले दशक के दौरान पूरे भारत में एक अभूतपूर्ण जागृति पैदा हुई है। लोगों का शान्त शिष्टाचारपूर्ण आचरण बदला है सारे राष्ट्र में नवजीवन का संचार हुआ है और वह आज़ादी के लिए उत्सुक है। सरकारी धमकियों, गिरफ़्तारियों और लाठीचार्ज आदि लुप्त हो चुके हैं। ब्रिटिश सरकार की साख गिर चुकी है। भारतवासियों में ब्रिटिश सरकार के प्रति कोई लगाव नहीं रहा है। ब्रिटिश साम्राज्य का मूल आधार लड़खड़ा चुका है और अब वे नंगी तलवार पर खड़े हैं। भारत ने सम्पूर्ण विश्व का विश्वास हासिल कर लिया है।

किन्तु इस तथ्य से इनकार नहीं किया जा सकता कि 'आज़ाद भारत' अभी भविष्य की बात है। हाल ही में प्रकाशित 'सफ़ेद दस्तावेज़' में भारत के प्रति

ब्रिटिश साम्राज्य का रवैया यह स्पष्ट करता है कि वे अभी भी इस शक्ति से पृथक् होने के इच्छुक नहीं हैं। यह स्पष्ट है कि ब्रिटिश सरकार अभी भी यही समझती है कि वह भारतवासियों की माँग को दबा देने में पूर्ण सक्षम है। और यदि वे हमें दबाने में पूर्ण सक्षम हैं तो स्पष्ट है कि 1920 से चले आ रहे भारतवासियों के कठोर परिश्रम का कोई लाभ नहीं और हमें हमारे उद्देश्य 'स्वराज', के निकट पहुँचाने में असमर्थ सिद्ध हुए।

इसलिए भारत को एक और संघर्ष बड़े पैमाने पर नये सिरे से छेड़ना होगा। इसके लिए बौद्धिक व व्यावहारिक स्तर पर वैज्ञानिक रुख अपनाना होगा और विषयवस्तु की प्राप्ति की ओर ध्यान रखना होगा। बौद्धिक तैयारी के लिए निम्नलिखित क़दम उठाये जाने आवश्यक हैं–

1. भारतवासियों की तुलना में ब्रिटिश साम्राज्य की अच्छाइयों का वैज्ञानिक परीक्षण किया जाना चाहिए।

2. ब्रिटिश साम्राज्य की तुलना में भारतवासियों की अच्छाइयों व बुराइयों का वैज्ञानिक परीक्षण।

3. विश्व के अन्य भागों में साम्राज्यों के उत्थान एवं पतन का वैज्ञानिक परीक्षण।

4. अन्य देशों में स्वतन्त्रता के संघर्ष के इतिहास का वैज्ञानिक अध्ययन और इस विश्व में स्वतन्त्रता के मन्थर विकास का अध्ययन।

जब तक यह अध्ययन पूरा न हो जाये तब तक हम इस कार्य की गहनता को नहीं माप सकते जो हमारी प्रतीक्षा में है।

हमारी अगली आवश्यकता उन स्त्री व पुरुषों की खोज करना है जो भारत के लिए पूर्ण समर्पण करने को तैयार हों। उसमें चाहे कितना भी कष्ट या बलिदान क्यों न देना पड़े। भारत का आज़ादी प्राप्त करना और उसे बनाये रखना इस बात पर निर्भर करेगा कि वह आवश्यक नेतृत्व खोज पाता है या नहीं। उसके नेता खोज निकालने की योग्यता पर ही उसके स्वराज पाने की योग्यता या पात्रता निर्भर है।

अगली आवश्यक वैज्ञानिक क्रिया नीति खोजना और भविष्य के लिए वैज्ञानिक कार्यक्रम बनाना है। आज ही से क्रिया-पद्धति की शुरुआत होनी चाहिए जो विजय प्राप्ति तक चलेगी। उस विधि को हमें आज यथासम्भव रूप में दृष्टिगत करना होगा। भविष्य की क्रिया उद्देश्यों व वैज्ञानिक दृष्टि पर आधारित होनी चाहिए जिसमें ऐतिहासिक तथ्य और मानवीय प्रकृति का पक्ष भी शामिल हो। इसलिए आत्मप्रकाश पर अत्यधिक बल दिया गया है और राजनीतिक आन्दोलन को चालित करने के लिए उद्देश्यगत विचारों की आवश्यकता है।

कार्य पद्धति केवल सत्ता प्राप्त कराने में ही सहायक नहीं होगी बल्कि भारत में नयी सत्ता के आ जाने पर कार्यक्रम रूप में भी सहायक सिद्ध होगी। कुछ भी अवसर पर नहीं छोड़ना होगा।

ग्रेट ब्रिटेन से संघर्ष करने वाले स्त्री-पुरुषों को ही नेतृत्व सँभालना होगा और सत्ता प्राप्त कर लेने के बाद राज्य और राज्य के द्वारा देशवासियों पर, नियन्त्रण कर मार्ग दिखाना होगा। यदि हमारे नेताओं को युद्ध के पश्चात के नेतृत्व के लिए तैयार नहीं किया गया तो सम्भावना हो सकती है कि सत्ता पाने के बाद अराजकता फैल जाये और भारत की भी वही दशा हो, जो 18वीं सदी में फ्रांस की राज्यक्रान्ति में हुई थी। इसलिए यह स्पष्ट किया जाना आवश्यक है कि युद्ध के दौरान चुने गये योद्धाओं को युद्ध के बाद भी कार्यक्रम चलाये रखना होगा और युद्ध के दौरान देशवासियों को दिये गये आश्वासनों और आशाओं पर खरा उतरना होगा। इन नेताओं का कार्य तब तक समाप्त नहीं होगा, जब तक कि नये राज्य की स्थापना के बाद स्त्री व पुरुषों की नयी पीढ़ी को शिक्षित और प्रशिक्षित न कर दिया जाये और वे देश की ज़िम्मेदारी अपने कन्धों पर उठाने के योग्य न हो जायें।

भविष्य की पार्टी, भारतवासियों के वर्तमान नेताओं से पृथक् होगी, क्योंकि इस बात की कोई सम्भावना नहीं है कि ये लोग ग्रेट ब्रिटेन से कड़े संघर्ष के लिए सिद्धान्त, कार्यक्रम नीति और कूटनीतियों का अनुपालन करने में सक्षम सिद्ध हो पायेंगे। इतिहास में ऐसा कोई प्रमाण नहीं मिलता जिससे पता चले कि एक काल के नेता दूसरे काल में भी कार्यरत हों। समय के अनुरूप पुरुष तैयार हो जाते हैं, ऐसा ही भारत में भी होगा।

नयी पार्टी के लोगों को ब्रिटेन विरोधी राष्ट्रीय आन्दोलन में नेतृत्व और योद्धाओं की भूमिका निभानी होगी तथा नये भारत के निर्माताओं के रूप में भी कार्य करना होगा, जिनकी युद्ध के बाद सामाजिक पुनर्निर्माण में कार्य करने हेतु आवश्यकता पड़ेगी। भारतीय आन्दोलन दो स्तरों पर होगा। पहले स्तर पर ग्रेट ब्रिटेन के विरुद्ध राष्ट्रीय संघर्ष होगा—यद्यपि इसकी बागडोर—'पार्टी फॉर द पीपल' के नेताओं के हाथ में होगी जो श्रमिकों व अन्तरजातीय संघर्ष का नेतृत्व करेंगे। इस आन्दोलन के दौरान सभी सुविधाओं, वैशिष्ट्यवाद तथा निहित स्वार्थों को जड़ से मिटाया जायेगा। ताकि पूर्ण समानता (सामाजिक, आर्थिक व राजनीतिक) की देश में स्थापना हो सके। भविष्य में विश्व इतिहास में भारत की महत्त्वपूर्ण भूमिका होगी। हम सभी जानते हैं कि सत्रहवीं सदी में इंग्लैंड ने अपने विचारों, संवैधानिक और लोकतन्त्रीय सरकार के माध्यम से विश्व सभ्यता

में महत्त्वपूर्ण योगदान दिया था। इसी प्रकार अठारहवीं सदी में, फ्रांस ने अपने 'आज़ादी-समानता और बन्धुत्व' के नारे से विश्व की संस्कृति में अपना उपयोगी योगदान दिया। उन्नीसवीं सदी में फ्रांस ने विश्व को मार्क्सवादी दर्शन का उपहार दिया। बीसवीं सदी में रूस ने अपनी महत्त्वपूर्ण उपलब्धि, सर्वहारा क्रान्ति, सर्वहारा सरकार और सर्वहारा संस्कृति के द्वारा विश्व की संस्कृति व सभ्यता को समृद्ध किया। अब विश्व की संस्कृति व सभ्यता को महत्त्वपूर्ण योगदान से समृद्ध करने की बारी भारत की है।

प्रायः हमारे ब्रिटिश मित्र यह बताते रहते हैं कि ब्रिटिश की जनता भारतवासियों के साथ है फिर भी यदि हम प्रचार द्वारा उनकी सहानुभूति अधिकाधिक प्राप्त कर सकें तो अधिक लाभ मिलेगा। यद्यपि मुझे यह विश्वास नहीं होता कि वे हमारे प्रति चिन्तित हैं क्योंकि यह सम्भव नहीं है। भारत में शोषण ब्रिटिश पूँजीपतियों या उद्योगपतियों द्वारा नहीं हो रहा बल्कि सम्पूर्ण भारत का सम्पूर्ण ग्रेट ब्रिटेन द्वारा किया जा रहा है। भारत में लगायी गयी पूँजी केवल उच्च वर्ग की नहीं है बल्कि मध्यम वर्ग तथा कुछ-न-कुछ निर्धन वर्ग की भी है। यहाँ तक कि ग्रेट ब्रिटेन का श्रमिक वर्ग तो लंकाशायर के ख़र्च पर चल रहे कपड़ा उद्योग की देख-रेख भी नहीं कर सकता। इसी कारण से ग्रेट ब्रिटेन में राजनीतिक पार्टियों में भारत को एक पार्टी नहीं बनाया गया। इसी वजह से लन्दन में लेबर पार्टी के प्रशासन के बावजूद भारत में दमन और उत्पीड़न जारी रहा। मैं जानता हूँ कि लेबर पार्टी में कुछ सदस्य ऐसे हैं जो व्यक्तिगत रूप से भारत के शुभचिन्तक हैं और भारत के प्रति इन्साफ़ करना चाहते हैं। किन्तु हम उनकी कितनी भी प्रशंसा क्यों न कर लें या उन लोगों से हमारी कितनी भी आत्मीयता क्यों न हो, इतना तो स्पष्ट है कि वे लोग पार्टी के निर्णयों में दख़ल नहीं दे सकते। हमारे पहले अनुभवों के आधार पर भी हम यह मान सकते हैं कि, डाउनिंग स्ट्रीट में सरकार बदल जाने मात्र से भारत की स्थिति में कोई अन्तर पड़ने वाला नहीं है।

भारत में राजनीति और अर्थनीति दोनों एक-दूसरे से गुँथी हुई हैं और भारत में ब्रिटिश साम्राज्य केवल राजनीतिक तौर पर ही नहीं बल्कि आर्थिक तौर पर भी छाया है—अतः राजनीतिक स्वतन्त्रता हमारी आर्थिक आवश्यकता है। जब तक हमारा देश गुलाम रहेगा तब तक हम कपड़ा, शिक्षा, लाखों भूखों को भरपेट खाना उपलब्ध कराना, राष्ट्रवासियों के स्वास्थ्य की उन्नति जैसी समस्याओं का समाधान नहीं खोज पायेंगे। राजनीतिक रूप से स्वतन्त्र हुए बिना, भारत में आर्थिक और औद्योगिक उन्नति के विषय में सोचना घोड़े के आगे गाड़ी जोतने के समान है। प्रायः हमसे यह प्रश्न पूछा जाता है कि भारत से ब्रिटिश साम्राज्य की समाप्ति

के बाद भारत की आन्तरिक दशा कैसी होगी। ब्रिटिश प्रचार को धन्यवाद देना चाहिए कि उन्होंने विश्व के सम्मुख, भारत की उस देश के रूप में तस्वीर खड़ी कर दी है जिसमें कई आन्तरिक संघर्ष चल रहे हैं और शान्ति ब्रिटिश सरकार की वजह से ही स्थापित है। पहले भारत में भी अन्य देशों की भाँति आन्तरिक संघर्ष विद्यमान था। किन्तु उन विवादों को भारतवासियों ने स्वयं ही हल कर लिया है। इसी कारण प्राचीनकाल से ही भारतीय इतिहास इस बात का साक्षी है कि अशोक महान के साम्राज्य के अन्तर्गत पूरे देश में शान्ति और सम्पन्नता का साम्राज्य था। आज के विवाद स्थायी हैं जिन्हें विदेशियों ने जानबूझकर बढ़ा-चढ़ा रखा है। मुझे पूर्ण विश्वास है कि जब तक भारत में ब्रिटिश साम्राज्य रहेगा तब तक भारतवासियों में एकता लाना असम्भव कार्य है।

यद्यपि हम इंग्लैंड की किसी राजनीतिक पार्टी से कोई आशा नहीं कर सकते फिर भी यह तो आवश्यक है कि हमें अपने उद्देश्य की प्रतिपूर्ति के लिए भारत की ओर से अन्तरराष्ट्रीय प्रचार करना चाहिए। यह प्रचार पक्ष और विपक्ष दोनों में ही होना चाहिए। विपक्ष में हम उन सभी आरोपों का खण्डन कर सकते हैं जो ब्रिटिश सरकार ने विश्वभर में जानबूझकर या अनजाने में भारत के विरुद्ध लगाये हैं। पक्ष में, हम भारतीय संस्कृति के सभी पक्ष प्रस्तुत कर सकते हैं और भारत की शिकायतों की चर्चा कर सकते हैं। यहाँ यह कहना आवश्यक नहीं कि अन्तरराष्ट्रीय प्रचार का केन्द्र लन्दन होना चाहिए। बड़े खेद का विषय है कि अभी तक भारतीय राष्ट्रीय कांग्रेस अन्तरराष्ट्रीय प्रचार के महत्त्व और आवश्यकता को जान नहीं पायी है किन्तु हमें विश्वास है कि हमारे देशवासी आने वाले दिनों में अन्तरराष्ट्रीय प्रचार के बढ़ते महत्त्व को पहचानेंगे।

ब्रिटिश साम्राज्य की प्रचार नीति का मैं अत्यधिक कायल हूँ। ब्रिटिशवासी पैदाइशी प्रचारक होते हैं और उनके लिए होविट्ज़र तोप से भी अधिक महत्त्वपूर्ण प्रचार होता है। यूरोप में एक और देश ने ब्रिटेन से यह गुर सीख लिया है और वह देश है रूस। इसमें दो राय नहीं कि ब्रिटेन हृदय से रूस से घृणा करता है और मन-ही-मन भयभीत भी है कि उन्होंने उनकी (ब्रिटेन) सफलता का रहस्य जान लिया है।

इस विश्व में ब्रिटिश एजेंटों द्वारा भारत विरोधी प्रचार इतने प्रबल रूप में किया गया है कि यदि हमने भारत की शिकायतें व इसकी सही स्थिति विश्व के सामने रखी तो हमें तत्काल अन्तरराष्ट्रीय सहानुभूति प्राप्त हो सकेगी। इस सम्बन्ध में मैं कुछ विषयों पर प्रकाश डालना चाहूँगा जिनके द्वारा हम पूरे विश्व में प्रचार कर सकते हैं।

1. भारत में राजनीतिक बन्दियों के साथ दुर्व्यवहार और लम्बे समय से बन्दी बनाकर रखे गये राजनीतिक बन्दियों को अस्वास्थ्यकर स्थान अंडमान द्वीप पर स्थानान्तरित करना, जहाँ दो क़ैदी भूख हड़ताल से हाल ही में मर चुके हैं।

2. भारतवासियों को पासपोर्ट देने में सरकार की अत्यधिक दण्डात्मक नीति (विदेश में यह जानकारी तक नहीं है कि विदेश जाने के लिए हज़ारों लोगों को पासपोर्ट देने से इनकार कर दिया जाता है और विदेश में रह रहे भारतीयों को भारत लौटने के पासपोर्ट नहीं दिये जाते)।

3. भारत में, विशेष रूप से उत्तरी-पश्चिमी क्षेत्रों में ग्रामवासियों को भयभीत करने के लिए वायुयान की सहायता से योजनाबद्ध तरीक़े से बम गिराया जाना।

4. भारत में ग्रेट ब्रिटेन के राज्यकाल के दौरान भारत के घरेलू उद्योगों– जहाज़ बनाने की कम्पनी सहित– को समाप्त करना।

5. साम्राज्यवादी महत्त्व की किसी भी योजना का, ओटावा अनुबन्ध सहित, खुले तौर पर विरोध (विश्व को बताया जाना चाहिए कि भारत ने कभी भी ओटावा समझौते को स्वीकार नहीं किया बल्कि यह ज़बर्दस्ती हम पर लादा गया है)।

6. किसी भी प्रकार के कर प्रस्ताव का खुलकर विरोध क्योंकि भारत अपने लघु उद्योगों को बचाने को इच्छुक है।

7. भारत के प्रति पूर्वाग्रह से ग्रसित होकर इंग्लैंड द्वारा विनिमय दरों का निर्धारण। विश्व को मालूम होना चाहिए कि ग्रेट ब्रिटेन ने किस प्रकार विनिमय दरों का मनमाना निर्धारण कर भारत को करोड़ों रुपये की हानि पहुँचाई है।

8. पूरे विश्व को इस तथ्य से भी आगाह किया जाना आवश्यक है कि ग्रेट ब्रिटेन ने भारत को ऋण के बोझ तले दबा दिया है जिसकी ज़िम्मेदारी भारतवासी उठाने को तैयार नहीं हैं। 1920 में भारतीय राष्ट्रीय कांग्रेस ने गया अधिवेशन में सरकार को नोटिस दे दिया था कि वे इस क़र्ज़ के ज़िम्मेदार नहीं हैं। यह तो सभी जानते हैं कि यह ऋण भारत के लाभ हेतु नहीं लिया गया वरन् ब्रिटिश साम्राज्य के लिए गया था।

यह अति आवश्यक है कि भारत की ओर से विश्व आर्थिक सम्मेलन और अपरमाणु सम्मेलन में प्रचार किया जाये। विश्व आर्थिक सम्मेलन के प्रत्येक सदस्य के सम्मुख सावधानी पूर्वक तैयार किया गया एक ज्ञापन रखा जाना चाहिए जिसमें भारत के प्रति ग्रेट ब्रिटेन की विरोधी आर्थिक नीति और उसके विरोध में भारतवासियों की आवाज़ स्पष्ट की जानी चाहिए।

शस्त्र-विरोधी नीति के प्रश्न पर, भारत को विश्व के सामने यह स्पष्ट रूप में कह देना चाहिए कि ब्रिटेन की विश्वसनीयता की परख भारत के सन्दर्भ में

की जा सकती है। एक ऐसी भूमि जहाँ पिछले 80 वर्ष से लोग निहत्थे हैं, जहाँ की पूरी आबादी पूर्णतया दुर्बल है, वहाँ केन्द्रीय राजस्व की 50 प्रतिशत राशि सेना पर व्यय करने की क्या तुक है?

मुझे पूर्ण विश्वास है कि यदि इस सम्बन्ध में पूरे तथ्य विश्व के सम्मुख पेश किये जायें तो इंग्लैंड के विरुद्ध एक ज़बर्दस्त केस बनता है।

जब भी विश्व कांग्रेस या विश्व सम्मेलन के सम्मुख भारत का मामला उठाया जाता है तो ग्रेट ब्रिटेन के समर्थकों द्वारा यह दलील पेश की जाती है कि जहाँ तक ब्रिटिश साम्राज्य का प्रश्न है यह भारत का घरेलू मामला है। इस स्थिति से अब भारतवासियों को इनकार कर ही देना चाहिए। यदि भारत लीग ऑफ़ नेशंस का एक सदस्य है तो वह एक राष्ट्र है और उसे एक राष्ट्र वाले सब अधिकार और सुविधाएँ मिलनी चाहिए। मैं जानता हूँ कि विश्व के सम्मुख भारत की स्थिति ठीक करने के लिए कठिन परिश्रम और लगातार परिश्रम करना पड़ेगा। यह आवश्यक है कि इस प्रयास में अब अधिक देरी नहीं होनी चाहिए।

श्वेत पत्र की विषयवस्तु पर अधिक विचार-विमर्श करना मेरे लिए आवश्यक नहीं है क्योंकि उसमें कोई परीक्षण का प्रश्न नहीं है। महाराजाओं के साथ संघ का प्रस्ताव असम्भव और अस्वीकार्य प्रश्न है। हमें तो सभी लोगों की एकता के लिए कार्य करना है। किन्तु हम वर्तमान प्रस्ताव को स्वीकार नहीं कर सकते जिसमें लोकसभा में वर्तमान ब्लॉक के लिए राजाओं को रखा जाये ताकि श्री रामसे, मैकडोनाल्ड अथवा लार्ड सैंको की सनक को सन्तुष्ट किया जा सके। अतः 'स्वतन्त्रता' और 'सावधानी' की बात एक स्वर से कहना निरर्थक है। यदि हमें स्वतन्त्रता प्राप्त करनी है तो सुरक्षा का प्रश्न नहीं, क्योंकि स्वतन्त्रता ही एकमात्र ऐसी सुरक्षा है जो हमें प्राप्त करनी है। भारत के हित में सुरक्षा की बात करना स्वयं को धोखा देना है।

अभी यह कहना कठिन है कि कब हमारा संविधान बनेगा जिसमें हमें-हमारे लोगों को कुछ अधिकार प्राप्त हो जायेंगे तो लोग इस बात पर भी बल देंगे कि हमारे पास हथियार भी होने चाहिए। वे विश्व को, विशेष रूप से ब्रिटेन को कहेंगे कि वे स्वयं शस्त्र छोड़ दे वरना हमें भी हथियार सँभालने होंगे। इस दुख से भरे विश्व के लिए स्वयं शस्त्र अप्रसार नीति बहुत उपयोगी है, और भारत जैसे 80 वर्षों से गुलाम रहे लोगों का ज़बर्दस्ती हथियार छीनना एक अभिशाप है। भारत में शेख़ी बघारनेवाली पैक्स ब्रिटैनिका स्वस्थ जीवन की शान्ति नहीं बल्कि श्मशान की शान्ति है।

यदि नयी पार्टी को अपने अस्तित्व की उपयोगिता सिद्ध करनी है तो उस दोहरी भूमिका को निभाना होगा जिसका जिक्र मैं पहले भी कर चुका हूँ।

राजनीतिक सत्ता को हस्तगत करने और उसका नये समाज निर्माण में प्रयोग करने के लिए हमें आज ही से अपने लोगों को प्रशिक्षण देकर तैयार करना होगा। मुझे इसमें शक नहीं है कि भारत के स्वतन्त्र हो जाने पर, हमारी राष्ट्रीय जीवन की समस्याओं के समाधान के लिए मूल विचार और नये प्रयोगों की आवश्यकता होगी तभी सफलता सम्भव है। पुरानी पीढ़ी के अनुभव और पुराने शिक्षक अधिक उपयोगी सिद्ध नहीं होंगे। स्वतन्त्र भारत की सामाजिक-आर्थिक स्थिति आज की स्थिति से बिल्कुल भिन्न होगी। उद्योग, कृषि, भूमि अधिग्रहण, धन, विनिमय, करेंसी, शिक्षा, जेल प्रशासन, जनस्वास्थ्य आदि के लिए नये सिद्धान्त और नयी विधियों की खोज करनी होगी। उदाहरण के तौर पर, हम जानते हैं कि रूस में एक नयी राष्ट्रीय (अथवा राजनीतिक) आर्थिक नीति बनायी गयी जो वहाँ की भूमि की अवस्था व तथ्यों के अनुरूप हो। वही स्थिति भारत की भिी होगी। हमारी आर्थिक समस्याओं को हल करने में पायगान और मार्शल अधिक सहायक नहीं होंगे।

यूरोप और इंग्लैंड में जीवन के प्रत्येक क्षेत्र में पुराने सिद्धान्तों के स्थान पर नये सिद्धान्त जन्म ले रहे हैं। उदाहरण के तौर पर सिल्वियो गैसल द्वारा जर्मनी के छोटे से वर्ग में 'फ्री-मनी' नाम की योजना लागू की गयी जो बहुत सन्तोषदायक सिद्ध हुई। यही भारत में भी होगा। स्वतन्त्र भारत सामाजिक व राजनीतिक लोकतन्त्र होगा। स्वतन्त्र भारत की समस्याएँ आज के भारत की समस्याओं से अलग होंगी। अतः इसलिए हमें आज ही उन लोगों को प्रशिक्षित करने की आवश्यकता है जो स्वतन्त्र भारत की कल्पना कर भविष्य की समस्याओं को हल करने की योजना बना सके। संक्षेप में हम कह सकते हैं कि स्वतन्त्र भारत के भविष्य के मन्त्रिमण्डल को आज ही से शिक्षित और प्रगतिशील किया जाना आवश्यक है।

किसी भी बड़े आन्दोलन की शुरुआत छोटी ही होती है। हमारा पहला कार्य ऐसे स्त्री व पुरुषों को एकत्र करना है जो किसी हद तक भी दुख और कष्ट सह सकें और अपना बलिदान दे सकें, क्योंकि यदि हमें अपने उद्देश्य को प्राप्त करना है तो यह सब अति आवश्यक होगा। वे अपना पूर्ण समय इस आन्दोलन को देंगे—स्वतन्त्रता के नशे में मस्त हों, जो असफलता से हतोत्साहित न हों, किसी भी प्रकार की कठिनाई से घबराएँ नहीं, केवल कार्य के प्रति वफ़ादार हों और अपने जीवन के अन्तिम क्षणों तक इस महान कार्य के लिए अपना बलिदान देने को तैयार हों।

जब इस मानसिकता के लोग मिल जायें तब उन्हें आवश्यक बौद्धिक प्रशिक्षण दिया जाना होगा ताकि वे अपने कार्य की गम्भीरता को जान सकें।

उन्हें बलिदान देना होगा और अन्य देशों के स्वतन्त्रता के इतिहास का अध्ययन करना होगा ताकि वे जान सकें कि किन समस्याओं के समाधान के क्या तरीके अपनाये गये। ठीक इन्हीं परिस्थितियों में जिनमें आज हम घिरे हैं। उसके साथ-साथ उन्हें अन्य देशों के शासन के उत्थान और पतन का वैज्ञानिक और आलोचनात्मक इतिहास भी पढ़ना होगा। इस ज्ञान प्राप्ति के पश्चात उन्हें भारतवासियों के परिप्रेक्ष्य में ब्रिटिश साम्राज्य के व ब्रिटिश साम्राज्य के परिप्रेक्ष्य में भारतवासियों के गुणों, अवगुणों का भी वैज्ञानिक और आलोचनात्मक अध्ययन करना होगा।

इस बौद्धिक प्रशिक्षण के पूर्ण होने पर ही हम विजय हासिल करने की योजना बना सकेंगे। वह कार्यक्रम भी तैयार कर पायेंगे जो स्वतन्त्ता प्राप्ति के पश्चात या सत्ता पा लेने पर नये राज्य में लागू किया जाना होगा। इससे स्पष्ट है कि हमें ऐसे स्त्री व पुरुषों की पार्टी बनानी होगी जो इस प्रयोजन के लिए वचनबद्ध हों, जिनके पास आवश्यक बौद्धिक प्रशिक्षण हो और जिन्हें स्पष्ट रूप से यह मालूम हो कि सत्ता पाने से पहले और सत्ता हासिल हो जाने के बाद उन्हें क्या कार्य करना है।

इस पार्टी का ही यह कार्य होगा कि वे विदेशी शिकंजे से भारत को बाहर निकाले। भारत में नये, स्वतन्त्रता और प्रभुसत्ता सम्पन्न राज्य की स्थापना करना इसी पार्टी का कर्तव्य होगा। युद्ध के पश्चात सामाजिक, आर्थिक पुनर्निर्माण का कार्यक्रम लागू करना भी इसी पार्टी का कर्तव्य होगा। यही पार्टी भारत में ऐसे स्त्री व पुरुषों की पीढ़ी तैयार करेगी जो जीवन के युद्ध में हर कठिनाई का मुकाबला करने में सक्षम हो। अन्तिम कार्य, विश्व के स्वतन्त्र देशों के मध्य भारत की छवि को उज्ज्वल रूप में स्थापित करना होगा।

इस पार्टी को हम 'साम्यवादी संघ' नाम दे सकते हैं। यह पूर्णरूप से अनुशासित एवं केन्द्रीय (अखिल भारतीय) ऑल इंडिया पार्टी होगी। इस पार्टी के प्रतिनिधि भारतीय राष्ट्रीय कांग्रेस, अखिल भारतीय व्यापार संघ कांग्रेस, महिला संगठन, युवा संगठनों, विद्यार्थी संगठनों, दलित वर्ग संगठनों के और यदि आवश्यकता महसूस हुई तो, अलगाववादी और साम्प्रदायिक संगठनों के भी सदस्य होंगे। विभिन्न क्षेत्रों व विभिन्न स्थानों में कार्यरत शाखाओं का नियन्त्रण एवं मार्गदर्शन पार्टी की केन्द्रीय समिति के हाथ में रहेगा।

यह पार्टी हर उस पार्टी के साथ सहयोग करेगी जो, थोड़ा-बहुत या पूर्णरूप से, स्वतन्त्रता संग्राम में कार्यरत है। किसी व्यक्ति या पार्टी के प्रति यह पार्टी विद्वेष नीति नहीं अपनायेगी, बल्कि इतिहास में उपर्युक्त वर्णित कार्य को, आवश्यकता पड़ने पर, अंजाम देगी।

साम्यवादी संघ के जिन कार्यों का उल्लेख हमने ऊपर किया है, उनके अलावा इसकी शाखाएँ पहले-पहल देश में ही इसके उद्देश्यों, आदर्शों और योजनाओं का सामान्य प्रचार करेंगी। साम्यवादी संघ, भारतवासियों की पूर्ण स्वतन्त्रता–अर्थात सामाजिक, आर्थिक और राजनीतिक स्वतन्त्रता के लिए, संघर्ष करेगा। जब तक लोग पूर्णरूप से स्वतन्त्र नहीं हो जाते तब तक हर प्रकार की गुलामी के विरुद्ध यह पार्टी संघर्षरत रहेगी। यह भारत को राजनीतिक स्वतन्त्रता दिलायेगी, ताकि, स्वतन्त्र भारत में न्याय, बराबरी और आज़ादी के आदर्शों पर, स्वतन्त्र भारत का सही रूप में निर्माण हो सके। यह भारत के उस उद्देश्य को पूर्ण करने में अपना पूरा योगदान देगी ताकि भारत विश्व को वह सन्देश दे सके जो सदियों से उसकी परम्परा रही है।

विएना, प्राग, वारसा और बर्लिन के अनुभव

यूरोप में अपने अल्पकाल के आवास के दौरान मुझे वहाँ के चार बड़े नगरों–विएना, प्राग, वारसा और बर्लिन को देखने का अवसर मिला। निगम की कार्य प्रणाली में मेरी सामान्य रुचि के कारण और कलकत्ता निगम से मेरा सम्बन्ध होने के कारण, मैंने इन बड़े शहरों के लोक विभागों और लोक उत्थान के कार्यों का बारीकी से अध्ययन किया।

इन सभी स्थानों पर वहाँ के मेयर ने मेरी अगवानी की और मेरे लिए ऐसी व्यवस्था उपलब्ध करा दी कि मैं जल विभाग, गैस विभाग, विद्युत विभाग, निगम विद्यालय, समाज कल्याण संस्थाओं आदि को ठीक प्रकार देख पाऊँ। सभी शहरों के मेयर ने कलकत्तावासियों व कलकत्ता के मेयर को अपनी हार्दिक शुभकामनाएँ भी प्रेषित कीं। मैं कलकत्ता के मेयर को विएना, प्राग और वारसा के मेयर का सन्देश तो भेज भी चुका हूँ और शीघ्र ही, बर्लिन के मेयर से सन्देश प्राप्त होते ही, वह भी भेज दूँगा।

सभी शहरों में मैंने अनुभव किया कि न केवल वहाँ के मेयर बल्कि उनके अधिकारीगण भी दूरदराज़ स्थित भारत की लोककल्याण सम्बन्धी समस्याओं को सुलझाने में अपनी सहायता देने को सदैव तत्पर हैं। भविष्य में कभी भी आवश्यकता पड़ने पर हम अपनी समस्याओं को सुलझाने के लिए इनसे सहायता करने की प्रार्थना पूर्ण विश्वास के साथ कर सकते हैं। इसके अतिरिक्त मैंने यह भी अनुभव किया कि उन सब में भारत के समीप आने की, उससे सम्बन्ध स्थापित करने की और जनजीवन सम्बन्धी समस्याओं के निवारण में अपनी सहायता देने की वास्तविक इच्छा है।

इन सुप्रसिद्ध शहरों के भ्रमण के दौरान मैंने अनुभव किया कि इन यूरोपीय देशों की तुलना में हमारे शहरों में भी यह क्षमता विद्यमान है कि वे अपनी समस्याओं का समाधान स्वयं खोज सकते हैं। अतः यह आवश्यक है कि हम विभिन्न लोक निर्माण विभागों में होने वाली हाल ही की उन्नति या विकास के सम्पर्क में रहें।

फिर भी ऐसा बहुत कुछ है जो हम इन प्रसिद्ध शहरों से सीख सकते हैं। इसे एक छोटे-से लेख में समाहित कर पाना सम्भव नहीं है। मैं उन सभी मित्रों से, जो कलकत्ता निगम से सम्बद्ध हैं, अपील करता हूँ कि वे विश्व के बड़े शहरों में हो रही प्रगति का सूक्ष्म अध्ययन करें।

मैं कलकत्ता के मेयर और कलकत्ता नगर निगम को पहले ही आश्वासन दे चुका हूँ कि इस क्षेत्र में मेरी सेवाएँ सदैव उपलब्ध रहेंगी। यदि वे चाहें तो, मैंने विएना और यूरोप के अन्य बड़े शहरों में जो देखा और अनुभव किया उस पर एक पुस्तक लिख सकता हूँ। किन्तु विशेष स्वीकृति के बिना मेरे लिए यह कार्य करना सम्भव नहीं है। इस कार्य में न केवल राशि ख़र्च होगी बल्कि इसमें समय और शक्ति भी ख़र्च होगी जो अधिक महत्त्वपूर्ण है। मेरी वर्तमान आर्थिक दशा और स्वास्थ्य को देखते हुए, इस कार्य को प्रारम्भ करने से पूर्व मुझे यह आश्वासन मिलना आवश्यक है कि कलकत्ता के मेयर और कलकत्ता नगर निगम ने अपनी स्वीकृति दे दी है।

25 नवम्बर, 1933
कलकत्ता निगम

1 मार्च, 1934

सेवा में,
सम्पादक
मैनचेस्टर गार्डियन,
महोदय,

आपके 5 फ़रवरी के अंक में श्री जे. सी. फ्रेंच ने श्री नलिनी रंजन सरकार को उद्धृत करते हुए अपने बयान में ज्वाइंट पार्लियामेंटरी कमेटी के सम्मुख कहा है कि कलकत्ता नगर निगम दिवालिया हो गया है।

जैसा कि मैंने अपने पिछले पत्र में भी लिखा था कि विश्व संकट के कारण कलकत्ता नगर निगम भी प्रभावित हुआ है। फिर भी वर्ष 1933-34 का पिछला बकाया 66,24,000 रुपये था जबकि आवश्यकता 6,00,000 रुपये की थी। रिपोर्ट के सन्दर्भ से स्पष्ट है कि श्री फ्रेंच ने तथाकथित घाटे का जो वर्णन किया है वह

वर्ष की अनुमानित आय और व्यय को लेकर किया है। उन्होंने यह ध्यान नहीं दिया कि वर्ष की बकाया राशि इतनी ज़्यादा है जो कि आय में शामिल की जानी चाहिए। वर्ष 1934-35 का बकाया 53,66,000 रुपये होगा।

श्री सरकार ने अपनी रिपोर्ट में यह माँग की है कि वर्ष में आय और व्यय में सन्तुलन होना चाहिए ताकि बकाया राशि स्थायी राशि के रूप में बनी रह सके। कलकत्ता नगर निगम का वर्ष का अनुमानित व्यय 2,56,82,000 रुपये है और वर्ष की बकाया राशि वार्षिक आय से 25 प्रतिशत अधिक है। श्री फ्रेंच को इसकी तुलना बंगाल सरकार के वार्षिक घाटे 200,000,000 रुपये से करनी चाहिए, जो पिछले दशक से लगातार होता चला आ रहा है।

कलकत्ता नगर निगम के स्कूलों में आतंकवाद के पाठ पढ़ाये जाने के सन्दर्भ में मैं कहना चाहता हूँ कि मैंने ऐसा कोई भाषण नहीं देखा या सुना जिसके विषय में श्री फ्रेंच ने कहा है कि कलकत्ता नगर निगम संशोधन बिल के विषय में बंगाल विधानसभा में 9 सितम्बर को मन्त्री महोदय ने दिया। 8 सितम्बर, 1933 को इस बिल को नियम बना दिया गया। बहरहाल 4 सितम्बर, 1933 को बंगाल काउंसिल में श्री एच.पी.वी. टाउनेड, आई. सी. एस. सेक्रेटरी द डिपार्टमेंट ऑफ़ लोकल सेल्फ़ गवर्नमेंट तथा बंगाल सरकार के प्रवक्ता ने यह जरूर कहा था—

यह सुझाव दिया गया है कि उन्होंने कहा है कि कलकत्ता नगर निगम क्रान्तिकारी गतिविधियों को प्रोत्साहित कर रहा है यह संस्था सरकार विरोधी संस्था है। यह उनके भाषण की सही व्याख्या नहीं है। श्री टाउनेड ने आगे कहा कि इस बात को मानने के कई कारण हैं, कि निगम नियम की अवज्ञा को प्रोत्साहन दे रहा है। यह किसी ने नहीं सुझाया कि वह आतंकवाद को प्रोत्साहित कर रहा है। (कलकत्ता नगर निगम गजट, सितम्बर 1, 1933, पृष्ठ 6 प्रतिपूरक)

मैंने कलकत्ता नगर निगम द्वारा आतंक फैलाने के पक्ष या विपक्ष में कुछ नहीं कहा है क्योंकि यह आरोप निराधार है। संशोधित बिल में किसी निगम कर्मचारी की सेवाएँ समाप्त करने का प्रस्ताव नहीं है और मेरे विचार में सरकार ने यह बिल इसलिए पेश किया है क्योंकि कलकत्ता नगर निगम ने पूर्व राजनीतिक बन्दियों को अपनी सेवा से सदा के लिए निष्कासित कर देने से इनकार कर दिया है।

संशोधित बिल के अनुसार उन लोगों को अयोग्य सिद्ध किया है जो राज्य के विरोधी हैं या जो तीन माह या उससे अधिक समय जेल में रह चुके हैं। परिणामतः 2,000 बन्दी जो जेल में क़ैद हैं, पुराने नियम के अनुसार या नये विधान के अनुसार वे निगम की सेवा के योग्य हैं। वे काउंसलर, एल्डरमान अथवा मेयर का चुनाव लड़ सकते हैं। संशोधित बिल के अनुसार, श्री सुरेन्द्रनाथ बनर्जी,

जिन्होंने मन्त्री की हैसियत से वर्तमान निगम का गठन किया था, वे निगम की सेवा के अयोग्य हैं, यद्यपि वे कलकत्ता के मेयर बन सकते हैं।

बाहर वालों के लिए यह आश्चर्यजनक बात है कि बंगाल काउंसिल का मन्त्री यह बयान दे रहा है कि यह बिल उन लोगों पर लागू नहीं होगा जो राजनीतिक अपराध करने के दोषी नहीं पाये जायेंगे। राजनीतिक अपराध कांग्रेस पार्टी की दृष्टि में वह नहीं हैं जो श्री फ्रेंच की दृष्टि में है। क्योंकि वे जानते हैं कि आज यूरोप के कई देशों में भूतपूर्व राजनीतिक बन्दियों का राज है। उदाहरण के लिए आयरलैंड, इटली, जर्मनी, रूस आदि में। उनका यह भी विश्वास है कि आज जो कुछ भी हो रहा हैं उस सबके बावजूद भारत की सत्ता एक दिन कांग्रेस के हाथ में तो आनी ही है।

आपका

सुभाष चन्द्र बोस

आस्ट्रियाई पहेली*

विश्व अग्निकाण्ड 1914 में आस्ट्रिया से प्रारम्भ हुआ। अतः चारों ओर लोग यही प्रश्न पूछ रहे हैं—"आस्ट्रिया के 1934 के सामाजिक विद्रोह से क्या होगा?"

आज यूरोप की अवस्था इतनी उलझनभरी है कि भविष्यवाणी करना कठिन है। सन् 1933 में विएना में मैं एक विद्वान, सुयोग्य अंग्रेज़ पत्रकार से जो काफ़ी यात्राएँ कर चुका था, आस्ट्रिया की अवस्था पर चर्चा कर रहा था। उन दिनों विएना के लोगों में बहुत जोश था और लोग कूप-डिटेट की चर्चा कर रहे थे, तब उसने कहा था—"नहीं, ऐसा कुछ नहीं होगा। आस्ट्रिया के लोग कोमल हृदय हैं। मैंने कई बार ऐसा तूफ़ान देखा है पर ऊपर से निकल जाता है। ऐसा ही एक बार फिर होगा।" उसका कहना ठीक भी था और नहीं भी।

विएना में फ़रवरी 1934 की घटनाओं पर टिप्पणी करते हुए मैनचेस्टर गार्जियन ने सारगर्भित शब्दों में लिखा था—आस्ट्रिया के समाजवादियों को उखाड़ फेंका गया है किन्तु जर्मनी के साथियों की भाँति वे झगड़े से तंग नहीं आये हैं। मैनचेस्टर गार्जियन का रवैया आस्ट्रियाई समाजवादियों के प्रति सहानुभूतिपूर्ण था, उन्हें वे केन्द्रीय यूरोप के संसदीय लोकतन्त्र और स्वाधीनता के नियामक मानते थे। दूसरी ओर लन्दन 'टाइम्स' का रुख वर्तमान आस्ट्रियाई सरकार के पक्ष में था। समाजवादियों की विजय से पूरे यूरोप में समाजवादियों की स्थिति सुदृढ़ होती।

*दि मॉडर्न रिव्यू, कलकत्ता, अप्रैल 1934, पृ.—461-8

रूढ़िवादी अख़बार टाइम्स को तो साम्यवादी रवैये का विरोधी होना ही था। इटालियन प्रेस का रुख भी कुल मिलाकर वर्तमान आस्ट्रियाई सरकार के पक्ष में ही था। सभी जानते हैं कि वर्तमान आस्ट्रियाई सरकार के इटली की सरकार से मैत्रीपूर्ण सम्बन्ध हैं और आस्ट्रिया में इटली के आधार पर संविधान का निर्माण भी किया जा रहा है। जर्मन प्रेस का रवैया आस्ट्रियाई सरकार के पक्ष में नहीं क्योंकि आस्ट्रिया में साम्यवादियों को दबाया जा रहा है और उन्हें जर्मनी के नाज़ी अपना दुश्मन मानते हैं। लोगों का मानना है कि इन्हीं दो कारणों से जर्मनी प्रेस का रुख ऐसा है। पहली बात, आस्ट्रिया की सरकार ने आस्ट्रियाई साम्यवादियों पर आक्रमण करने से पहले आस्ट्रियन नाज़ियों को दबाया, और ऐसा करने में उन्हें जर्मनी प्रेस का ग़ुस्सा मोल लेना पड़ा। दूसरे, आस्ट्रियाई साम्यवादियों के पक्ष में रवैया अपनाने के कारण, जर्मनवासियों को यह उम्मीद थी कि वे अपने उद्देश्य में सफल हो सकेंगे क्योंकि आस्ट्रिया में अभी भी साम्यवादियों का बहुमत है। एक और तथ्य जिसकी प्रायः चर्चा होती है वह यह है कि आस्ट्रिया की सरकार ने आस्ट्रियाई साम्यवादियों पर आक्रमण करने से पहले आस्ट्रियन नाज़ियों को दबाया, और ऐसा करने में उन्हें जर्मनी प्रेस का ग़ुस्सा मोल लेना पड़ा। दूसरे आस्ट्रियाई साम्यवादियों के पक्ष में रवैया अपनाने के कारण, जर्मनवासियों को यह उम्मीद थी कि वे अपने उद्देश्य में सफल हो सकेंगे क्योंकि आस्ट्रिया में अभी भी साम्यवादियों का बहुमत है। एक और तथ्य जिसकी प्रायः चर्चा होती है वह यह है कि आस्ट्रिया की सरकार को आस्ट्रिया के नाज़ियों को दबाने में फ्रांस का सहयोग प्राप्त हो रहा है अतः स्वाभाविक है कि जर्मनवासी नाराज़ होंगे, यद्यपि फ़िलहाल वे समाजवादियों को उखाड़ फेंकने में लगे हैं।

बारह माह पूर्व मैंने भारतीय समाचार-पत्रों में इस तिकोने संघर्ष, अर्थात समाजवादियों, नाज़ियों और हीम्हर, के विषय में लिखते हुए संकेत किया था कि अन्ततः आस्ट्रिया ही यूरोप के भविष्य का निर्णायक होगा। आज इनमें से एक पार्टी, समाजवादी, निष्क्रिय हो गयी है और दो गुटों के मध्य भविष्य का निर्णय होना है। यदि नाज़ी पार्टी के हाथ में सत्ता आयी तो बग़ैर औपचारिक सन्धि के आस्ट्रिया जर्मनी का हिस्सा बनेगा। इसका अभिप्राय होगा जर्मनी एक शक्तिशाली सत्ता के रूप में उभरेगा इसलिए यूरोप की शक्तिशाली सत्ताएँ इसकी विरोधी हैं। चार करोड़ जनसंख्या वाला इटली यह नहीं चाहेगा कि सात करोड़ जनसंख्या वाला जर्मनी का राज्य उसकी उत्तरी सीमा से लेकर उत्तरी समुद्र तक स्थापित हो जाये। इटली में रह रहे जर्मनी के लोग (अब इटलीवासी, जो पहले आस्ट्रियाई थे) टायरोल बेचैन होने लगेंगे जब जर्मनी बार-बार यह प्रसारित करेगा कि वह

यूरोप के जर्मनभाषियों को अपने में मिला लेगी। इसलिए यदि आस्ट्रियाई नाज़ियों को जर्मनी का सहयोग प्राप्त होगा तो उनकी विरोधी हीम्हर पार्टी को इटली का सहयोग मिलेगा ही। किन्तु यूरोप की वर्तमान दशा कुछ भी क्यों न हो, इतिहास के निष्पक्ष विद्यार्थी के लिए यह स्पष्ट है कि आस्ट्रियाई व हंगेरियन साम्राज्य के टूटने के पश्चात जर्मनी व आस्ट्रिया के जर्मनभाषी लोग एक राजनीतिक दल के नियन्त्रण में आयेंगे ही। अत्यधिक प्रतिशोधात्मक होने की वजह से मित्र राष्ट्रों ने वर्सेल्स सन्धि में पुराने आस्ट्रो-हंगेरियन राज्य को टुकड़े-टुकड़े कर दिया और एक क्षण को भी यह विचार नहीं किया कि छोटे देशों, आस्ट्रिया और हंगरी जैसों के लिए अलग राज्य स्थापित कर पाना असम्भव होगा। अब मित्र राष्ट्रों के विचारकों, स्त्री या पुरुषों ने यह महसूस किया आस्ट्रिया या तो जर्मनी का एक हिस्सा बनकर रह सकता है या फिर आस्ट्रो-हंगेरियन राजनीतिक एकांश के रूप में। एक वर्ष पूर्व जब मैं एक अमेरिकी पत्रकार के साथ आस्ट्रिया की राजनीति पर चर्चा कर रहा था तब मैंने यह टिप्पणी की थी कि यदि मित्र राष्ट्र वास्तव में चाहते हैं कि आस्ट्रिया जर्मनी से अलग-थलग रहे तो उन्हें राजनीतिक युद्ध नीति के तहत आस्ट्रिया और हंगरी में हैप्सबर्ग राजतन्त्र की स्थापना कर देनी चाहिए। मुझे याद है कि अमेरिकी पत्रकार ने उस समय मेरी ओर ऐसे देखा था जैसे मैं राजनीति में अभी बच्चा हूँ इसलिए मेरी टिप्पणी उसे अजीब लगी थी। किन्तु आज जब मैं विभिन्न देशों में लोगों को आस्ट्रो-हंगेरियन साम्राज्य की पुनर्स्थापना के विषय में बातचीत करते सुनता हूँ और यूरोप के समाचार-पत्रों में यह पढ़ता हूँ कि हंगरी में साम्राज्य स्थापना के लिए सहयोगी दलों की विएना में सामान्य समस्याओं पर चर्चा के लिए बैठक हुई तो मुझे सन्तोष होता है कि एक वर्ष पूर्व का मेरा अनुमान सही था। हमारी अपनी राजनीतिक भविष्यवाणियाँ कुछ भी हों किन्तु इसमें सन्देह नहीं कि यदि मित्र राष्ट्र यूरोप के जर्मनभाषी लोगों को अलग करना चाहते हैं तो उन्हें हैप्सबर्ग राजतन्त्र के विरुद्ध अपने पूर्वाग्रहों को त्यागना होगा और फिर चेक, स्लोवाक और अन्य स्लाव जातियों के आत्मनिर्णय को पहचानकर आस्ट्रो-हंगरी को ज्यों-का-त्यों छोड़ देना होगा। इतिहास के एक विद्यार्थी के रूप में मुझे तो यह सम्भव लगता है कि आस्ट्रिया को या तो जर्मनी से मिलना होगा या फिर हंगरी से ही एक राजनीतिक एकांश स्थापित करना होगा। वर्तमान स्थिति असन्तुलन की है जो अधिक देर तक स्थायी रहने वाली नहीं। उथले तौर पर देखने में यही लगेगा कि मैंने जो कहा, वह सत्य नहीं है! आस्ट्रिया में शान्ति है। आस्ट्रियाई नाज़ी नियन्त्रण में हैं जबकि आस्ट्रियाई समाजवादी पूरी तरह दबाये गये हैं। ग्रेट ब्रिटेन, फ्रांस और इटली ने आस्ट्रिया

की स्वतन्त्रता का आश्वासन दिया हुआ है और इसका मुख्य कारण यही है कि इन तीनों शक्तियों का यह दृढ़ निश्चय है कि आस्ट्रिया को जर्मनी से अलहदा रखा जाये। इसमें भी दो राय नहीं है कि ये तीनों शक्तियाँ आस्ट्रिया सरकार को ऋण आदि मुहैया करा देंगी ताकि वह वर्तमान आर्थिक तंगी से उबर सके। किन्तु क्या आस्ट्रियावासियों को सन्तुष्ट करने के लिए यह पर्याप्त होगा और क्या इस प्रकार वे अपने पैरों पर खड़े हो पायेंगे? इस प्रश्न का उत्तर खोजने के लिए हमें आस्ट्रिया के इतिहास का गहन अध्ययन करना होगा।

आस्ट्रिया की वर्तमान सरकार तीन पार्टियों के मेल से बनी है—जो इस प्रकार है—1. क्रिश्चियन समाजवादी, 2. हीम्हर और, 3. अग्रेरियंस। इस समय हीम्हर सबसे महत्त्वपूर्ण हैं और ये रूस, इटली व जर्मनी के उदाहरणों से सीख लेकर आस्ट्रिया की अन्य सभी शक्तिशाली राजनीतिक पार्टियों को ख़त्म करने में प्रयत्नशील हैं। हाल ही के समाचारों से स्पष्ट है कि आस्ट्रिया के वर्तमान प्रधानमन्त्री हर डोलफस जो क्रिश्चियन सोशलिस्ट पार्टी के नेता भी हैं, ने अपनी पार्टी को समाप्त करने की स्वीकृति दे दी है। यदि हीम्हर अन्य सभी पार्टियों को दबाने में कामयाब हो जाते हैं तो आस्ट्रिया की भविष्य की राजनीति हीम्हर पार्टी की आन्तरिक राजनीति पर निर्भर करेगी।

हीम्हर आस्ट्रियाई कट्टरवादी हैं जिन्होंने इटली से प्रेरणा प्राप्त की है। आस्ट्रियाई नाज़ी अपने जर्मन भाइयों की भाँति भूरे कपड़े पहनते हैं, हीम्हर सफ़ेद और हरे कपड़े पहनते हैं और उनके झण्डे के भी यही दो रंग हैं। नाज़ियों से इनके विचार और पद्धतियाँ बहुत मिलती हैं। दोनों ही संसदीय लोकतन्त्र के विरुद्ध हैं और तानाशाही के पक्षधर हैं। दूर से देखने वालों को लगेगा कि समान प्रतीत होने वाली दो पार्टियों का संघर्ष आश्चर्यजनक है। किन्तु वास्तविकता यह है कि हीम्हर पार्टी में ही एक वर्ग ऐसा था, बल्कि अभी भी है, जो नाज़ियों के साथ समझौता करना चाहता है, यह भी सभी जानते हैं कि इस विषय में वार्तालाप भी हो रहा है।

हीम्हर जैसी कट्टरपन्थी आस्ट्रियाई पार्टी के तेज़ी से उत्थान होने के तीन कारण हैं—

1. समाजवाद विरोधी भावना, 2. राष्ट्रीय भावनाएँ, 3. अन्तरराष्ट्रीय सहयोग। पिछले युद्ध के दौरान आस्ट्रिया में जर्मनी सरकार समाजवादी लोकतन्त्रिकों के हाथ में आयी। यदि संघीय सरकार पर क्रिश्चियन समाजवादियों का नियन्त्रण हुआ और विएना प्रान्त व विएना निगम का प्रशासन समाजवादियों के हाथ में पहुँच गया। आस्ट्रियाई समाजवादी पार्टी यूरोप में मूलभूत समाजवादी पार्टी

मानी जाती थी इसलिए आस्ट्रिया के रूढ़िवादी लोग इस बात से सन्तुष्ट नहीं थे कि ऐसी पार्टी की आस्ट्रिया की राजनीति में इतनी महत्त्वपूर्ण स्थिति हो। आस्ट्रिया में युद्ध के पश्चात की स्थिति बिल्कुल असन्तुलन की स्थिति थी। साढ़े साठ लाख आबादी वाले देश की संघीय सरकार पर समाजवाद विरोधी क्रिश्चियन सोशल्स का शासन हुआ किन्तु वे राजधानी और देश के अन्य प्रमुख प्रान्तों के प्रशासन में से आक्रामक आस्ट्रियाई समाजवादियों को निकाल पाने में सफल न हो पाये। दूसरी ओर देश की संघीय सरकार पर अपना प्रभाव जमाने में समाजवादी असफल रहे क्योंकि दूरदराज़ शहरों और गाँवों में उनका प्रभाव अन्य विरोधी पार्टियों की अपेक्षा बहुत कम था। इस स्थिति में एक-न-एक पार्टी का उखड़ना अवश्यम्भावी था। स्वयं को सुरक्षित करने की दृष्टि से समाजवादियों ने प्राइवेट सेना का गठन जिसे शट्ज़बड कहा गया। हर डोलफस की पूर्णतः राजनीतिक पार्टी क्रिश्चियन सोशल्स सत्ता के संघर्ष में समाजवादियों से जीत नहीं पायी। इसलिए समाजवादियों से संघर्ष करने की दृष्टि से हीम्हर पार्टी का जन्म लेना आवश्यक था। यह पार्टी प्रारम्भ से ही समाजवाद विरोधी थी इसलिए क्रिश्चियन सोशल्स और हीम्हर में गठबन्धन होने में ज़रा भी विलम्ब नहीं हुआ।

कुछ और छोटी-मोटी बातों की वजह से भी हीम्हर और क्रिश्चियन सोशल्स समाजवादियों के विरोधी हो गये। आस्ट्रियाई समाजवादी पूर्णतः अधार्मिक थे। कम-से-कम जब तक जर्मनी में समाजवादियों का शासन था वे कैथोलिक चर्च के तो ख़िलाफ़ ही रहे, अतः वे एंकुलस, जर्मनी के संघ के पक्षधर थे। समाजवादियों के धर्मविरोधी रुख के कारण क्रिश्चियन सोशल्स अर्थात कैथोलिक चर्च किसानों के बीच लोकप्रियता प्राप्त हुई, जो रूढ़िवादी विचारों के लिए पूरे विश्व में प्रसिद्ध है। समाजवादी पार्टी के तत्त्वावधान में अन्ततः जर्मनी के विलय के डर ने हीम्हर पार्टी को यह सुअवसर दिया कि वह आट्रियाई आभिजात्य वर्ग का सहयोग प्राप्त कर सके। यह सदा याद रखना चाहिए कि एक राज्य के तौर पर आस्ट्रिया ने ही वंश परम्परा के रूप में पवित्र रोमन साम्राज्य को प्राप्त किया है। जब तक आस्ट्रिया जर्मनी से अलग रहेगा तब तक आस्ट्रियाई आभिजात्य वर्ग का प्रभुत्व रहेगा किन्तु यदि आस्ट्रिया जर्मन रीक में मिल गया तो उसका अस्तित्व समाप्त हो जायेगा। इसलिए राजकुमार स्टारहेम्बर्ग जैसे सम्भ्रान्त धनिक ने हीम्हर पार्टी की बागडोर सँभाली ताकि आस्ट्रिया राज्य की सत्यनिष्ठा की रक्षा हो सके तथा वहाँ के प्राचीन आभिजात्य वर्ग का प्रभाव भी क़ायम रह सके।

इस पार्टी को बल देने के लिए इतिहास का इस्तेमाल किया गया। जून 1933 में जब मैं विएना में था तब आस्ट्रियाई सरकार ने तुर्कियों पर अपनी विजय की 250वीं सालगिरह मनायी थी। 1683 में पूर्वी यूरोप पर राज्य करने के बाद विएना पर क़ब्ज़ा कर लिया और तुर्कियों की हार का मुख्य कारण स्टारहेम्बर्ग था। जो वर्तमान हीम्हर का नेता राजकुमार स्टारहेम्बर्ग का पूर्वज था। जून के उस आयोजन को आस्ट्रियाई जनसमूह का सहयोग स्वाभाविक रूप में प्राप्त था, किन्तु उसे इस प्रकार रचा गया कि उसके परिणामस्वरूप स्टारहेम्बर्ग तथा उसकी पार्टी की इज़्ज़त बढ़ी। उस आयोजन में देशभर से 40,000 हीम्हर प्रतिनिधि सफ़ेद व हरी पोशाक में विएना पहुँचे और विएना की सड़कों पर मार्च किया। पूरे मार्ग पर हीम्हर के सहयोगी नारे लगाते मैंने स्वयं देखे—हेल स्टारहेम्बर्ग, जबकि जवाब में नाज़ी नारे लगा रहे थे 'हेल हिटलर' उनको पुलिस ने नारे लगाने पर खदेड़ा। उस आयोजन के अन्त में मैंने एक हीम्हर नेता को उनके प्रतिनिधियों द्वारा प्रदर्शित अनुशासन के लिए मुबारक़बाद दी, किन्तु वह अधिक उत्साहित नहीं लगे, बल्कि उन्होंने शिकायत की कि विएना के लोगों ने हीम्हरों के प्रति सहानुभूतिपूर्ण रवैया नहीं अपनाया बल्कि नौकरीपेशा लोगों के आवासीय क्षेत्रों में तो उन पर सड़े-गले अण्डों से आक्रमण भी किया गया। यह पिछले जून माह की बात है। किन्तु अगले आठ माह में उन्होंने अपनी राजनीतिक स्थिति इतनी सुदृढ़ कर ली कि वे अपने शत्रुओं, आस्ट्रियाई नाज़ियों और आस्ट्रियाई सा म्यवादियों के साथ सीधा दुर्व्यवहार भी कर सकते थे। उनके द्वारा अपने शत्रुओं को नीचा दिखाने के लिए एक के बाद एक उठाये गये क़दमों का अध्ययन राजनीतिक युद्धनीति में महत्त्वपूर्ण स्थान रखता है।

पिछले युद्ध की समाप्ति पर सामान्यतः यह सोचा जा रहा था कि यूरोप से राष्ट्रीयता को युग समाप्त हो गया और शीघ्र ही सामाजिक पुनरुत्थान होगा। अब तो यह स्पष्ट हो चुका है कि राष्ट्रीयता का युग अभी समाप्त नहीं हुआ है। जब तक पूरे यूरोप में आत्मविश्वास के सिद्धान्तों को लागू नहीं किया जायेगा तब तक राष्ट्रीय संघर्ष समाप्त नहीं हो सकता। यद्यपि वर्सेल्स समझौते में आस्ट्रियाई शासन के अन्तर्गत चेक, पाल तथा इटलीभाषी लोगों के साथ न्याय हुआ, किन्तु वहीं जर्मनी व हंगरी के लोगों के साथ काफ़ी अन्याय भी हुआ, जिन्हें अन्य जातियों के शासन के नियन्त्रण में रखा गया। वर्सेल्स सन्धि के दौरान इस अन्याय की संभावना थी क्योंकि सन्धि के बाद शान्ति सम्मेलन में विजेता अत्यधिक प्रतिशोधात्मक भावनाओं से प्रभावित थे। जब तक इस ग़लती का प्रायश्चित्त नहीं हो जाता तब तक यूरोप में राष्ट्रीय संघर्ष का युग समाप्त नहीं हो सकता और न ही युद्ध की सम्भावना से इनकार ही किया जा सकता है।

आस्ट्रिया की भूमि हीम्ह्वर पार्टी के लिए उपयोगी सिद्ध होने के बावजूद, इस तथ्य के बावजूद कि प्रारम्भ से ही हीम्ह्वर राष्ट्रीय भावना और परम्परा को सुरक्षित रखे थे, वे आस्ट्रिया में अन्य पार्टी की सहायता के बिना व अन्तरराष्ट्रीय सहयोग के बिना अधिक सफल नहीं हो पाये। यहाँ योग्य राजनीतिक नेता हर डोलफस की सहायता भी बेकार सिद्ध हुई। उसके नेतृत्व में संघीय सरकार का निर्माण किया गया जिसमें क्रिश्चियन सोशल, हीम्ह्वर और अग्रेरियन पार्टियों का सहयोग था और विपक्ष में समाजवादी पार्टी तथा नाज़ी पार्टी थी। हीम्हर जैसी युद्धप्रिय पार्टी के सहयोग के बिना हर डोलफस नाज़ियों और युद्धप्रिय साम्यवादियों का सामना नहीं कर पाता, जिनके पास अनुशासित प्रतिनिधियों की सेना थी। इसीलिए हर डोलफस ने उग्रवादी हीम्ह्वरों से गठबन्धन कर लिया। हीम्ह्वरों को उल्टा लाभ ही हुआ। हर डोल्फस के द्वारा उन्हें क्रिश्चियन सोशल्स का सहयोग प्राप्त हुआ। डोलफस के गठबन्धन से उन्हें मित्र शक्तियों का सहयोग मिला और वे आस्ट्रियाई नाज़ियों के ख़िलाफ़ संघर्ष कर पाये जिन्हें जर्मनी का सहयोग प्राप्त था। इसके अलावा हर डोलफस की राजनीतिक बुद्धि व चतुरता का भी लाभ उन्हें मिला। उसकी चेतावनी और मार्गदर्शन के बिना, ये अवश्य ही जल्दबाज़ी में क़दम उठाने के कारण हताशा का सामना करते।

1933 में ऐसा महसूस हो रहा था जैसे हर डोलफस और क्रिश्चियन साम्यवादी हीम्ह्वरों का समाजवादियों तथा आस्ट्रियाई नाज़ियों के विरुद्ध अपने दोहरे संघर्ष में प्रयोग कर रहे हैं। इसमें भी शक नहीं कि आस्ट्रियाई सरकार को जो अन्तरराष्ट्रीय सहयोग प्राप्त हो रहा था वह इसी वजह से था कि विदेश में यह प्रचार था कि वे आस्ट्रियाई नाज़ियों को दबाने में लगे हैं। यदि यह आभास होता कि आस्ट्रियाई सरकार आस्ट्रिया में साम्यवादी पार्टी को इतनी बुरी तरह दबायेगी तो उसे अन्तरराष्ट्रीय सहयोग क़तई न मिलता। आस्ट्रियाई समाजवादियों के भी फ्रांस और ग्रेट ब्रिटेन में मित्र थे और उन्होंने एंकुलस अथवा जर्मनी में विलय के प्रस्ताव को अस्वीकार कर दिया था और वहाँ नाज़ियों की सत्ता थी इसलिए ग्रेट ब्रिटेन व फ्रांस हर डोलफस को सहयोग देने के उत्सुक नहीं थे यदि वह आस्ट्रिया में समाजवादियों को दबाता तो। इसलिए आस्ट्रियाई सरकार की सबसे सफल चाल यही थी कि वह पहले आस्ट्रिया में नाज़ी पार्टी पर आक्रमण करे और ऐसा करने में अन्तरराष्ट्रीय सहयोग प्राप्त करे। विश्व सद्भावना प्राप्त कर आस्ट्रिया में नाज़ियों को धता बताकर वे समाजवादियों के साथ सुरक्षापूर्ण तरीक़े से निपट सकते थे। यदि वे समाजवादियों से पहले निपटने का प्रयास करते तो मुश्किल में पड़ जाते। समाजवादियों को उखाड़ने के पश्चात ऐसा लगा

जैसे हीम्हर प्रधानमन्त्री हर डोलफस का इस्तेमाल करेंगे और वह इनका शोषण नहीं कर पायेगा।

मार्च, 1933 में जब मैं विएना में आया तब लोअर चेस्टर में आस्ट्रियाई सरकार का बहुमत संघीय संसद में केवल एक का था। किसी भी सरकार के लिए यह ख़तरनाक स्थिति होती है जो अधिक समय तक नहीं टिकती। अतः स्पीकर के त्यागपत्र का फ़ायदा उठाते हुए सरकार ने मार्च, 1933 में संसद भंग कर दी और स्वयं आदेश जारी कर राज्य करना शुरू कर दिया। तभी से राज्य में संसद भंग है। मार्च, 1933 से, जर्मनी में नाज़ियों की शक्ति की ओर, जनता का ध्यान आकर्षित हुआ। इस प्रकार आस्ट्रियाई समाजवादियों ने इस ओर ध्यान ही नहीं दिया कि उनके स्वयं के घर में क्या हो रहा है। संसदीय विपक्षी दल में चूँकि नाज़ी और समाजवादी दोनों थे इसलिए अधिकांश समाजवादियों का विचार था कि सरकार नाज़ियों को अधिक महत्त्व दे रही है। संसद भंग होने के बाद सरकार का रवैया समाजवादियों की अपेक्षा नाज़ियों के प्रति अधिक आक्रामक हो गया जिससे समाजवादियों में सुरक्षा की भावना जागने लगी। जब यह घट रहा था तब हर डोलफस की नाज़ियों के प्रति असंसदीय गतिविधियों का भान होने लगा था। उन दिनों समाजवादियों के प्रति आस्ट्रियाई राजनीति के रुख से यही प्रभाव पड़ता है कि उन्होंने उस कठिनाई को अनुभव नहीं किया जो उनके सामने मुँहबाए खड़ी थी। मेरे जैसा कोई भी बाहर का व्यक्ति उन दिनों यह अनुमान लगा सकता था कि वह दिन दूर नहीं जब आस्ट्रिया की सरकार पासा पलटकर समाजवादियों पर आक्रमण करेगी। हर डोलफस को धन्यवाद देना चाहिए कि उसने एक बार नहीं बल्कि बार-बार यह स्पष्ट किया कि सरकार दो मोर्चों पर संघर्ष कर रही है, नाज़ियों और समाजवादियों के विरुद्ध।

मार्च, 1933 में जब सरकार ने संसद भंग की तब स्पीकर, जो कि विपक्षी दल का था, ने सरकार की अवज्ञा कर संसद बुलायी। लोगों में इतनी अधिक उत्सुकता और उत्साह था कि वे पूछ रहे थे–'सरकार अब क्या करेगी?' सरकार ने पुलिस को आदेश दिया कि वह संसद की बैठक होने से रोके। किन्तु पुलिस के वहाँ पहुँचने से पहले ही विपक्षी दल के नेता संसद भवन में पहुँच गये और संसदीय कार्रवाई ठीक समय पर सम्पन्न हुई। मन्त्रीगण और उनके सहयोगी उपस्थित नहीं थे फिर भी विपक्षी दल के नेताओं की उपस्थिति व्यर्थ नहीं गयी। संसद सदस्यों को एकमात्र खेद यह रहा होगा कि उनके विरोध का अनुपालन विपक्षी दल ने नहीं किया। इसकी पूरी ज़िम्मेदारी समाजवादी पार्टी के नेताओं पर है। जब सरकार ने यह देखा कि विपक्षी दलों ने सरकार के संसद को भंग

करने के आदेश की अवहेलना की है। उन्होंने जनता की स्वतन्त्रता पर और नया आक्रमण किया। 1 मई को अन्तरराष्ट्रीय मज़दूर दिवस के आयोजन पर प्रतिबन्ध लगा दिया। इस प्रकार का आदेश तो हैप्सबर्ग राजाओं के शासन काल में भी जारी नहीं हुआ था। पुलिस और सेना को सतर्क कर दिया गया ताकि समाजवादी शहर के भीतर किसी प्रकार का प्रदर्शन न कर सकें। यद्यपि उन्हें म्युनिसिपल स्टेडियम में बैठक व खेल आदि आयोजित करने की छूट दी गयी। मैंने इस बैठक में भाग लिया और जो कुछ मैंने वहाँ देखा उससे बहुत प्रभावित हुआ। उस सभा में कम-से-कम 60 हज़ार लोग उपस्थित थे। 5 हज़ार लड़कियों और युवतियों ने ड्रिल का प्रदर्शन किया। लड़कों व युवकों ने भी इसी प्रकार के प्रदर्शन किये। इस बैठक में युवाओं की उपस्थिति देखकर स्पष्ट होता था कि सोशलिस्ट पार्टी के अनुयायी प्रायः युवा वर्ग के हैं। पार्टी के नेताओं ने बहुत भावपूर्ण व सोद्देश्य भाषण दिये। फिर भी मुझे उस समय महसूस हुआ कि वे अपेक्षा से अधिक गम्भीरता से काम ले रहे हैं। मैंने अपने समाजवादी मित्रों से कहा भी था कि उनकी पार्टी को युवा नेताओं को आगे लाना चाहिए। समाजवादी पार्टी की तुलना में नाज़ियों के पास अधिक युवा और ओजस्वी नेता थे। 1 मई को नाज़ियों ने भी एक बैठक आयोजित की, यद्यपि उन्हें शहर में प्रदर्शन करने की मनाही थी। समाजवादियों की अपेक्षा इनकी उपस्थिति भी कम थी। किन्तु उन्होंने अधिक उत्साह और ओजस्विता का प्रदर्शन किया।

1 मई के बाद से सरकार ने समाजवादी पार्टी पर सीधे आक्रमण करना छोड़ दिया और अपना रुख नाज़ियों की ओर मोड़ दिया। इससे समाजवादी स्वयं को सुरक्षित महसूस करने लगे और नाज़ी विरोधी अन्तरराष्ट्रीय नीति को अपना समर्थन देने लगे। यह तो सत्य है कि मई दिवस के बाद से सरकार ने समाजवादियों पर कोई और प्रतिबन्ध नहीं लगाया किन्तु समाजवादी पार्टी भी प्रतिबन्ध के प्रति अधिक उत्सुक नहीं थी। वे अपना काम चोरी-छिपे कर सकते थे और उन्हें यह सान्त्वना थी कि नाज़ी प्रतिनिधियों पर प्रतिबन्ध लगे हैं। समाजवादियों की प्रमुख संस्था आर्बिटर जीटुग पर सेंसर लगा दिया गया, यद्यपि उसे किसी प्रकार दबाया नहीं गया जबकि नाज़ी समाचार-पत्रों को एक-एक कर दबाया जाने लगा। साथ ही यह आदेश भी निकाला गया कि नाज़ी लोग किसी भी प्रकार की यूनिफार्म नहीं पहनेंगे। इस आक्रमण की चरम सीमा तब हुई जब नाज़ियों के मुख्यालयों पर देशभर में सरकार ने क़ब्ज़ा कर लिया। जब आस्ट्रिया में नाज़ियों के साथ वह व्यवहार हो रहा था तब वे बेकार न ही बैठे थे, नहीं वे कोई प्रतिकार ही कर रहे थे। सरकारी प्रतिबन्ध के बावजूद उन्होंने अपनी गतिविधियाँ और प्रदर्शन जारी रखे।

समाजवादी इस अवधि में अपने पर लगे प्रतिबन्धों के ख़िलाफ़ शिकायत करते रहे तथा निगम द्वारा उनके धन पर क़ब्ज़ा कर लेने पर चिल्लाते तो रहे किन्तु इसके विरोध में कोई संघर्ष या प्रदर्शन आयोजित नहीं किया। यदि वे उसी समय सरकार के विरुद्ध नाज़ियों से गठजोड़ कर लेते तो यह कहना कठिन है कि क्या हो जाता। दुर्भाग्य से नाज़ियों की कठिनाइयाँ उन्हें इतनी अधिक लग रही थीं कि वे सरकार की सही स्थिति का आकलन नहीं कर पा रहे थे। मैंने कई बार अपने समाजवादी मित्रों को बताया कि सरकार का आस्ट्रियाई नाज़ियों के प्रति जो व्यवहार है वैसा तो वॉन पपन सरकार ने जर्मन नाज़ियों के साथ भी नहीं किया था किन्तु मेरी इस टिप्पणी पर किसी ने कोई उत्तर नहीं दिया। जब सरकार नाज़ियों पर आक्रमण कर रही थी तब समाजवादी पार्टी जैसे शान्त थी वैसे ही इस वर्ष नाज़ी भी चुप रहे जब सरकार ने समाजवादियों के प्रति आक्रामक रुख़ अपनाया था। यह तो भविष्य ही बतायेगा कि क्या राजनीतिक युद्धनीति की दृष्टि से आस्ट्रियाई नाज़ियों का व्यवहार उचित था? समाजवादी नेताओं का यह आशा करना व्यर्थ था कि सरकार नाज़ियों का शोषण कर उन्हें बख़्श देगी। बल्कि नाज़ी लोगों का विचार सही है कि इस वर्ष आस्ट्रिया में समाजवादियों के दमन से उनके कार्य में आसानी हो गयी है।

पिछले वर्ष मेरी राय थी कि आस्ट्रियाई सरकार दोहरे संघर्ष को जारी रख कर राजनीतिक युद्धनीति के नियमों का उल्लंघन कर रही है और यदि उसे विजय प्राप्त करनी है तो उसे एक-न-एक पार्टी से मैत्री करनी ही चाहिए। मैं स्वीकार करता हूँ कि इतिहास का विद्यार्थी होने के नाते मैंने यह कल्पना भी नहीं की थी कि इस प्रकार वे (सरकार) दोनों विपक्षी दलों को सफलतापूर्वक उखाड़ फेंकेंगे। इसका श्रेय हर डोलफस द्वारा अपनाई गयी राजनीतिक दूरदर्शिता का है। पिछले बारह वर्ष में उसने समय के एक-एक पल का सदुपयोग किया है। उसने अपने राजनीतिक शत्रु के साथ व्यवहार में कभी कमज़ोरी का प्रदर्शन नहीं किया और न ही कभी जल्दबाज़ी का कोई लक्षण उसके कार्यों में प्रकट हुआ। पिछले वर्ष अपने प्रतिद्वन्द्वियों को धराशायी करने के लिए उसने जो अन्तिम दो क़दम उठाये उनका उल्लेख किया जाना आवश्यक है। पहला क़दम हीम्ह्वरवादियों को शस्त्रों से लैस करना और उन्हें सरकारी पुलिस में उच्च पदों पर आसीन करना है। दूसरा क़दम, पिछले वर्ष विएना में कैथोलिक कांग्रेस का आयोजन करना है।

विएना में पिछले वर्ष कई लोगों की यह राय थी कि सरकार 30,000 हथियारबन्द (सैनिक व पुलिस) सैनिकों का नेतृत्व करने में सक्षम है जबकि समाजवादी और हीम्ह्वर दोनों मिलकर भी उतनी ही सेना का नेतृत्व कर सकते हैं।

अतः सरकार के सामने यह समस्या थी कि सेना की संख्या में वृद्धि कैसे करे और गृहयुद्ध, जो कि इस वर्ष फ़रवरी में हुआ, की तैयारी कैसे करे। इस समस्या के हल के लिए सरकार ने हीम्हरों को सेना में भर्ती कर उन्हें सैन्य प्रशिक्षण दिलाना प्रारम्भ कर दिया। हीम्हर स्वयंसेवकों का महत्त्वपूर्ण कार्य यही था कि वे इस वर्ष समाजवादी शट्जबड से युद्ध करें और सरकार को यह दिखा दें कि उनके बिना सरकार कितनी असमर्थ है। नाज़ीवादी पक्ष से सहानुभूति रखने के कारण अतिरिक्त सैन्यबल की भी आवश्यकता थी। (सभी इस भेद से वाक़िफ़ हैं कि आस्ट्रियाई पुलिस व सेना में नाज़ी प्रचार ज़ोर-शोर से हो रहा था।)

मैंने उस समय विएना की जनता में उत्साह की आवश्यकता की ओर भी संकेत किया था जिसका अनुभव पिछले वर्ष जून में हीम्हर और सरकार के समर्थकों ने भी किया। विएना की जनता का विश्वास जीतने के लिए यह आवश्यक था कि उन पर यह प्रभाव डाला जाये कि सरकार के पक्षधरों की संख्या अत्यधिक है। जून, 1933 का हीम्हर प्रदर्शन इस दृष्टि से उपयोगी सिद्ध हुआ किन्तु इतना ही पर्याप्त न था। इसीलिए पिछले वर्ष सितम्बर में जर्मनभाषी लोगों का विएना में कैथोलिक कांग्रेस सम्मेलन आयोजित किया गया। इस अवसर पर भी सौभाग्य से मैं विएना में ही था। सरकार ने आस्ट्रिया के विभिन्न भागों से आने वाले कैथोलिक लोगों व जर्मन भाषियों के स्वागत के लिए विएना में ज़ोर-शोर से इन्तज़ाम किया। महामहिम पोप ने भी इस अवसर पर अपना अपोलोस्टिक प्रतिनिधिमण्डल भेजा। इस अवसर पर विएना में 2,00,000 के लगभग लोग एकत्र हुए। इस अवसर पर एक मेले का भी आयोजन किया गया तथा विएना आने वाले लोगों को रेल सेवाएँ उपलब्ध कराई गयीं। विएना मेले व कैथोलिक कांग्रेस की वजह से आने वाली भीड़ से होटलों और धर्मशालाओं को ख़ूब लाभ हुआ और सामान्य व्यापारियों ने भी ख़ूब धन अर्जित किया। आर्थिक तंगी के दिनों में इस आय से विएना के लोगों का अनजाने में ही सही, सरकार के प्रति रवैया पक्ष में हुआ। इसके अतिरिक्त कैथोलिक कांग्रेस के लिए विएना आने वाले विशालकाय जनसमुदाय से सभी को यह आभास हुआ कि इस सरकार के पक्ष में बहुत बड़ा जनसमूह है। इसके अलावा पूरा कैथोलिक चर्च, महामहिम पोप सहित सभी हर डोलफस के पक्ष में हैं। मेरे जैसे बाहर के व्यक्ति ने भी, जो भीड़ के अन्दर व बाहर घूमता रहा, यह महसूस किया कि लोगों में धार्मिक भक्ति तो अवश्य है। यह भी स्पष्ट था कि सरकार इस कैथोलिक कांग्रेस के द्वारा राजनीतिक लाभ उठा रही है, यद्यपि इन्तज़ाम इतनी चतुराई से किये गये थे कि आम आदमी यह महसूस नहीं कर सकता था। कैथोलिक कांग्रेस के साथ-साथ सैन्य प्रदर्शन भी

आयोजित किया गया। सितम्बर के आयोजन का स्पष्ट परिणाम था कि आम आदमी को यह अहसास हुआ कि सरकार की स्थिति काफ़ी मज़बूत है, जिसे कैथोलिक चर्च सेना तथा आस्ट्रिया के ग्रामीण क्षेत्र की जनता का सहयोग प्राप्त है। इससे हर डोलफस की स्थिति भी पहले की अपेक्षा और सुदृढ़ हुई।

इसी समय के दौरान घटी एक घटना मुझे याद आ रही है। रोथमस (टाउन हॉल में मेयर के कार्यालय के निकट) में आयोजित एक प्रदर्शन के दौरान, एक हीम्ह्वर नेता ने रोथमस की ओर संकेत करते हुए कहा था कि मुझे आशा है वह दिन जल्दी ही आयेगा जब सरकार बोल्शेविकों (समाजवादियों) को इस भवन से निकाल कर उनकी पार्टी को विएना पर राज्य करने का अवसर प्रदान करेगी। जब अगले दिन मैंने समाचार-पत्रों में समाजवादी मेयर की गिरफ़्तारी और रोथमस पर बलपूर्वक सरकार के क़ब्ज़े का समाचार पढ़ा, मुझे उस हीम्ह्वर नेता की बात भविष्यवाणी (सन्तवाणी) महसूस हुई।

सितम्बर के आयोजनों के पश्चात सरकार शक्तिशाली रूप से विपक्षी दलों के दमन के कार्य में जुट गयी। पहले कुछ माह नाज़ियों का दमन किया गया और जब यह कार्य सम्पन्न हो गया तब नये वर्ष की शुरुआत के साथ-साथ सरकार समाजवादियों के दमन कार्य में जुट गयी। हाल ही के ताज़ा घटनाक्रम को देखने से स्पष्ट हो जाता है कि समाजवादी हारी हुई बाज़ी खेल रहे थे। यद्यपि उनका विएना निगम प्रशासन और विएना प्रान्त में नियन्त्रण था किन्तु उनकी स्थिति अधिक मज़बूत कभी नहीं थी। देश से बाहर उन्हें किसी का अन्तरराष्ट्रीय सहयोग प्राप्त नहीं था। उस पर भी जर्मनी में समाजवादी लोकतान्त्रिकों की हार से आस्ट्रिया पर भी दुष्प्रभाव पड़ा था। कैथोलिक चर्च उनकी कट्टर विरोधी थी और हाल के प्रदर्शनों से स्पष्ट था कि आस्ट्रिया में कैथोलिक चर्च की स्थिति अधिक मज़बूत है। आस्ट्रिया के भीतर ही उन्हें दो शक्तिशाली शत्रुओं, नाज़ियों व क्रिश्चियन सोशल्स तथा हीम्ह्वरों से संघर्ष करना था। इन स्थितियों में वे और अधिक कर भी क्या सकते थे?

यह सत्य है, जैसा कि 'मैनचेस्टर गार्जियन' ने भी लिखा है कि आस्ट्रियाई समाजवादी भी अपने जर्मन बन्धुओं की भाँति युद्ध हार गये। यह इतिहास की लोक दुखद घटना है कि आस्ट्रियाई समाजवादी पार्टी जैसी लोकप्रिय पार्टी और समाजसेवी संस्था को इस प्रकार कुचलकर उखाड़ फेंका गया। केवल यही सान्त्वना है कि उन्होंने इतिहास का निर्माण किया। श्री हेराल्ड लास्की ने लन्दन के 'डेली हेराल्ड' में लिखा भी था कि विएना की समाजवादी पार्टी का संघर्ष पेरिस कम्यून और रूस की 1905 की क्रान्ति के समकक्ष सदैव याद रहेगा। इन सब बातों को

स्वीकार करने के बावजूद मैं सोचता हूँ कि यदि समाजवादी राजनीतिक दूरदर्शिता से पार्टी के कुछ लोग इस बात को मानते हैं कि अन्त तक यही आभास होता रहा कि समाजवादी नेता सरकार से समझौता करने का प्रयास कर रहे थे। समाजवादियों के चरित्र पर कोई अँगुली नहीं उठाई जा सकती क्योंकि उनके नेताओं ने उनको जैसा बनाया उन्होंने उसी के अनुरूप कार्य किया। किन्तु क्या नेताओं को यह चाहिए था कि वे पार्टी को आश्वस्त किये रहते कि वे सुरक्षित हैं और अन्तिम क्षण तक संघर्ष को स्थगित करते रहते।

आस्ट्रिया से समाजवादी पार्टी का अस्तित्व ख़त्म होने का अभिप्राय यह नहीं कि नाज़ियों के साथ भी ऐसा ही होगा। जब तक जर्मनी में राष्ट्रीय समाजवाद रहेगा तब तक आस्ट्रिया में नाज़ी बने रहेंगे। जर्मनी आस्ट्रिया पर आर्थिक दबाव डाल रहा है ताकि वर्तमान सरकार का पतन हो सके। क्या वर्तमान सरकार आस्ट्रियावासियों की आर्थिक समस्याओं को सुलझा पायेगी? और क्या मित्र राष्ट्र जो आस्ट्रिया को जर्मनी से पृथक् करना चाहते हैं, आस्ट्रिया की सरकार को आर्थिक सहायता उपलब्ध करायेंगे? यदि इतिहास इन दोनों प्रश्नों के उत्तर सकारात्मक रूप में देता है तो निश्चय ही वर्तमान सरकार का कार्यकाल लम्बी अवधि का हो सकता है। अन्यथा आस्ट्रियावासियों के पास केवल दो ही विकल्प बचे हैं जर्मनी से विलय अथवा हंगरी से सुलह।

फ़रवरी की घटनाओं से एक निर्णय पर तो पहुँचा ही जा सकता है कि आस्ट्रिया सरकार के पास हथियारबन्द अनुशासित पर्याप्त सैन्यशक्ति है, और वह आयुध की सहायता से किसी भी अच्छी सैन्यशक्ति वाली सेना का मुकाबला करने में सक्षम है।

फ़िलहाल आस्ट्रिया में पूर्ण शान्ति है, और कुछ समय तक रहेगी भी। बदलाव का कार्य बड़ी शीघ्रता से हो रहा है। रथौस पर हीम्ह्वरों का हरा व सफ़ेद झण्डा फहरा रहा है ताकि यह जान लिया जाये कि समाजवादियों की सत्ता समाप्त हो चुकी है। आस्ट्रियाई लोकतन्त्र की स्थापना करने वाले तीनों नेताओं की मूर्तियाँ हटाकर हर डोलफस, राजकुमार स्टारहेम्बर्ग तथा मेजर फे (हीम्ह्वर नेता) की मूर्तियाँ लगा दी गयी हैं। हार्नडक्रॉस अथवा नाज़ियों के स्वास्तिक की जगह हर डोलफस ने नया क्रॉस बनाया है जो उसकी पार्टी का निशान है। रूस, इटली और जर्मनी जैसे देशों में अपनायी गयी नीतियों, विधियों और उपकरणों को आस्ट्रिया में भी लागू किया जायेगा। किन्तु मुख्य समस्या, जिस पर आस्ट्रिया की राजनीति का भविष्य निर्भर है, आर्थिक समस्या है। जब तक इस समस्या का समाधान नहीं हो जाता तब तक आस्ट्रिया में शान्ति स्थापित नहीं हो सकती।

बहुत-सी अटकलें लगायी जा रही हैं कि हर डोलफस अब क्या नीति अपनायेगा। वह अपनी स्वतन्त्रता सुरक्षित रख पायेगा या हीम्हर के आगे पूर्ण रूप से आत्मसमर्पण कर देगा? जब उसकी पार्टी क्रिश्चियन सोशल्स का दमन कर दिया गया है तो अब उसकी स्थिति क्या रह गयी? वह आस्ट्रिया के लिए किस प्रकार का संविधान लागू करेगा? इटली के संविधान की नक़ल होगी या उसमें कुछ फेर-बदल किया जायेगा?

'नाइनटींथ सेंचुरी' के फ़रवरी 1934 के अंक में बहुत अच्छा लेख प्रकाशित हुआ। जिसमें एलिज़ाबेथ विस्कमैन ने कहा कि आस्ट्रिया में कैथेलिक चर्च व समाजवादियों में समझौता हो जाना चाहिए ताकि देश राष्ट्रीय समाजवादियों के क़ब्ज़े में जाने से बच सके। फ़रवरी की घटनाओं के बाद समाजवादी पार्टी के परिदृश्य से पूर्णतः ग़ायब हो जाने से माँग देर से की गयी प्रतीत होती है। किसी भी बाहर के व्यक्ति को स्पष्ट दीख सकता है कि हीम्हर की स्थिति बहुत अच्छी नहीं है और इनके विरुद्ध हर डोलफस अपनी स्वतन्त्रता को सुरक्षित नहीं रख पायेगा। हीम्हर पार्टी की आन्तरिक राजनीति आस्ट्रियाई राजनीति का भविष्य निर्धारित करेगी। हीम्हर में ही नाज़ियों के पक्षधर विद्यमान हैं और कुछ राजतन्त्रवादी भी हैं फ़िलहाल नाज़ी पक्षधरों का दमन किया गया है। किन्तु राजतन्त्रवादी महत्त्वपूर्ण हो गये हैं। विएना के ताज़ा समाचारों के अनुसार राजघराने के लोग हीम्हर पार्टी से सहयोग कर रहे हैं तथा आस्ट्रिया व हंगरी के राजतन्त्रवादी केवल सक्रिय ही नहीं हुए बल्कि मिल-जुलकर विचार-विमर्श भी कर रहे हैं। किसी भी समय दिलचस्प स्थितियाँ सामने आ सकती हैं। कुछ भी क्यों न हो जाये, इसमें शक नहीं कि फ़िलहाल कुछ समय तक अभी आस्ट्रिया की राजनीति को मित्र राष्ट्र प्रभावित करते रहेंगे। आस्ट्रिया यूरोपीय राजनीति का केन्द्र बना रहेगा, हालाँकि ऊपरी तौर पर वह शान्त नज़र आयेगा। 'लन्दन टाइम्स' के विएना संवाददाता का विचार है कि बाह्य शक्तियों का हर डोलफस को संरक्षण देना जारी रखना हितकर होगा, उसकी सरकार और उसका मानना है कि वह जो संविधान आस्ट्रिया को देगा वह केवल 'कट्टरपन्थी प्रभाव' से युक्त होगा। आस्ट्रिया में हीम्हर के प्रभाव की दृष्टि से आज आस्ट्रिया व पार्टी तथा इटली के सम्बन्धों में अधिक सँभावनाएँ इसी बात की हैं कि भविष्य का संविधान इटली के आदर्शों पर निर्धारित होगा। इसमें शक नहीं कि हर डोलफस ने अपने पहले बयान में क्रिश्चियन कॉर्पोरेटिव राज्य की चर्चा की थी किन्तु उस समय वह कैथोलिक चर्च के प्रभाव में था और उसे पपल एनसाइक्लीकल 1931 से प्रेरणा मिली थी जिसमें सामाजिक पुनर्स्थापना के प्रश्न पर कैथोलिक विचारों की भरमार थी। किन्तु आज हर डोलफस के लिए

यह असम्भव है कि वह हीम्हर के विरुद्ध कुछ कर सके और यह भी डर है कि क्या वह प्रधानमन्त्री को भी कैथोलिक चर्च के निर्देश मानने देंगे या नहीं। इसके बाद आस्ट्रिया में जो भी घटेगा उसमें पूरे विश्व की दिलचस्पी रहेगी और इसके दूरगामी प्रभाव पूरे यूरोप पर पड़ेंगे।

विट्ठल भाई पटेल की वसीयत*

अभी तक मैंने स्वयं को स्वर्गीय श्री वी. जे. पटेल की अन्तिम इच्छा के सन्दर्भ को प्रेस प्रचार से अलग-थलग रखा। कुछ मित्रों से पत्राचार अवश्य किया जिन्हें इस बात में दिलचस्पी थी। उनमें से कुछ लोगों की राय है कि उनसे जो बातचीत हुई उसे लोगों तक पहुँचाया जाना चाहिए। ताकि वह उन लोगों तक भी पहुँच सके जो लोग इसमें दिलचस्पी रखते हैं।

श्रद्धेय वसीयतकार की वसीयत का आवश्यक हिस्सा–

“ऊपर लिखित चार उपहारों को दे देने के बाद मेरी शेष वस्तुएँ सुभाष चन्द्र बोस (सुपुत्र श्री जानकी नाथ बोस) निवासी, 1 वुडबर्न पार्क, कलकत्ता को सौंप दी जाये ताकि सुभाष चन्द्र बोस द्वारा, या उनके नामित किये गये व्यक्ति या व्यक्तियों द्वारा उसके निर्देशानुसार भारत के राजनीतिक उत्थान के लिए तथा भारत के हित में विदेश में प्रचार हेतु काम में लाया जा सके।”

कारण तो स्वर्गीय पटेल ही बेहतर जानते हैं। सम्भवतः इसलिए कि उनके और मेरे विचारों में बहुत समानता थी और उन्हें मुझ पर पूर्ण विश्वास था– इसी वजह से उन्होंने मुझ पर इतनी बड़ी ज़िम्मेदारी डाल दी। यह ज़िम्मेदारी एक पवित्र विश्वास है जिसे मुझे हर हाल में पूरा करना है।

जिन मित्रों से मेरा इस विषय में पत्राचार हुआ है उन्हें मैंने बताया है कि इस वसीयत के कर्तव्यों को पूरा करने के लिए मुझे जनता का सहयोग और विश्वास चाहिए ताकि कार्य सम्पन्न हो सके और उसकी योजना सही रूप से बने तथा इस कार्य में लगने वाले धन का भी अनुमान लगाया जा सके। जनता के सेवक के नाते भी तथा एक अन्य कारण से भी मैं इस कार्य को पूरा करना चाहता हूँ। स्वर्गीय नेता द्वारा छोड़ा गया धन अपर्याप्त हो जायेगा। यदि हमें कार्य को योजनाबद्ध एवं प्रभावशाली तरीके से सम्पन्न करना हो तो, अतः हमें और धन एकत्र करना होगा। श्री वी. जे. पटेल की हार्दिक इच्छा थी कि देश लौटने के बाद वे इस कार्य को करें। अब उनकी अनुपस्थिति में मुझे यह कार्य पूर्ण करना होगा।

---

*अगस्त, 1934 में यूनाइटेड प्रेस को जारी किया गया बयान।

यह कहना तो व्यर्थ ही होगा कि धन एकत्र करने के लिए जनता का विश्वास जीतना अति आवश्यक है।

मैं यह भी कहना चाहूँगा कि इस वसीयत के उद्देश्यों को पूर्ण करने के लिए मुझे उन मित्रों की सहायता और सलाह की आवश्यकता है जो उनकी नीति व कार्यक्रम को ईमानदारी से लागू कराने के इच्छुक हैं। इस समय उन लोगों के नाम ले पाना मेरे लिए कठिन है किन्तु मैं श्री के. एफ. नारीमन, श्री एस. ए. बावेरी, श्री आर. भवन, श्री दीप नारायण सिंह आदि की सहायता लेना चाहता हूँ। मैं स्वर्गीय पटेल के विचारों और उद्देश्यों को पूरा करने की ज़िम्मेदारी, जो मुझ पर डाली गयी है, को नियमों के अन्तर्गत पूरा करना चाहता हूँ, क्योंकि उनकी भी यही इच्छा थी कि कार्य नियमानुसार ही होना चाहिए।

वसीयत से स्पष्ट है कि मुझे इसका एकमात्र उत्तराधिकारी बनाया गया है। मैं इस कार्य को जनता की सन्तुष्टि के लिए, ज़िम्मेदारी से, वैधानिक विधि से पूरा करना चाहता हूँ। ताकि वसीयत और नियमों का उल्लंघन न हो और स्वर्गीय नेता के प्रति भी वफ़ादार रहूँ। मैं इस उत्तरदायित्व से अपने को बचा नहीं सकता।

रोमानिया में भारतीय कर्नल*

हाल ही में रोमानिया की यात्रा के दौरान बुखारेस्ट में मुझे एक अद्‌भुत व्यक्ति से मिलने का अवसर मिला वे हैं डॉ. नरसिंहा मुलगुंड, जो रोमानिया सेना के चिकित्सा विभाग में लेफ़्टीनेंट कर्नल के पद पर थे। उनमें मुझे इतनी दिलचस्पी पैदा हुई कि मैंने उनसे उनके बचपन का ब्योरा माँगा जो मैं अब अपने देशवासियों के लिए लिख रहा हूँ।

वह जन्म से महाराष्ट्र के हैं, उनका घर ताल्लुका भुवनगीर में है, जो दक्षिण के हैदराबाद शहर से 60 किलोमीटर की दूरी पर स्थित है। उनकी प्रारम्भिक पढ़ाई बम्बई में हुई और वहाँ से मैट्रिक पास करने के पश्चात वे कलकत्ता चले गये।

कलकत्ता में वे स्काटिश चर्चेज कॉलेज में भर्ती हुए जहाँ से उन्होंने एफ. ए. की परीक्षा पास की। साथ-साथ वे डॉ. एस. के. मलिक के नेशनल मेडिकल कॉलेज में भी पढ़े। वहाँ उनके अध्यापक थे डॉ. एस. के. मलिक, डॉ. वाई. एम. बोस, डॉ. बी. सी. घोष तथा डॉ. एम. डी. दास। उन्होंने स्काटिश चर्चेज कॉलेज से एफ.ए. पास किया और एम. सी. पी. एस. की परीक्षा नेशलन मेडिकल कॉलेज से पास की। सन् 1912 में वे लन्दन गये जहाँ से उन्होंने एम. आर. सी. एस.

*दि मॉडर्न रिव्यू, कलकत्ता, सिंतबर 1934, पृ. 309-9

का डिप्लोमा लिया। इसी दौरान तुर्की-बल्कान युद्ध छिड़ गया और डॉ. मुलगुंड ने तुर्की के 'रेड क्रेसेंट मिशन' में अपनी सेवाएँ प्रस्तुत कीं। दो चिकित्सा दल थे, एक का नेतृत्व डॉ. अंसारी कर रहे थे और दूसरे का नेतृत्व डॉ. अब्दुल हुसैन व डॉ. मुलगुंड मिलकर कर रहे थे। शटाल्जा में उन्होंने तुर्की सेना के साथ लगभग छह माह तक सर्जन के रूप में कार्य किया। वहाँ से उन्हें तुर्की सरकार से मजीदिया के कमांडर का ऑर्डर मिला। तुर्की-बल्कान युद्ध में यूनान, सर्बिया, बुल्गारिया आदि ने तुर्की के विरुद्ध युद्ध किया। यह युद्ध तो शीघ्र ही समाप्त हो गया, किन्तु एक नया युद्ध प्रारम्भ हुआ जिसमें सर्बिया और यूनान ने मिलकर बुल्गारिया पर आक्रमण किया। रोमानिया भी इस दौड़ में शामिल हो गया। यद्यपि तुर्की-बल्कान युद्ध के दौरान बुल्गारिया ने तुर्की के बहुत से भू-भाग पर क़ब्ज़ा कर लिया था। अब तुर्की ने इस अवसर का लाभ उठाया और अपने हारे हुए भू-भाग को पुनः जीत लिया। जब रोमानिया ने बुल्गारिया के विरुद्ध युद्ध की घोषणा की तो रोमानिया एक प्रतिनिधिमण्डल गया। डॉ. मुलगुंड ने जिमनिका में कार्य किया जहाँ युद्ध क्षेत्र में एक अस्पताल बनाया गया था। रोमानिया की सेना में हैजा फैल गया और चिकित्सक प्रतिनिधिमण्डल ने उनकी बहुत देखभाल की। अपनी सेवाओं के उपलक्ष्य में डॉ. मुलगुंड को रोमानिया सरकार से मिलिटरी वर्चू का सम्मान मिला। यह सन् 1913 की बात है। द्वितीय बल्कान युद्ध के पश्चात चिकित्सा दल के अन्य लोग भारत लौट आये, किन्तु डॉ. मुलगुंड वहीं ठहर गये। उनकी इच्छा थी कि वे रोमानिया में ही अपना भविष्य निश्चित करें।

समस्या थी कि उनकी सहायता कौन करे! सौभाग्य से उसी समय सुप्रसिद्ध राजनीतिज्ञ डॉ. लुपु तथा प्रो. स्टैनकुलीनु का ध्यान उनकी ओर आकर्षित हुआ। उनका भविष्य वहाँ की नागरिकता प्राप्त करने पर निर्भर था। इन दो मित्रों की सहायता से और युद्ध के दौरान की गयी सेवाओं के आधार पर वे समय से पूर्व वहाँ के नागरिक बन गये। तत्काल ही उन्हें आँखों के क्लीनिक में सहायक की नौकरी मिल गयी, जो यूनिवर्सिटी अस्पताल से सम्बद्ध था। वहाँ उन्होंने रोमानिया की प्रान्तीय परीक्षा पास की। परीक्षा पास करने के बाद वे रोमानिया सरकार की सेना के चिकित्सा विभाग में सब-लेफ़्टिनेंट के पद पर नियुक्त हो गये।

यह बात अप्रैल 1915 की है। 15 अगस्त, 1916 में रोमानिया ने जर्मनी के विरुद्ध युद्ध छेड़ दिया। सन् 1917 में डॉ. मुलगुंड लेफ़्टिनेंट बने और 1918 में कैप्टन बन गये। 1926 में वे मेजर बने और मई, 1934 में मेरे बुखारेस्ट आने से कुछ दिन पूर्व वे लेफ़्टिनेंट कर्नल बने।

डॉ. मुलगुंड बल्कि लेफ़्टिनेंट कर्नल रोमानिया के सबसे अच्छे नेत्र विशेषज्ञ हैं। सन् 1919 से 1922 तक वे ओराडिया के नेत्र-अस्पताल में प्रमुख रहे तथा 1922 से 1928 तक वे बुखारेस्ट के सैनिक अस्पताल में नेत्र विशेषज्ञ के रूप में कार्यरत रहे। जिन दिनों मैं बुखारेस्ट में था उन दिनों युद्ध मन्त्री ने उन्हें सेना की भलाई हेतु नेत्र अस्पताल खोलने का आमन्त्रण दिया था।

लेफ़्टिनेंट कर्नल मुलगुंड ने रोमानिया की लड़की से विवाह किया, उनके दो सन्तानें हैं, दोनों लड़कियाँ हैं। खुशहाल परिवार है। बुखारेस्ट में वे काफ़ी प्रसिद्ध हैं। उनसे मिलने से पूर्व कई मित्रों से मैं उनकी प्रशंसा सुन चुका था। बुखारेस्ट में मेरे आवास के दौरान मैंने अपना बहुत-सा समय उनके साथ बिताया। रोमानिया के लोगों और मिलिटरी के अधिकारियों में उनके मेल-जोल को देखकर यह प्रतीत होता है कि वे उनमें केवल लोकप्रिय ही नहीं हैं बल्कि लोग उनकी बहुत इज़्ज़त भी करते हैं।

यद्यपि वे भारत से दूर रह रहे हैं और रोमानिया के नागरिक भी बन चुके हैं, फिर भी वे अपनी भाषा नहीं भूले हैं। मराठी के अतिरिक्त वे हिन्दी भी भली-भाँति बोल लेते हैं तथा संस्कृत का भी उन्हें अच्छा-ख़ासा ज्ञान है। गीता के संस्कृत श्लोकों के उद्धरण देना उन्हें प्रिय लगता है। बुखारेस्ट में डॉ. लेफ़्टिनेंट कर्नल मुलगुंड से मिलकर बहुत अच्छा लगा। मुझे विश्वास है कि जो देशवासी इसको पढ़ेंगे उन्हें भी बहुत प्रसन्नता का अनुभव होगा। लेफ़्टिनेंट कर्नल मुलगुंड का पता है–स्ट्राडा कैनजासी 14, बुखारेस्ट।

एडन की झलक*

13 जनवरी, 1935 में जब लौयड ट्रिस्टीनो का एम. वी. विक्टोरिया जहाज़ बम्बई से यूरोप जाते समय एडन में रुका तक एडन में रह रहे कुछ भारतीय मित्रों ने वहाँ पहुँचकर मुझे कुछ घण्टे अपने साथ बिताने का आमन्त्रण दिया। मैंने प्रसन्नता से वह आमन्त्रण स्वीकार किया। जब मैं उनके साथ तट पर पहुँचा तो वहाँ का दृश्य देख आश्चर्यचकित रह गया। पिछली बार 1919 में इंग्लैंड जाते हुए मैं एडन गया था किन्तु तब में और अब में कितना बदलाव आ चुका था। नयी सड़कें बन चुकी थीं। (शायद डामर की) सड़कों पर बिजली की रोशनी और सुन्दर भवन। पूछने पर पता चला कि एडन की कुल आबादी 50,000 के लगभग है जिसमें से 2,000 भारतीय हैं। वहाँ रह रहे अधिकांश भारतीय व्यापारी थे और

*दि मॉडर्न रिव्यू, कलकत्ता, मार्च 1935, पृ. 314-16

ज़्यादातर लोग कठियावाड़ के रहने वाले थे। एडन बन्दरगाह व्यापार का केन्द्र है और निरन्तर व्यापार में वृद्धि हो रही है। कच्चा माल जैसे पशुओं की खालें, काफ़ी आदि दूरदराज के क्षेत्रों से यहाँ लाकर यूरोप में निर्यात की जाती है। बना-बनाया माल, जैसे कपड़े आदि, जो तथाकथित सभ्यता का प्रतीक माना जाता है यूरोप से यहाँ लाकर अरेबियन पेनिनसुला में भिजवाया जाता है। प्रशासनिक अधिकारी वर्ग में प्रायः ब्रिटिश लोग हैं। कर्मचारी या निम्नवर्ग के अधिकारी अरबवासी हैं या फिर भारतीय हैं। फ़िलहाल एडन में भारतीय सरकार का प्रशासन है।

एडन में रह रहे भारतीयों को जो समस्या चिन्तित किये हुए है वह भारत से इसे जुदा करने का प्रस्ताव है। उनका भयभीत होना स्वाभाविक भी है क्योंकि यदि भारत से वह कट गया तो उन्हें बहुत हानि होगी और भारतीय जनता का सहयोग भी नहीं मिल पायेगा। मैंने उन कारणों की खोज की जिनकी वजह से सरकार इस प्रकार का प्रस्ताव सामने रख रही है। जहाँ तक भारतीयों का सम्बन्ध है उनका विचार है कि इसके पीछे राजनीतिक उद्देश्य कार्यरत है। सरकार एडन को उपनिवेशवाद के हाथों सौंपना चाहती है, ताकि जब भारत को स्वराज प्राप्त हो जाये तो एडन उनके हाथों में सुरक्षित रह सके। एडन और सिंगापुर भारत के दो समुद्री मार्ग हैं, और इन दोनों पर वे पूर्ण स्वामित्व बनाये रखना चाहते हैं। पहले-पहल एडन में कुछ भारतीय रेजीमेंट थीं, किन्तु बाद में उन्हें वापस भेज दिया गया और केवल ब्रिटिश सेना वहाँ बची जिनकी संख्या 2,000 के लगभग थी। एडन में रॉयल एयरफोर्स का भी एक महत्त्वपूर्ण सैन्य दल था। एडन से 25 वर्ग मील के दायरे तक की भूमि ब्रिटिश संरक्षण में थी और शेष स्थान स्वतन्त्र था।

लाल सागर में जाने के लिए प्रवेश द्वार होने के साथ-साथ एडन का और भी महत्त्व है, वह महत्त्व इसके सुन्दर दर्शनीय स्थलों के कारण है। एडन पहाड़ियों से घिरा स्थल है। शहर का बड़ा हिस्सा पहाड़ियों के नीचे स्थित है। बहुत सुन्दर सड़कें हैं, आधुनिकतम संरचनावाली, जो भवनों तक पहुँचती हैं। संचार सुविधाओं की दृष्टि से पहाड़ियों में कुछ सुरंगें भी खोदी गयी हैं।

एडन में वर्षा बहुत कम होती है अतः पीने के पानी की समस्या बनी रहती है। इस समस्या का हल अरबवासियों ने बहुत पहले बड़ी चतुराई से खोज निकाला था। प्राकृतिक साधनों से पहाड़ियों के तल में एक तालाब बनाया गया जिसमें पहाड़ों पर गिरने वाले वर्षा के पानी को एकत्र किया जाता है और पूरे साल उसे पीने के पानी के रूप में इस्तेमाल किया जाता है। जिस दिन हम एडन पहुँचे, उस दिन, ख़ूब तेज़ बारिश हुई जिसमें वह तालाब पूरा भर गया।

मुझे यह देखकर प्रसन्नता हुई कि एडन में रह रहे भारतीय भारत की घटनाओं में बहुत रुचि रखते हैं। उन्होंने मुझसे ताज़ा गतिविधियों की पूछताछ की। एडन के बारे में पूरी जानकारी देने के पश्चात, सामूहिक बैठक में उन्होंने मुझे कांग्रेस के कार्यक्रम की सूचना देने का अनुरोध किया। बम्बई कांग्रेस में भारत में खादी आन्दोलन के विषय में जो रचनात्मक कार्यक्रम बनाया गया था उसका संक्षिप्त परिचय मैंने उन्हें दिया। बैठक के पश्चात चाय-नाश्ता करवाया गया और पूरे नगर का मुझे भ्रमण कराया गया। जेटी पर उन्होंने मुझे भावभीनी विदाई दी। उसके बाद मैं अपने जहाज़ एम. वी. विक्टोरिया पर लौट आया। मध्यरात्रि में एक बार फिर हम समुद्र के बीच थे।

एडन के भारतवासियों को अत्यधिक प्रसन्नता होती है जब प्रमुख भारतीय एडन रुकते हैं और अपने देशवासियों से मिलते हैं। महात्मा गाँधी और मदन मोहन मालवीय की यात्राओं को वे आज भी याद करते हैं। वहाँ भारतीयों के मध्य संस्कृति के प्रचार की पर्याप्त सम्भावनाएँ हैं और इस दृष्टि से जो भी भारतीय एडन जायेगा उसका वहाँ हार्दिक स्वागत भी होगा। फ़िलहाल पण्डित कन्हैया लाल मिश्र जो बनारस के हैं—इस कार्य में वहाँ जुटे है। किन्तु शीघ्र ही वे वहाँ से वापस आ जायेंगे।

एडन में रह रहे भारतीयों की इच्छा है कि एडन के प्रस्तावित पृथकीकरण के विरुद्ध भारत में ज़ोरदार आन्दोलन होना चाहिए। परिणाम जो भी हों, किन्तु इस विषय में भारतवासियों की पुकार तत्काल पूरे विश्व को सुनाई जानी चाहिए।

इटली

अमृत बाज़ार पत्रिका को

20 जनवरी को मैं नेपल्स में उतरा, यह विचार था कि समुद्री-यात्रा बहुत हो चुकी अब नेपल्स से गाड़ी पकड़ूँगा। आश्चर्यचकित रह गया जब जहाज़ से उतरते ही मुझे पत्रकारों और फ़ोटोग्राफ़रों ने घेर लिया। इस बात से प्रसन्नता अनुभव हुई कि आख़िरकार यूरोप में कुछ लोगों के लिए भारत एक उत्सुकता का विषय बन चुका है।

नेपल्स में मैंने तीन दिन बिताये। यूरोप में कहावत प्रचलित है कि—नेपल्स देखो और मर मिटो, अर्थात नेपल्स इतना सुन्दर स्थल है कि कोई भी व्यक्ति उसे देखे बिना मरना नहीं चाहेगा। इस कहावत में कोई अतिशयोक्ति नहीं है। पर्वत पर स्थित, समुद्री किनारे पर सामने धुएँ से घिरी विसुवियस स्थली युक्त

नेपल्स बहुत सुन्दर स्थल है। कुछ मायनों में तो यह रिवरिया से भी सुन्दरतम स्थान है। समुद्र तट के साथ-साथ फैली पट्टी 'विया-पोर्टेनोव' घूमने की दृष्टि से सुदरम स्थान है, जहाँ से हटने का मन नहीं करता। मैं पांपेई शहर देखने भी गया जो ज्वालामुखी के लावे से नष्ट हो गया था किन्तु अब बिल्कुल खाली पड़ा है। 2000 वर्ष पहले शहर जैसा रहा होगा वैसा आज भी दीखता है, किन्तु निवासी अब नहीं हैं। शहर का खँडहर ज्यों-को-त्यों खड़ा है।

नेपल्स से मैं रोम आ गया जहाँ लगभग एक सप्ताह रहा यद्यपि मैं वहाँ केवल दो या तीन दिन ही रहना चाहता था। रोम में बहुत कुछ देखा और किया जा सकता है कि समय का पता ही नहीं चलता। रोम मुझे सदा ही आकर्षित करता है क्योंकि वहाँ प्राचीनता और नवीनता का संगम है। जब आप कोलोसियम, फोरन, रोम पैथायोन था कैटाकोबस देखते हैं तो रोम की प्राचीनता का आभास होता है। उस रोम का जिससे हम भारतीय इतिहास द्वारा परिचित हैं। किन्तु जब हम रोम की नयी बनी गलियों से गुज़रते हैं या किक्टर एमुअल की प्रतिमा को देखते हैं तो नये रोम की याद आ जाती है जिसे मुसोलिनी इटली के नमूने पर बनाना चाहता था। उसने रोम को आधुनिकतम शहर बनाने के लिए बहुत परिश्रम किया है और काफ़ी धन भी व्यय किया ताकि वह यूरोपीय शक्ति की राजधानी बनाई जा सके।

पिछले वर्ष जब मैं रोम गया तो मैंने अपना अधिकांश समय शहर को देखने में तथा निगम प्रशासन का अध्ययन करने में व्यतीत किया। इस बार मैंने कट्टरवादियों की कार्यप्रणाली और राष्ट्र की उन्नति हेतु सरकार के साथ मिलकर किये जाने वाले कार्यों का अध्ययन किया। पार्टी कार्यालयों में जाने के लिए, पार्टी के गठन और प्रशासन का अध्ययन करने के लिए तथा जो जानकारी मैं प्राप्त करना चाहता था उससे सम्बन्धित प्रश्न अधिकारियों से पूछ पाने के लिए मुझे पर्याप्त सुविधाएँ जुटा दी गयी थीं। एक पत्र में अपने सब अनुभवों और पार्टी की मशीनरी पर अपने विचारों को अभिव्यक्त कर पाना कठिन कार्य है। मेरे दिमाग़ में जो मुख्य-मुख्य बातें हैं। उन्हीं के सम्बन्ध में अपने विचार प्रकट कर सकता हूँ। मैंने यह देखा और अनुभव किया कि कट्टपन्थी पार्टी अपने विचारों और आदर्शों के अनुरूप एक नये राष्ट्र की स्थापना करने का प्रयास कर रही थी। पार्टी प्रत्येक आयु वर्ग और लिंग के व्यक्ति का ध्यान रख रही थी। राज्य से कोई भी व्यक्ति पृथक् नहीं था यह पार्टी का ही कर्तव्य था कि वह नागरिकों को राज्य के अनुरूप प्रशिक्षित करे।

आपको जानकर प्रसन्नता होगी कि मेरी पुस्तक 'द इंडियन स्ट्रगल' छप चुकी है।

रोम में मैंने एक प्रति देखी। उसका आवरण सुन्दर बन पड़ा है। रोम में अपने प्रवास के दौरान मेरी मुसोलिनी से मुलाक़ात हुई। मैंने अपनी पुस्तक उन्हें भेंट में दी। उसे पाकर वे प्रसन्न हुए और उन्होंने कहा कि वे उसे पढ़ने का समय निकालेंगे। इटली के समाचार-पत्रों ने, जिनका नेतृत्व इटली के प्रमुख अख़बार 'गियारनेल द इटालिया' ने किया, मुझसे भारत की वर्तमान स्थिति पर बातचीत की तथा संविधान सम्बन्धी बिल पर भारतीय प्रतिक्रिया के बारे में पूछताछ की, जिसकी आजकल लन्दन में बहुत चर्चा हो रही है। सभी समाचार-पत्र मेरी पुस्तक की आलोचना प्रकाशित करेंगे।

रोम में एक और दिलचस्प अनुभव मुझे हुआ, अफ़ग़ानिस्तान के भूतपूर्व राजा अमानुल्लाह से मेरी मुलाक़ात। उन्होंने मेरा हार्दिक अभिनन्दन किया और हमारी लम्बी बातचीत हुई वे महात्मा गाँधी, भारतीय राष्ट्रीय कांग्रेस की स्थिति और भारत की राजनीतिक स्थिति के बारे में जानने को उत्सुक थे। उन्होंने कम्युनिज़्म की आलोचना की और राष्ट्रीयता की प्रशंसा की। मैंने यह अनुभव किया उनका हृदय अपने लोगों के प्रति उदार है। उन्हें अपनी परवाह नहीं। उनकी इच्छा थी कि उनकी जनता स्वस्थ और ख़ुशहाल रहे। अफ़गानिस्तान के भविष्य के प्रति वे पूर्णतः आशावान थे। भारतवासियों की भलाई के लिए उन्होंने अपनी शुभकामनाएँ दीं। एक देशभक्त राजा के रूप में उन्हें देख मैं उनसे बहुत प्रभावित हुआ।

9 मार्च, 1935

काहिरा से गुजरते हुए*

आधुनिक मिस्र की राजधानी काहिरा जैसे और भी कई सुन्दर शहर हैं। नील नदी के आँचल में, पिरामिडों की छत्रछाया में बसे इस शहर की जलवायु बहुत सुखद है, उपजाऊ भूमि है, सुन्दर सड़कें, आकर्षक भवन आदि विदेशियों को अपनी ओर आकर्षित करते हैं। किन्तु स्वेज़ नहर को पार करने वाले कितने कम भाग्यशाली लोग होंगे जो वहाँ से गुज़रते हुए काहिरा गये होंगे।

लॉयड ट्रीस्टीनो कम्पनी का आभारी हूँ कि उन्होंने यह प्रबन्ध करा दिया कि हम स्वेज़ पर एम. वी. विक्टोरिया से उतरकर कार द्वारा काहिरा गये, जहाँ एक दिन बिताकर पोर्ट सईद पर पुनः जहाज़ में सवार हो गये। 16 जनवरी, 1935 को रात्रि 9 बजे हम स्वेज़ में थे। समुद्र के किनारे से काफ़ी दूर जहाज़ का लंगर डाला गया। अतः हमें फेरी द्वारा किनारे पर पहुँचना पड़ा। चाँदनी रात थी।

*दि मॉडर्न रिव्यू, कलकत्ता, अप्रैल 1935, पृ. 426.31

समुद्र का पानी चन्द्रमा की रोशनी से चमक रहा था। हमारे चारों ओर नहर की तथा ट्यूफिक बन्दरगाह की लाइटें चमक रही थीं जिनकी परछाईं समुद्र में नाच रही थी। कस्टम बैरियर पार करके हम कार में बैठे जो हमें काहिरा ले गयी। शीघ्र ही शहर से निकलकर हम रेगिस्तान में पहुँच गये जो उत्तर दिशा में हमारे एक साथी को बैडोइन रेगिस्तान में कुछ रोचक घटना घटने का इन्तज़ार था किन्तु वह निराश हुआ। सारा रास्ता शान्त था दोनों ओर अन्तहीन रेत फैली थी, सड़क सीधी थी और आकाश से चाँद की पीली-पीली चाँदनी छिटक रही थी। मध्य रात्रि में हम काहिरा पहुँचे रात के सन्नाटे में, काहिरा रोशनी से चमकती सड़कें और सीधे खड़े भवन जादुई दिखाई दे रहे थे।

अगली सुबह हम पिरामिड देखने गये। ठण्डी हवा चल रही थी। चीरकर रख देने वाली हवा से निकलकर हम नील घाटी पार कर विश्वप्रसिद्ध पिरामिडों तक पहुँचे जो प्रातःकालीन सूर्य की रोशनी में चमक रहे थे। हम ठीक उनके नीचे पहुँचे और ऊपर गर्दन उठाकर देखने लगे। यही वे पत्थर के स्मारक थे जिन्होंने नेपोलियन जैसे योद्धा की कल्पना को ललकारा था। फ्रांसीसी राजा ने अपनी सेनाएँ ठीक इनके नीचे लाकर खड़ी कर दी थीं और अपने थके-हारे सैनिकों को यह कहकर प्रोत्साहित किया था कि 5000 वर्ष झुककर उनकी ओर देख रहे हैं। इस अपील का जादुई प्रभाव हुआ और ममेल्यूक्स हवा में धूल के कणों की तरह उड़ गये। हम पिरामिडों के चारों ओर घूमे और खँडहरों के अन्दर-बाहर घूमते हुए सोचने लगे कि ये पिरामिड हमें क्या सिखाते हैं। हाँ हमें भी प्रेरणा का आभास हुआ। उन दैत्याकार पिरामिडों के सामने फैले अनन्त रेगिस्तान में खड़े होकर मनुष्य की शक्ति और आत्मा की अनन्तता का आभास होता है। इन इमारतों के शिल्पकारों ने समय को हरा दिया है। उन्होंने स्वयं को पत्थरों में सदा के लिए ज़िन्दा कर दिया और जिसे भी अन्तर्दृष्टि की समझ होगी वह उनसे तादात्म्य स्थापित कर लेगा।

पिरामिडों के समीप ही शाश्वत पहेली बुझाते स्फ़िक्स हैं। पत्थरों का अद्भुत कार्य, उगते हुए सूर्य को देखकर खोजती आँखें—आख़िर क्या सन्देश देते हैं। एक गाइड ने व्याख्या की कि प्राचीन मिस्रवासी सूर्य देवता के पुजारी थे अतः स्फ़िक्स या तो सूर्य के सूचक हैं या सूर्य पूजा के प्रतिनिधि हैं। किन्तु वास्तविकता कौन जाने? जिस आत्मा ने स्फ़िक्स का निर्माण किया वह बोलती नहीं इसलिए वे अनबूझ पहेली बनकर रह गये। स्फ़िक्स के सिर पर एक चिड़िया स्थिर बैठी थी। गाइड ने 'यह स्फ़िक्स की आत्मा है' बताते हुए हमारी कल्पना को झिंझोड़ा। 'प्रत्येक प्रातः यह इन्हें मिलने आती है।' अधिक पास से देखने पर हमें महसूस

हुआ कि स्फ़िंक्स की नाक उड़ चुकी है। हमने सोचा यह भी एक पहेली है। किन्तु गाइड ने हमें कुछ सोचने का मौक़ा न दिया 'नेपोलियन की केनन बाल ने यह सब किया है'—एक गाइड ने बताया। नेपोलियन का सम्बन्ध पिरामिडों से तो था ही अतः हम इस बात से भी आश्वस्त हो गये। किन्तु दूसरे गाइड ने उसका विरोध किया—"ये तो अरब के मूर्ति भंजक थे जिन्होंने यह सब किया ताकि प्राचीन मिस्रवासियों का मज़ाक़ उड़ा सकें।"

दुविधा की स्थिति में हम स्फ़िंक्स को छोड़ पिरामिडों की ओर मुड़े। हमारे गाइड ने पूछा—"क्या आप पिरामिड के ऊपर तक जाना चाहेंगे?" हमारा उत्तर था—"नहीं हमारे पास समय कम है, धन्यवाद।" उसने बताया—"यहाँ एक आदमी ऐसा है जो केवल आठ मिनट में ऊपर जाकर नीचे आ सकता है।" हमने सोचा यह हमें ठगना चाह रहा है। अतः हमने इनकार कर दिया कि हमें इसमें कोई दिलचस्पी नहीं है। इस सबकी अपेक्षा हमने सबसे बड़े पिरामिड को घूमघामकर देखना उचित समझा। वह अधिक कठिन कार्य नहीं था। पिरामिड के नीचे एक बड़े कमरे की ओर जाने वाला तंग रास्ता बिजली द्वारा प्रकाशित था। केवल हॉल तक पहुँचते हुए हमारी पीठ दुख गयी क्योंकि जब हम सीढ़ियाँ चढ़ रहे थे तो हमें लगातार झुककर चलना था। पिरामिड 450 फ़ीट की ऊँचाई पर था और हॉल तक पहुँचने के लिए हमें इसकी आधी चढ़ाई करनी पड़ी। पुराने राजाओं की ममी को यहाँ सँभालकर रखा जाता था, अब यह हॉल खाली था क्योंकि ममियों को संग्रहालयों में पहुँचाया जा चुका था। एक और छोटा कमरा भी था जहाँ रानियों की ममियाँ रखी जाती थीं।

गीज़ा के पिरामिड, जहाँ स्फ़िंक्स भी हैं काहिरा से लगभग नौ मील की दूरी पर हैं। कुल मिलाकर नौ पिरामिड हैं—तीन बड़े और छह छोटे। बड़े पिरामिड तो सही-सलामत स्थिति में हैं, केवल कुछ जगहों पर कोटिंग उखड़ गयी है। काहिरा से बहुत दूरी पर पिरामिडों का एक और समूह भी है जो 20 मील दूर प्राचीन शहर मेमाफिस के निकट है, वहाँ मिस्र के प्राचीन राजाओं की मूर्तियाँ भी विद्यमान हैं।

काहिरा का प्राचीन वस्तुओं का संग्रहालय भी पिरामिडों से कम दिलचस्प नहीं है। इस संग्रहालय में मिस्रभर से मिली वस्तुएँ एकत्रित की गयी हैं। इस संग्रहालय का सबसे आकर्षक हिस्सा वह है जहाँ तूतेनखामेन के मक़बरे से मिली वस्तुएँ रखी गयी हैं जो ऊपरी मिस्र के लक्सर क्षेत्र में स्थित था। लक्सर से मिले ख़ज़ाने का, जो कि संग्रहालय में रखा है वर्णन करना असम्भव है और एक-दो बार वहाँ जाकर देख पाना ही पर्याप्त नहीं है। प्रत्येक क़दम पर प्राचीन मिस्रवासियों द्वारा 2000 ईसा पूर्व से भी पुराने समय में अर्जित कला व सभ्यता को देख व्यक्ति

आश्चर्यचकित रह जाता है। कला के नमूने आज भी ऐसे दिखाई देते हैं जैसे अभी-अभी बने हों, और उस कलाकारी के साथ-साथ इनको सँभालकर रखने की कला भी प्रभावित करती है जिसकी वजह से समय का उन पर कोई असर नहीं हुआ है। मिस्र की तुलना में भारत भी अपनी प्राचीन संस्कृति और सभ्यता की डींग मार सकता है किन्तु यह तो स्वीकार करना ही पड़ेगा कि हम उन लोगों की भाँति अपनी कला व सभ्यता के नमूनों को सँभाल पाने में अक्षम रहे हैं। मेरे विचार से वैसे भी हम लोग जीवन के भौतिक पक्ष—कला और कलाकारी को मिस्रवासियों की भाँति विकसित नहीं कर पाये। हमारा ज़ोर सभ्यता की अपेक्षा संस्कृति पर अधिक रहा, जीवन के भौतिक पक्ष की अपेक्षा बौद्धिक और आध्यात्मिक पक्ष पर हमने अधिक बल दिया। इसमें हमें कई लाभ भी हुए और कई हानियाँ भी हुईं। अपनी अच्छी विचार शक्ति के कारण हम मानसिक रूप से तो आक्रान्ताओं से प्रभावित नहीं हुए यद्यपि भौतिक रूप में कुछ समय के लिए हम लुप्तप्रायः हो गये, धीरे-धीरे हमने आक्रान्ताओं को अपने आप में मिला लिया जबकि प्राचीन मिस्र के लोग अरब आक्रान्ताओं के सामने झुक गये और पूरी तरह समाप्त हो गये। दूसरी ओर बौद्धिक और आध्यात्मिक पक्ष पर बल दिये जाने की वजह से हम विज्ञान में अधिक उन्नति नहीं कर पाये जिससे भौतिक वस्तुओं में, अर्थात आत्मा और शरीर में, सन्तुलन क़ायम कर सकें और दोनों क्षेत्रों में उन्नति हो। क्योंकि आत्मा और शरीर का परस्पर गहरा सम्बन्ध है इसलिए शरीर का ध्यान न रखने से राष्ट्र न केवल भैतिक रूप से कमज़ोर होता है, बल्कि कुछ समय बाद आध्यात्मिक रूप से भी दुर्बल हो जाता है। फ़िलहाल भारत केवल भौतिक रूप से ही कमज़ोर नहीं बल्कि आध्यात्मिक रूप से भी दुर्बल हो चुका है, जिसका मुख्य कारण जीवन के एक पक्ष को भूल जाना ही है। यदि हम पुनः अपना अस्तित्व बनाना चाहते हैं तो हमें दोनों क्षेत्रों में एक साथ उन्नति करनी होगी।

पुनः वर्णन पर आता हूँ। सुबह के समय सैर-सपाटा कर लेने के बाद दोपहर में हमने शहर के अन्दर दर्शनीय स्थलों की सैर की। काहिरा में मस्जिद और मकबरों की भरमार है और बहुत-सा पुराना इतिहास इनमें दबा पड़ा है। प्रत्येक मस्जिद की अपनी सुन्दरता और अपनी कहानी है। कभी-कभी तो ऐसा लगता है कि बाइबिल के सन्दर्भ वाले दृश्य यहाँ उपस्थित हैं, किन्तु इनमें कितना यथार्थ है, कहना कठिन है। उदाहरणार्थ—बृहद सिटेडल (काहिरा का प्राचीनतम क़िला) में गाइड ने मुझे एक बहुत गहरा कुआँ दिखाया, जो उसके अनुसार जोज़ेफ़ का क़िला है। काहिरा का सबसे आकर्षक स्थल सिटेडल है जहाँ से पूरे काहिरा शहर का दृश्य देखा जा सकता है। मोहम्मद अली का क़िला, जहाँ से यह दृश्य दीखता है

दुर्भाग्य से आजकल उस पर किसी का ध्यान नहीं है। गाइड ने हमें वह कमरा दिखाया जहाँ मोहम्मद अली ने ममेल्यूक्स को रात्रिभोज पर आमन्त्रित किया था और वहीं अचानक पकड़कर उन्हें मरवा दिया। केवल एक ममेल्यूक्स बच पाया था। इस क़िले के बाहर, मोहम्मद अली की मज़ार है जिसे आजकल काफ़ी पैसा ख़र्च कराकर पुनर्निर्मित किया जा रहा है। सुल्तान हसन का मक़बरा, नीली मस्जिद, ममेल्यूक्स का मक़बरा, अल-अज़हर विश्वविद्यालय आदि कुछ दर्शनीय स्थल हैं जो पर्यटकों का ध्यान आकर्षित करते हैं।

पुराने मिस्र को देख लेने के बाद आधुनिक मिस्र की ओर हमारा ध्यान आकर्षित होना स्वाभाविक था। आधुनिक काहिरा एक सुन्दर शहर है और व्यक्ति उसकी प्रशंसा किये बिना नहीं रह सकता। राजा का नया क़िला कोई बहुत आकर्षक रूप से बनाया गया नहीं है। ब्रिटिश सेनाओं की बैरकें अधिक आकर्षक हैं। हमें बताया गया था कि मिस्र का राजा है किन्तु हमने देखा कि ब्रिटिश सेनाओं की बैरकों में यूनियन जैक शहर के बीचोबीच क़िले पर भी लहरा रहा है। क्या स्वतन्त्रत है!

आधुनिक मिस्र के लोगों का क्या हाल है? मैंने मिस्र की नेशनलिस्ट पार्टी के विषय में सुन रखा था जिसे वाफड पार्टी कहा जाता था जिसका नेतृत्व सईद ज़गलोल पाशा ने किया था जो अपने पीछे योग्य उत्तराधिकारी मुस्तफ़ा-अल-नहास पाशा छोड़ गया था। काहिरा की यात्रा तब तक अधूरी है जब तक कि किसी नेशनलिस्ट नेता से मुलाक़ात न की जाये। मेरे पास समय का अभाव था किन्तु सौभाग्य से मेरी मुलाक़ात सम्भव हो गयी। जब मैं मुस्तफ़ा अल-नहास पाशा से मिलने गया तो उनके दो सहयोगी श्री एम. एफ. नोकरशी, और श्री मकरम एबेद भी उनके साथ थे। हमारी दिलचस्प बातचीत हुई। मैं पहली ही बार में मिस्र के बारे में सब कुछ जान लेना चाहता था जबकि वे भारत के विषय में जानने को उत्सुक थे। मुझे यह जानकर प्रसन्नता हुई कि नेसीम पाशा के साम्राज्य के अन्तर्गत मिस्र में आयुध राज्य का अन्त हो गया था। राष्ट्रवादी एक बार फिर खुलकर साँस ले सकते थे। 8 और 9 जनवरी, 1935 को काहिरा में वाफ़ड पार्टी का सम्मेलन आयोजित किया गया जिसमें लगभग 30,000 लोगों ने भाग लिया, जो एक सफल आयोजन सिद्ध हुआ। संसदीय चुनाव जल्द ही होने वाले थे और वाफड पार्टी को आशा थी कि वे चुनाव जीतेंगे। कुल मिलाकर राष्ट्रवादियों की स्थिति अच्छी थी और नेतागण उत्साहित दिखाई दे रहे थे। भारत के विषय में बात करते समय सबसे पहले मुस्तफ़ा-अल-नहास पाशा ने महात्मा गाँधी के स्वास्थ्य के बारे में पूछा। उन्होंने बताया कि सन् 1931 में जब महात्मा गाँधी

भारत लौट रहे थे तब उन्होंने अपने सचिव को पोर्ट सईद भेजकर महात्मा गाँधी को काहिरा आमन्त्रित किया था और अपने घर पर एक बैठक भी आयोजित की जिसमें उनकी पार्टी के प्रमुख नेता भी आमन्त्रित थे। किन्तु दुर्भाग्यवश महात्मा गाँधी उपस्थित नहीं हो सके। फिर हिन्दू-मुस्लिम सम्बन्धों पर हमारी चर्चा हुई। मुस्तफ़ा ने उन कट्टरपन्थी साम्प्रदायिक व्यक्तियों की आलोचना की जो भारतीय राष्ट्रीयता के ख़िलाफ़ थे। उन्होंने एक-एक करके उन नेताओं के बारे में पूछा जो नेशलिस्ट पार्टी के साथ थे और जो सरकार के साथ थे। उन्होंने बताया कि मिस्र में मुसलमान और ईसाई मिल-जलुकर रह रहे हैं और दोनों सम्प्रदायों के लोग मिल-जुलकर मिस्र की उन्नति के लिए कार्य कर रहे हैं। उन्होंने आशा व्यक्त की कि शीघ्र ही भारत में भी ऐसा ही होगा। संक्षेप में मैंने मुस्तफ़ा को यह आश्वासन दिलाया कि भारतवासी मिस्र के लोगों में बहुत दिलचस्पी रखते हैं और उनकी हार्दिक संवेदनाएँ उनकी आज़ादी की लड़ाई में उनके साथ हैं। इसके प्रत्युत्तर में उन्होंने भी मिस्रवासियों की हार्दिक सहानुभूति का आश्वासन दिया और कहा कि भारत के स्वाधीनता संघर्ष में मिस्रवासी उनके साथ हैं।

मिस्र और ब्रिटिश के मध्य रीढ़ का कार्य करने वाले चार महत्त्वपूर्ण प्रश्न हैं। पहला है–ब्रिटिश सेना, दूसरा यूरोपियन ट्रिब्यूनल का अस्तित्व जिसके प्रयास से मिस्र में यूरोपीय समुदाय बना रहेगा, तीसरे स्वेज़ नहर पर क़ब्ज़ा और चौथे मिस्र के बीच सूडान को मिलाना। जब मुस्तफ़ा-अल-नहास पाशा प्रधानमन्त्री थे तब इंग्लैंड में लेबर कैबिनेट थी, और समझौते की बातचीत चल रही थी। कई प्रश्नों पर समझौता हो भी गया था किन्तु सूडान के प्रश्न पर गतिरोध आ गया था। जब लेबर पार्टी सदन से हट गयी तो पूरा वातावरण बदल गया। अब जब से चीन के सुप्रसिद्ध सर माइल्स लॉक हैंपसन मिस्र के हाई कमिश्नर बने हैं तब से फिर माहौल बदला है।

काहिरा में पूरा व्यस्त दिन व्यतीत करने के पश्चात हम लोग गाड़ी से पोर्ट सईद के लिए रवाना हुए ताकि अपना जहाज़ पकड़ सकें। गाड़ी में हमारे साथ कई मिस्रवासी यात्री थे, उनमें से कुछ अंग्रेज़ी (मिस्र में अंग्रेज़ी की अपेक्षा फ्रेंच अधिक बोली जाती है) बोल रहे थे, शीघ्र ही हमारी उनसे बातचीत प्रारम्भ हो गयी। हम वाफड पार्टी के विषय में आम आदमी की राय जानना चाहते थे। एक यात्री, क्रिश्चियन, जो सरकारी नौकर था। पहले-पहल कुछ झिझकता रहा किन्तु बाद में उसने हमसे खुलकर बातचीत की। उसने मिस्र के नेताओं की अत्यधिक प्रशंसा की और कहा कि और सब बातों के अलावा सभी मिस्रवासी, चाहे मुसलमान हों या क्रिश्चियन, तरबूश अथवा टोपी अवश्य पहनते हैं क्योंकि

यह मिस्र की राष्ट्रीय पोशाक है। (तब तक मैं इस टोपी को मुसलमानों का द्योतक मानता था।)

रात्रि 11 बजे हम अपने जहाज़ पर थे। एक घण्टे में वह चल पड़ा। मध्य सागर के प्रवेश में हमने फ्रांसीसी इंजीनियर लेसेप की मूर्ति देखी जिसने स्वेज़ नहर का निर्माण किया था। जल्दी ही हम समुद्र के मध्य पहुँच गये। लहरों के बढ़ने के साथ-साथ पोर्ट सईद की रोशनी धीमी-से-धीमी होती चली गयी। सुबह होते-होते जहाज़ घूमने लगा था और हम सब बीमार अनुभव करने लगे थे।

भारतीय विद्यार्थियों के लिए विदेश में व्यावहारिक प्रशिक्षण द्विपक्षीय व्यापार समझौते का प्रश्न

कार्ल्सबाद (एयरमेल द्वारा, अगस्त 1935 में यूनाइटेड प्रेस को प्रेषित)

पिछले युद्ध के बाद से बहुत-से भारतीय विद्यार्थी यूरोप, विशेष रूप से जर्मनी में स्नातकोत्तर शिक्षा और वहाँ की फैक्टरियों में व्यावहारिक प्रशिक्षण पाने के लिए जा रहे हैं। यद्यपि ब्रिटिश उद्योग भारतीय प्रशिक्षुओं पर कई प्रकार के अवरोध खड़े कर रहे हैं किन्तु अभी कुछ समय पूर्व तक जर्मनी उद्योग भारतीय प्रशिक्षुओं को खुले हृदय से स्वीकार कर रहे थे। सन् 1920 तक बहुत। से भारतीय जर्मनी विश्वविद्यालयों और उद्योगों में अध्ययन और प्रशिक्षण पा चुके हैं और भारत में जर्मनी की लोकप्रियता बढ़ा चुके हैं। दुर्भाग्य से जर्मनी के नये राज्य ने धीरे-धीरे परिवर्तन ला दिया जिससे भारतीय विद्यार्थियों पर दुष्प्रभाव पड़ा है। जब 1933 में मैं पहली बार जर्मनी गया तब मुझे कई शिकायतें सुनने को मिली थीं कि जर्मनी उद्योगों में भारतीय विद्यार्थियों को दाख़िला नहीं दिया जा रहा। समय के साथ इन शिकायतों में निरन्तर वृद्धि हुई है। मैं कुछ ख़ास उदाहरण देना चाहूँगा। एक भारतीय विद्यार्थी जिसने जर्मनी यूनिवर्सिटी से फार्मास्यूटिकल केमिस्ट्री मुख्य विषय के रूप में पढ़ी उसे जर्मन फैक्टरी में व्यावहारिक प्रशिक्षण के लिए दाख़िला नहीं मिल पाया। एक अन्य विद्यार्थी जिसने जर्मन यूनविर्सिटी से इंडस्ट्रियल केमिस्ट्री में डॉक्टरेट की, उसे जर्मन फैक्टरी में कोलतार डिस्टीलेशन के लिए दाख़िला नहीं दिया गया। एक और होनहार छात्र जो इंजीनियरिंग का अध्ययन पूरा कर रहा है उसे साइमन और हाला जैसे उद्योगों ने व्यावहारिक प्रशिक्षण देने से इनकार कर दिया। एक और इंजीनियरिंग का छात्र जो कपड़ा मिल में स्पिनिंग का प्रशिक्षण लेना चाहता था उसे हर जगह प्रवेश देने से इनकार कर दिया और अन्ततः उसे पोलिश कपड़ा उद्योग में प्रवेश मिला है।

बिगड़ती स्थिति

अब मैं भारतीय लोगों व भारतीय उद्योगों से प्रश्न करता हूँ कि हमने इस बिगड़ती स्थिति को इसी प्रकार हाथ कर जोड़ स्वीकार करना है या इस स्थिति का कोई हल भी खोजना है। इस बारे में मैं अपने विचार सामने रखना चाहता हूँ कि इन स्थितियों में अन्य देश क्या करते।

पहले तो मैं कहूँगा कि वर्तमान स्थिति में, जर्मन उद्योगों को यह स्वतन्त्रता प्राप्त नहीं है कि वे अपनी इच्छा से विदेशी प्रशिक्षुओं को प्रवेश दे सकें। प्रत्येक मामले को जर्मन सरकार द्वारा नियुक्त बोर्ड के समक्ष निर्णय हेतु भेजा जाता है। उस बोर्ड के अध्यक्ष डॉ. सेबख्त हैं।

तुर्की, चीन, पर्शिया जैसे देश जब विदेशी कम्पनियों के साथ किसी आदेश पर अन्तिम निर्णय करते हैं तो उनकी एक शर्त रहती है कि उनके कुछ देशवासियों को उन फैक्टरियों में प्रशिक्षण भी दिलाया जायेगा। इस शर्त को विदेशी फ़र्म स्वीकार करती हैं, जर्मनी सहित। विश्व में भारत एकमात्र ऐसा देश है जो बाहर से बहुत अधिक मात्रा में माल ख़रीदता है किन्तु अपनी कोई शर्त सामने नहीं रखता। इस स्थिति के लिए भारत सरकार और भारतीय नेता दोनों ही ज़िम्मेदार हैं।

वैकल्पिक उपाय

अब प्रश्न उठता है कि आख़िर इसका इलाज़ क्या है? मैं कुछ व्यावहारिक उपाय सुझाऊँगा। संसदीय लोकसभा के सदस्यों को सरकार से अनुरोध करना चाहिए कि वे सभी उन देशों, जिनसे भारत बहुत-सा सामान ख़रीदता है, की सरकारों से कहें कि वह भारतीय विद्यार्थियों को व्यावहारिक प्रशिक्षण की सुविधाएँ दिलवायें। यदि इस कार्य में असफलता मिले या भारत सरकार यह कार्य करने से इनकार कर दे तो इंडियन चैंबर ऑफ़ कॉमर्स को सीधे सभी देशों की चैंबर ऑफ़ कॉमर्स से इस विषय में सम्पर्क करना चाहिए। यदि यह क़दम भी नहीं उठाया जाता या इसमें भी असफलता हाथ लगती है तो भारतीय राष्ट्रीय कांग्रेस को चाहिए कि वह अपने प्रतिनिधियों द्वारा सभी देशों में प्रतिवेदन करे। यदि यह क़दम भी नहीं उठाया जाता या प्रभावशाली महसूस नहीं होता तो, वे सभी उद्योग जो विदेशों को माल सप्लाई के आदेश देते हैं, यह सुनिश्चित करें कि जब वे आदेश दें तो यह शर्त भी लगा दें कि उनके इतने व्यक्तियों को उन फैक्टरियों में प्रशिक्षुओं की हैसियत से प्रवेश दिया जाये।

सबसे प्रभावी कार्य भारत सरकार को करना है। किन्तु क्या वह कुछ करेगी? हमारे संसदीय प्रतिनिधियों को कुछ करना चाहिए। मुझे निजी अनुभव है कि इन सभी उपमहाद्वीप देशों में चैंबर ऑफ़ कॉमर्स का सरकार और उद्योगों पर अच्छा प्रभाव है। यदि भारतीय चैंबर ऑफ़ कॉमर्स गम्भीरतापूर्वक इन देशों के चैंबर ऑफ़ कॉमर्स से सम्पर्क करें तो वे अवश्य कार्रवाई करेंगे, यदि सहानुभूतिपूर्वक नहीं भी तो, इस भय से कि कहीं भारत से उनका व्यापार समाप्त न हो जाये। अतः यदि संसद का प्रयत्न असफल रहे तो चैंबर ऑफ़ कॉमर्स को इस कार्य को अपने हाथ में लेना चाहिए। तीसरा उपाय यह है कि भारतीय राष्ट्रीय कांग्रेस इसे हाथ में ले। मैं व्यक्तिगत अनुभव के आधार पर कह सकता हूँ कि कई देशों में कांग्रेस की छवि सम्मानजनक है और लोगों का मानना है कि भविष्य में भारत की सरकार इन्हीं की होगी। अतः यदि कांग्रेस द्वारा एक प्रतिवेदन बनाकर दिया जाये तो प्रतिकूल प्रभाव पड़ने की आशा है। कई देशों में लोग जानते हैं कि कांग्रेस उन देशों से आयातित सामान का बहिष्कार करने की स्थिति में है जहाँ भारतीयों के लिए स्थिति सम्मानजनक नहीं है। अन्त में, उद्योगपतियों को चाहिए कि जब वे किसी देश से उपकरण ख़रीदें तो यह शर्त लगा दें कि उनके कुछ लोगों को उनकी फैक्टरियों में प्रशिक्षण दिलाया जाये। मैं कुछ ऐसे भारतीय विद्यार्थियों को भी जानता हूँ जो देशभक्त भारतीय उद्योगपतियों की सहायता से विदेशों में प्रवेश पाने में सफल हो गये क्योंकि उद्योगपतियों ने यह माँग रखी थी। मैं ऐसे कई भारतीय उद्योगपतियों को जानता हूँ जो इस प्रकार भारतीय विद्यार्थियों की सहायता करने में सक्षम तो हैं किन्तु मना कर देते हैं। वही उद्योगपति यह चाहते हैं कि हम उनके बनाये माल को देशभक्ति के आधार पर ख़रीदें।

उपर्युक्त चारों विधियों को एक साथ लागू करना असम्भव किन्तु आवश्यक है। जर्मनी में प्रशिक्षण पाने के इच्छुक भारतीय विद्यार्थियों की स्थिति दिन-पर-दिन बिगड़ती जा रही है। अतः शीघ्र ही क़दम उठाये जाने आवश्यक हैं।

अन्य देशों से सम्बन्ध

1933 में जर्मनी में शुरू हुई कठिनाइयों की जानकारी मिलने के बाद से ही मैं अन्य देशों से सम्बन्ध विकसित करने का प्रयत्न कर रहा हूँ ताकि यदि जर्मनी भारतीय प्रशिक्षुओं के लिए अपने दरवाज़े बन्द कर लेता है तो वे एकदम बेकार न हो जायें। मुझे यह कहने में प्रसन्नता है कि कई देशों में भारतीयों के लिए मार्ग खुला है अतः उसका विस्तार किया जा सकता है। यदि हम सही योजना व उद्देश्य के तहत कार्य करें तो चेकोस्लोवाकिया की फ़र्म सकोडा भारतीय प्रशिक्षुओं

का अवश्य स्वागत करेगी। इटली की मरेली और पिरेली फैक्टरियाँ भी हर्षपूर्वक भारतीयों को स्वीकारेंगी। लोडज की पोलिश कपड़ा उद्योग मिल भी सहायक सिद्ध हो सकती है। यह कहना व्यर्थ है कि हमारे प्रशिक्षुओं को व्यावहारिक प्रशिक्षण उपलब्ध कराने वाले देशों के प्रति हमें भी अपना योगदान देना होगा।

औद्योगिक विकास

इस बात से तो सभी सहमत होंगे कि भारत के औद्योगिक विकास के लिए न केवल धन की आवश्यकता है अपितु श्रमिकों, राज्य सहायता तथा तकनीकी विशेषज्ञों की भी आवश्यकता हैं। राजनीतिक सत्ता हमारे हाथ में आते ही धन, श्रमिक और राज-सहायता स्वयं उपलब्ध हो जायेगी। किन्तु विशेषज्ञों का प्रशिक्षण अधिक समय ले सकता है। 1917 से रूस के अनुभव हमें बताते हैं कि हमें आज से इस गम्भीर समस्या पर विचार शुरू कर देना चाहिए। यदि हम विदेशी विशेषज्ञों के सम्मुख आत्मसमर्पण करना नहीं चाहते। जब दिल्ली में भारत-जापान व्यापार समझौता हो रहा था तब अनुमान लगाया जा रहा था कि जापान हमारे यहाँ से कपास ख़रीदेगा, किन्तु उस समय जापानी कपड़ा उद्योगों में भारतवासियों के प्रशिक्षण पर कोई चर्चा नहीं की गयी।

यह हमारे सामने द्विपक्षीय व्यापार समझौते के प्रश्न खड़े करता है। हमें जर्मनी, इटली, चेकोस्लोवाकिया, यू.एस.ए. आदि के साथ द्विपक्षीय व्यापार समझौता कर लेना चाहिए। भारत-जापान व्यापार समझौते के उदाहरण के आधार पर इस प्रकार के समझौते हमारी आर्थिक स्थिति को देखते हुए भी और व्यापार सन्तुलन बनाये रखने की दृष्टि से भी अति आवश्यक हैं। जर्मनी जैसे देश हमसे माल कम ख़रीद कर अधिक माल हमें क्यों बेचें? इसके विपरीत हम चेकोस्लोवाकिया जैसे देशों से इतनी कम ख़रीददारी क्यों करें जबकि वे हमसे अधिक मात्रा में माल ख़रीदते हैं।

व्यापार समझौता

अलग-अलग देशों से व्यापार समझौते करने के साथ-साथ यह भी आवश्यक है कि हमारे देश के व्यापारी अन्य देशों के व्यापारियों के निकट सम्पर्क में आयें। इस उद्देश्य की पूर्ति के लिए अन्य देशों से मिली-जुली संस्थाओं अथवा चैंबर ऑफ़ कामर्स की स्थापना की है। अतः यदि हम चेकोस्लोवाकिया के साथ सम्पर्क स्थापित करना चाहते हैं तो हमें भारत में इंडो-चेकोस्लोवाकिया संस्था या इंडो-चेकोस्लोवाकियन चैंबर्स ऑफ़ कॉमर्स की स्थापना करनी चाहिए।

इसी प्रकार अन्य देशों के साथ भी जिनमें हमें दिलचस्पी है ऐसी संस्थाएँ बनाई जानी चाहिए। इस रूपरेखा पर प्राग, विएना और रोम में तो संस्थाएँ स्थापित करने का कार्य शुरू भी हो चुका है। यह आवश्यक है कि भारत में ऐसी संस्थाएँ हों जो इन सम्बन्धों के विकास हेतु लिखा-पढ़ी कर सकें और भारत तथा यूरोप में मिले-जुले चेंबर्स बनाये जायें।

रोम्याँ रोलाँ क्या सोचते हैं?*

बुधवार, 3 अप्रैल, 1935। चमकती सुबह और जिनेवा सुन्दर व आकर्षक दिखाई देता हुआ। दूर नीले आकाश के पार बर्फ़ से ढकी सेलेव पहाड़ियाँ। हमारे सामने बहती सुन्दर नहर जिसमें किनारे खड़े भवनों की परछाइयाँ दिखाई दे रही थीं। मैं धार्मिक स्थल की यात्रा पर था। दो वर्ष पूर्व, जब से मैं यूरोप में आया था तभी से मेरी हार्दिक इच्छा थी कि मैं उस महान व्यक्तित्व एवं विचारक, जो भारत का तथा भारतीय संस्कृति का अच्छा मित्र है, माननीय रोम्याँ रोलाँ से मुलाक़ात करूँ। अपरिहार्य कारणों से 1933 में और फिर 1934 में मैं उनसे नहीं मिल पाया किन्तु तीसरा प्रयास सफल होने जा रहा था। मैं बहुत उत्साहित था किन्तु कभी-कभी उत्सुकता और शक की लहर मेरे भीतर दौड़ जाती। क्या यह व्यक्ति मुझे प्रेरित करेगा या मैं निराश ही वापस लौट जाऊँगा। क्या यह दार्शनिक और स्वप्नकार जीवन की उन सच्चाइयों का समर्थन करेगा। उन व्यावहारिक कठिनाइयों का जिनसे गुज़रकर व्यक्ति हर आयु व वर्ग में जीवन के मार्ग में संघर्षरत होता है। क्या यह व्यक्ति उस भविष्य को पढ़ पायेगा जो भारतीय इतिहास की दीवारों पर लिखा गया है?

22 फ़रवरी के उनके पत्रों के कुछ शब्दों ने मुझे उत्साहित किया था—"हम विचारकों को, प्रत्येक को, उन विचारों के विरुद्ध संघर्ष करना चाहिए जो हमें हतोत्साहपूर्ण व अनिश्चय की स्थिति में घेर लेते हैं। विश्व को, ईश्वर, कला, आत्मा की स्वतन्त्रता तथा आत्मा के रहस्यपूर्ण, झगड़ों के विरुद्ध संघर्ष करने के योग्य बनाना चाहिए। हमारी युद्धभूमि अपार समुद्र के इस पार व्यक्तियों की युद्धभूमि है।"

दो घण्टे तक हम लगातार उस चक्करदार मार्ग पर चलते रहे जो जिनेवा नदी को चारों ओर से घेरे है। मौसम बहुत सुहावना था और जब हम स्विस

---

*दि मॉडर्न रिव्यू, कलकत्ता, सितम्बर 1935, पृ. 319-241; इस लेख को माननीय रोम्याँ रोलाँ ने संशोधित किया था।

रिवेरिया के साथ-साथ चल रहे थे तो स्विट्ज़रलैंड के सुन्दर दृश्य देखने का लाभ उठाया। जैसे ही हम विलेन्युआ पहुँचे कार धीमी हो गयी और फिर ओल्गा विला के सामने रुक गयी। यह फ्रेंच विद्वान का आवास था। सामने ख़ूबसूरत झील। चारों ओर शान्ति, सौन्दर्य और आकर्षण। किसी योगी के लिए अति उत्तम स्थान।

जैसे ही मैंने घण्टी बजायी। छोटे क़द की, लेकिन सहानुभूति व प्रेम से परिपूर्ण चेहरे वाली महिला ने द्वार खोला। ये श्रीमती रोम्याँ रोलाँ थीं। अभी वे मेरा अभिनन्दन कर ही रही थीं कि सामने एक और द्वार खुला और वहाँ से एक लम्बा व्यक्ति, पीली मुखाकृति और अद्‌भुत भेदती आँखों वाला, सामने आया। हाँ! यह, यही चेहरा तो मैंने कई चित्रों में पहले भी देखा था, देखकर आभास होता था कि यह मानवीय दुखों से दुखी चेहरा है। उस पीले चेहरे में कहीं उदासी छिपी थी, किन्तु निराशा का कहीं नाम-निशान नहीं था। जैसे ही उसने बातचीत शुरू की, सफ़ेद बालों पर रंगत आयी, आँखों में अजनबी चमक आयी, और जो शब्द उन्होंने बोले वे जीवन और आशा से परिपूर्ण थे।

प्रारम्भिक मेल-मिलाप और भारत व भारतीय मित्रों के विषय में पूछताछ शीघ्र ही ख़त्म हो गयी और हम लोग गम्भीर विचार-विमर्श करने लगे। माननीय रोम्याँ रोलाँ अंग्रेज़ी नहीं बोलते—बोल सकते थे और मैं फ्रेंच नहीं बोल सकता था। मेरा उद्देश्य था कि मैं उनसे भारत की वर्तमान स्थिति पर चर्चा करूँ और विश्व के सम्मुख पैदा हुई महत्त्वपूर्ण समस्याओं पर उनके विचार जानूँ। इसलिए पहले मैंने भारतीय स्थिति का वर्णन अपने विश्लेषण व कल्पना के हिसाब से करने में बहुत-सा समय लगाया। दो मुख्य सिद्धान्तों, जिन पर हमारा पिछले 14 वर्ष का आन्दोलन आधारित है, जिनमें से पहला सत्याग्रह और अहिंसक अवज्ञा तथा दूसरा हर जाति और वर्ग के लोगों का एकत्रित होकर कार्य करना अर्थात धनिक और श्रमिक तथा ज़मींदार व किसान आदि। भारत को पूर्ण विश्वास था कि सत्याग्रह आन्दोलन द्वारा शान्तिपूर्ण हल निकलेगा जिसमें निम्न प्रक्रिया अपनाई जानी थी। भारत में यह आन्दोलन देश के प्रशासन को पंगु बनाकर रख देगा। भारत के बाहर सत्याग्रह के गौरवशाली आचरण द्वारा ब्रिटिश लोगों की आत्मा को झकझोरा जायेगा। इस प्रकार संघर्ष विशेष का अन्त हो जायेगा और एक समझौते पर पहुँच सकेंगे जिसके द्वारा बिना झगड़ा किये और ख़ून बहाये भारत को आज़ादी मिल सकेगी। किन्तु आशा व्यर्थ रही। भारत में इस सत्याग्रह ने अहिंसक आन्दोलन छेड़ा इसमें शक नहीं, लेकिन उच्च सेवाएँ अर्थात सिविल सेवाएँ और सैन्य सेवाएँ अप्रभावित रहीं। अतः ब्रिटिश राज का राज्य पहले की तरह चलता रहा। भारत के बाहर गाँधीजी के इस आचरण से कुछ

मुट्ठीभर उच्च विचारों के अंग्रेज़ लोग तो प्रभावित हुए, किन्तु साधारण ब्रिटिश जनता इन सबसे अप्रभावित रही, आत्मस्वार्थ ने इस उच्च आचरण की अपील को धराशायी कर दिया।

स्वतन्त्रता प्राप्त करने में असफल रहने पर भारतीय राष्ट्रीय कांग्रेस के नेताओं ने अपने-आप को टटोलने का प्रयास किया। कांग्रेस के लोगों का एक वर्ग तो यह मानता था कि हमें संसदीय प्रणाली के भीतर ही रहकर अपनी पुरानी कार्य-प्रणाली को अपनाना चाहिए। महात्मा गाँधी व उनके रूढ़िवादी अनुयायी, अवज्ञा आन्दोलन (सत्याग्रह) को स्थगित कर देने के बाद ग्रामवासियों के सामाजिक और आर्थिक उत्थान के कार्य में जुट गये। किन्तु तर्कवादी गुट ने, निराशा के वशीभूत होकर, नयी विचारधारा और नयी कार्य योजना बनायी जिसमें कांग्रेस समाजवादी पार्टी के अधिकांश लोग भी शामिल थे।

अपनी लम्बी भूमिका के पश्चात मैंने पूछा—"यदि संयुक्त मोर्चा टूट गया और नये आन्दोलन की शुरुआत हुई जो महात्मा गाँधी के सत्याग्रह से अलग प्रकार का सत्याग्रह हुआ तो श्रीमान रोम्याँ रोलाँ का विचार इस विषय में क्या होगा?"

श्रीमान रोलाँ ने बताया कि "यदि गाँधी का सत्याग्रह आन्दोलन भारत को स्वतन्त्रता दिलाने में असफल रहा तो उन्हें बहुत निराशा होगी। विश्वयुद्ध के पश्चात जब पूरा विश्व ख़ून और घृणा के विचारों से लिप्त था तब क्षितिज में एक आशा की किरण फूली थी। जब महात्मा गाँधी एक नये राजनीतिक हथियार के साथ युद्धभूमि में उतरे थे। पूरी आशा थी कि विश्वभर में गाँधी का प्रभाव फैला था।"

मैंने कहा—"हमारे अनुभव के अनुसार, गाँधीजी का मार्ग इस भौतिकवादी विश्व के लिए बहुत नर्म मार्ग है। एक राजनीतिक नेता के रूप में वे अपने विरोधियों से बहुत स्पष्ट रूप में बात करते हैं। हमें यह भी आभास हुआ है कि यद्यपि भारत में अंग्रेज़ों को कोई पसन्द नहीं करता फिर भी वे अपनी भौतिक शक्ति द्वारा भारत में अपना अस्तित्व क़ायम रखे हुए हैं भले ही सत्याग्रह आन्दोलन से उन्हें असुविधा और खेद पहुँचा हो। यदि सत्याग्रह आन्दोलन असफल हो जाता है तो क्या रोम्याँ रोलाँ यह पसन्द करेंगे कि राष्ट्रीय संघर्ष अन्य विधियों से जारी रहे और क्या वे भारतीय आन्दोलन में अपनी दिलचस्पी रखनी बन्द कर देंगे?"

उन्होंने सहानुभूतिपूर्वक उत्तर दिया—"संघर्ष हर हाल में जारी रहना चाहिए।"

"किन्तु मुझे कई यूरोपीय मित्रों ने, जो भारत के पक्ष में हैं, बताया है कि भारत के स्वाधीनता आन्दोलन में उनकी रुचि केवल महात्मा गाँधी के अहिंसक आन्दोलन की वजह से ही है।"

रोलाँ महोदय इस विषय में उनसे सहमत नहीं थे। उन्हें दुख होगा यदि सत्याग्रह असफल रहा किन्तु यदि वास्तव में यही हुआ तो वे चाहेंगे कि जीवन के सत्यों को स्वीकार कर उनका सामना करते हुए आन्दोलन नयी रूपरेखा में सामने आये।

यह उत्तर मेरी आकांक्षा के अनुरूप था। यह एक ऐसा आदर्शवादी व्यक्ति था जो हवाई क़िले बनाने की अपेक्षा धरातल पर अपने पैरों पर खड़ा होना चाहता है।

मैंने कहा—"यूरोप में कुछ लोग ऐसे हैं जो कहते हैं कि जैसे रूस में दो लगातार आन्दोलन हुए—एक मध्यवर्ग का लोकतान्त्रिक आन्दोलन और दूसरा समाजवादी आन्दोलन वैसे ही भारत में भी दो आन्दोलन होंगे—एक राष्ट्रीय लोकतान्त्रिक आन्दोलन और दूसरा सामाजिक आन्दोलन। मेरे विचार से राजनीतिक स्वतन्त्रता का संघर्ष सामाजिक-आर्थिक संघर्ष के साथ-साथ किया जाना चाहिए। जो पार्टी भारत में राजनीतिक स्वतन्त्रता लायेगी वही पार्टी देश में सामाजिक-आर्थिक पुनर्निर्माण के कार्यक्रम को भी लागू करेगी। रोम्याँ रोलाँ साहब आपका इस विषय में क्या विचार है?"

इस विषय में वे कोई स्पष्ट राय व्यक्त करने में असमर्थ रहे क्योंकि भारतीय स्थिति के तथ्यों से वे भली-भाँति परिचित नहीं थे।

मैंने फिर पूछा—"यदि भारतीय राष्ट्रीय कांगेस की संयुक्त नीति भी भारत को स्वतन्त्रता दिलाने में असफल रही और उसके स्थान पर किसानों और श्रमिकों के हित में संघर्ष करने वाली नयी पार्टी उभरी तो माननीय रोम्याँ रोलाँ महोदय का विचार क्या होगा?"

माननीय रोलाँ साहब का स्पष्ट विचार था कि अब समय आ गया है जब कि कांग्रेस को आर्थिक मुद्दों पर स्पष्ट निर्णय लेना चाहिए। उन्होंने बताया—"मैं गाँधी को भी इस विषय में लिख चुका हूँ कि उन्हें इस प्रश्न पर निर्णय लेना चाहिए।"

भारतीय राष्ट्रीय कांग्रेस के भीतरी मतभेदों पर अपने विचार व्यक्त करते हुए उन्होंने कहा कि मुझे दो राजनीतिक दलों में से एक को चुनने में कोई दिलचस्पी नहीं है। जिसमें मेरी दिलचस्पी है या जो मेरे लिए महत्त्वपूर्ण है वह प्रश्न और है। राजनीतिक दल मेरे लिए कोई महत्त्व नहीं रखते, यही चिन्ता उन्हें सताती है। गाँधी (अथवा कोई पार्टी) को श्रमिकों के हित में कार्य करना चाहिए और समाजवादी संस्था के हित में आवश्यक कार्य होना चाहिए, और यदि गाँधी (अथवा कोई पार्टी) स्वयं को श्रमिक वर्ग से अलग-थलग कर लेती है तो मैं सदा दमित श्रमिक वर्ग के पक्ष में रहूँगा, मैं उनके प्रयासों में अपनी भागीदारी भी दूँगा क्योंकि उन्हीं के पक्ष में मानवीय समाज के विकास के लिए आवश्यक नियम और न्याय हैं।

मुझे प्रसन्नता भी हुई और आवचर्य भी। मैंने अपने आशावादी क्षणों में भी कभी यह नहीं सोचा था कि यह महान विचारक इतने स्पष्ट रूप में श्रमिक

वर्ग के पक्ष में बोलेगा। थकान अनुभव हो रही थी और मुझे अपने मेज़बान के स्वास्थ्य की अधिक चिन्ता थी। जब चाय की घोषणा हुई तो आराम का अनुभव हुआ और हम लोग साथ के कमरे में गये।

चाय पीते समय भी हमारा वार्तालाप अबाध गति से चलता रहा। ढाई घण्टे की परिचर्चा में कई समस्याओं पर हमारी बात हुई। श्री रोलाँ कांग्रेस समाजवादी पार्टी के गठन में काफ़ी दिलचस्पी ले रहे थे। पण्डित जवाहरलाल नेहरू व अन्य नेताओं के सतत बन्दी बनाये जाने की भी उन्हें अत्यधिक चिन्ता थी। महात्मा गाँधी के कार्यों, भाषणों, लेखों में उनकी अद्भुत रुचि थी। उदाहरण के लिए, उन्होंने अपनी पुरानी फ़ाइलों में से महात्मा गाँधी का पुराना बयान निकाला जिसमें उन्होंने समाजवाद के प्रति अपनी सहानुभूति प्रकट की थी। महात्मा गाँधी व उनकी कार्य पद्धति पर हमने विस्तार से बात की। मैंने कहा कि महात्मा गाँधी आर्थिक मुद्दे पर कोई निश्चित क़दम नहीं उठायेंगे। राजनीतिक, सामाजिक व आर्थिक मुद्दों पर भी उनके स्वाभाविक रूप में नम्र नीति है। मैंने उन्हें बताया कि भारत की युवा पीढ़ी उनको नेतृत्व, नीतियों में कुछ ख़ामियों का अनुभव भी करती है ख़ासतौर पर सभी चालें सामने रख देने की नीति और राजनीतिक विरोधियों के सामाजिक बहिष्कार करने की नीति का विरोध करना, ब्रिटिश सरकार के हृदय परिवर्तन की उनकी आशा आदि। उनकी आलोचना से या उनका विरोध करके हमें रत्तीभर भी सुख नहीं मिलता क्योंकि उन्होंने जितना देश के लिए किया उतना किसी भी अन्य व्यक्ति ने नहीं किया। उन्होंने भारत को विश्व की दृष्टि में ऊपर उठाया है। किन्तु हम किसी व्यक्तित्व की अपेक्षा अपने देश को अधिक प्रेम करते हैं।

मैंने श्री रोलाँ को कहा कि वे संक्षेप में ये बतायें कि उन्होने अपने जीवन में किन उद्देश्यों के लिए संघर्ष किया। उन्होंने कहा—वे मूल सिद्धान्त हैं—

1. अन्तरराष्ट्रीयता (सभी जाति-वर्ग के लिए बराबरी का हक़)।
2. दमित श्रमिक वर्ग के प्रति न्याय—हमें ऐसे समाज का निर्माण करना चाहिए जिसमें न शोषक हों और न शोषित हों—बल्कि सभी समुदाय के सेवक हों।
3. सभी शोषित राज्यों की स्वतन्त्रता।
4. 'स्त्री-पुरुषों के समान अधिकार' उन्होंने इनमें से कुछ का विश्लेषण करना प्रारम्भ किया।

हमारा वार्तालाप समाप्त होने को था, तो मैंने कहा कि दोपहर को जो विचार उन्होंने प्रकट किये, उनसे कई वर्गों में आश्चर्य पैदा होगा, क्योंकि वे उनकी हाल की ज़िन्दगी के चिन्तन के परिणाम हैं। टिप्पणी ने बिजली के बटन का कार्य

किया और विचारों की गाड़ी को चालू कर दिया। रोलाँ महोदय ने बताया कि युद्ध के पश्चात वे अपने सामाजिक विचारों और पूरे आदर्शवाद पर पुनर्विचार करते समय किस मानसिक वेदना से गुज़रे हैं। यह मेरे भीतर का संघर्ष था जिसकी युद्ध भूमि बहुत विस्तृत थी, अहिंसा तो उसका एक हिस्सा मात्र था। मैंने अहिंसा के विरुद्ध निर्णय नहीं लिया था किन्तु यह निर्णय पक्का था कि इस सामाजिक क्रिया में अहिंसा केन्द्रीय धुरी का कार्य नहीं कर सकती। एक साधन, एक प्रस्तावित प्रारूप हो सकता है वह भी अनुभव के आधार पर। उन्होंने आगे बताया–हमारे पूरे संघर्ष का मूल उद्देश्य यह होना चाहिए कि एक सामाजिकता कि अधिक मानवीय और न्यायपूर्ण–की स्थापना की जानी चाहिए। यदि हम ऐसा नहीं करेंगे तो समाज का अस्तित्व मिट जायेगा। कार्य-विधि पर टिप्पणी करते हुए उन्होंने बताया–पिछले कई वर्षों से मैं शक्तियों को एकत्रित करने की कोशिश कर रहा हूँ ताकि प्राचीन स्थितियों का मुकाबला कर सकें जो मानवीयता का शोषण कर रही हैं। युद्ध एवं कट्टरवाद के विरुद्ध लड़ रही सभी राजनीतिक पार्टियों और विश्व कांग्रेस में मेरी यही भूमिका रही है। विश्व कांग्रेस 1932 में एमस्टरडम में आयोजित हुई थी और उसमें स्थायी कमेटियों की स्थापना की गयी थी। मेरा अभी भी यही मानना है कि अहिंसा एक सशक्त यद्यपि आक्रामक शक्ति है जिसका उपयोग अवश्य किया जाना चाहिए।

यहाँ मैंने उन्हें टोककर पूछा कि विश्व को आपके वर्तमान विचारों का पता कैसे चलेगा। इसके उत्तर में उन्होंने बताया–मेरे 15 वर्षों के कार्यों के लेखों का संकलन दो भागों में हाल ही में प्रकाशित हुआ है। पहले भाग में क्विन्न एनस डी कम्बैट (फ़िफ़्टीन इयर्स ऑफ़ कम्बैट) एडीशंस रीडर, बोलवर्ड सेंट जर्मेन 108, पेरिस VI है। जिसमें मैंने अपने अन्तर्द्वन्द्वों और सामाजिक विचारों का वर्णन किया है। दूसरा भाग पार लॉ रेवोल्यूशनल पैक्स (बाय वार्स ऑफ़ रेवोल्यूशन टू पीस), एडीशन सोशल्स इंटरनेशनल्स 24, रू रेसीनी पेरिस VI है, जिसमें युद्ध सम्बन्धी, शान्ति और अहिंसा सम्बन्धी प्रश्नों पर विस्तृत विचार किया है तथा पुरानी सामाजिक स्थितियों के विरुद्ध संघर्ष में समन्वय पर भी विचार किया है। इसके साथ ही उन्होंने बताया कि उनके कुछ मित्र जो भी उन्होंने लिखा उसे मानने से इनकार करते हैं। और केवल उन्हीं बातों को स्वीकारते हैं जो उनकी राय से मेल खाती हैं। ये दो पुस्तकें* उनके विचारों के परिवर्तन और विकास का सही रिकॉर्ड होंगी।

*अभी मुझे उनकी दोनों पुस्तकें उनकी ओर से भेंट में प्राप्त हुई हैं। दुख का विषय है कि मैं उन्हें मूलरूप से नहीं पढ़ सकता। मुझे अनुभव हो रहा है कि इन पुस्तकों को पढ़ने के लिए मुझे फ्रेंच भाषा सीखनी चाहिए।

हमारा वार्तालाप यूरोप के बहुचर्चित युद्ध पर चर्चा किये बिना समाप्त नहीं हुआ। मैंने टिप्पणी की कि दमित लोगों और राष्ट्रों के लिए युद्ध एक बुराई है किन्तु यूरोप में युद्ध तो बहुत दुखद घटना सिद्ध होगी। उन्होंने कहा इससे सभ्यता का अन्त भी सम्भव है। इसके लिए शान्ति निहायत ज़रूरी है ताकि वह अपने सामाजिक पुनर्निर्माण के कार्य को पूरा कर सके।

अपने मेज़बान से आज्ञा लेने से पूर्व मैंने उनका आभार व्यक्त किया और उनके विचारों के प्रति अपना सन्तोष व्यक्त किया। भारत के प्रति उनकी सहानुभूति महत्त्वपूर्ण है। जब भी मैं भारत की वर्तमान स्थितियों के विषय में उनके विचारों और प्रतिक्रियाओं के बारे में सोचता था तो उत्सुक हो जाता था।

जेनेवा की झील के नीले पानी में सूर्य अभी भी चमक रहा था। मैं विला ओल्गा से बाहर आया। चारों ओर पर्वत बर्फ़ से ढँके थे। सिर से बोझ उतर चुका था। मुझे विश्वास था कि यह महान विचारक भारत तथा उसके स्वतन्त्रता संग्राम में उसके साथ है, उसका भविष्य जो भी हो या भविष्य की कार्यप्रणाली कुछ भी हो। इस विचार से मैं जेनेवा एक प्रसन्न व्यक्ति के रूप में पहुँचा।

कार्ल्सबाद

2 जुलाई, 1935

सम्पादकीय टिप्पणी– [भारतीय प्रेस के नियमों, जहाँ तक हम उन्हें समझने में सक्षम हैं, का अनुपालन करते हुए हमने इस लेख के कुछ अंशों को काट कर वहाँ तारे का चिह्न लगा दिये हैं।]

एबीसीनिया का रहस्य व उसकी शिक्षा*

एबीसीनिया का भविष्य अब जलते पाँव पर रखा है। सम्भावनाएँ धुँधली पड़ चुकी हैं। किन्तु अफ्रीका के इस क्षेत्र में जो भी हो रहा है एबीसीनिया का वह पाठ मनुष्यता के लिए वसीयत सिद्ध होगा।

वह पाठ क्या है?

वह पाठ यह है कि 20वीं सदी में जो भी राष्ट्र स्वतन्त्र होना चाहता था उसका भौतिक रूप में व सैन्य दृष्टि में शक्तिशाली होना ज़रूरी था तथा साथ ही आधुनिक विज्ञान द्वारा दिये गये ज्ञान को प्राप्त करने योग्य होना भी आवश्यक था।

---

*मॉडर्न रिव्यू, नवम्बर, 1935 में प्रकाशित।

पूरब धीरे-धीरे पश्चिम के भौतिकवादी अतिक्रमण में घिरता चला गया क्योंकि वह अतिशिष्टता और अनन्त के प्रभाव से ग्रसित जीवन जी रहा था। कई सदियों तक उसने मनुष्य की उन्नति तथा वैज्ञानिक प्रगति के साथ क़दम मिलाकर चलने से इनकार किया, विशेष रूप से युद्ध क्षेत्र में। भारत और बर्मा जैसे कई पूर्वी देशों ने इसी कारण हानि उठाई। जापान, तुर्की और ईरान जैसे देशों का अस्तित्व आज भी क़ायम है क्योंकि उन्होंने समय के साथ अपने को आधुनिकता में ढाल लिया।

शेष पूरब की तरह, एक समय जापान भी एकान्त शान्ति में जीने का इच्छुक था। किन्तु अमेरिका की तोपें उसके कानों में चेतावनी की तरह बजती रहीं। उसे या तो वैश्विक आकाश में आर्थिक और राजनीतिक तौर पर एक शक्तिशाली आधुनिक देश के रूप में उभरना था या फिर पश्चिम के आगे घुटने टेक देना था। उसने पहला विकल्प चुना, समय पर स्वयं को सँभाला और 50 वर्ष के भीतर शक्तिशाली आधुनिक देश के रूप में खड़ा हो गया। जब तक पश्चिमी देशों की ओर से उसके स्वतन्त्र अस्तित्व को कोई ख़तरा पैदा होता, तब तक वह तैयार हो चुका था। समय पर की गयी तैयारी ने उसे बचा लिया। इस कठोर विश्व में सबसे शक्तिशाली ही जी सकता है।

एबीसीनिया नयी समस्या नहीं है। 19वीं सदी के अन्त से ही यूरोप के औपनिवेशिक राज्यों, ब्रिटेन, फ्रांस और इटली की निगाह उस पर थी। सभी उस धनवान राज्य पर क़ब्ज़ा करना चाहते थे, किन्तु वहाँ के बहादुर योद्धाओं से डरते थे और फिर उस देश की भौगोलिक स्थिति की वजह से भी घबराते थे। सन् 1868 में ब्रिटिश ने एबीसीनिया में लॉर्ड नेपियर ऑफ़ मगदाला पर (मगदाला एबीसीनिया के मध्य में स्थित है) आक्रमण कर वहाँ के राजा थियोडोर को उखाड़ने का असफल प्रयास किया था, इस तथ्य को सभी जानते हैं। अफ्रीका की भाँति एबीसीनिया का विभाजन करने में असफल रहने पर उन्होंने आसपास के क्षेत्र में क़ब्ज़ा कर एबीसीनिया को समुद्र से काट दिया। यदि नक़्शा देखा जाये तो हम देखेंगे कि एबीसीनिया, सूडान (ब्रिटिश), कीनिया (ब्रिटिश) इटैलियन सोमालीलैंड, ब्रिटिश सोमालीलैंड तथा एरीटिरा (इटली) से घिरा हुआ है।

1861 में इटली आज़ाद और एक हुआ। जबकि जर्मनी का एकीकरण 1870 में हुआ था। उस समय सारा औपनिवेशक विश्व यूरोपीय शक्तियों में विभाजित हो चुका था। अतः हम देखते हैं कि इटली और जर्मनी साम्राज्यवादी ताक़तों के अधीन नहीं थे—बिस्मार्क के नेतृत्व में जर्मनी दक्षिण-पश्चिमी अफ्रीका के कुछ क्षेत्रों पर और इटली एबीसीनिया व उसके आसपास के क्षेत्रों पर आँखें गड़ाये हुए था।

पिछली सदी के आठवें दशक में इटली की अफ्रीका में घुसपैठ प्रारम्भ हुई, जब एबीसीनिया एकजुट नहीं था। उत्तरी भाग पर राजा जॉन का और दक्षिणी क्षेत्र पर राजा मेनलिक का क़ब्ज़ा था और शेष भाग स्वतन्त्र थे। उस समय एबीसीनिया की जनसंख्या कुछ भी हो समजातीय थी, शालीनतावश या धार्मिक दृष्टि से। डर्विश विद्रोहियों से युद्ध करने में 1889 में राजा जॉन की मृत्यु के पश्चात राजा मेनलिक के नेतृत्व में एबीसीनिया एकीकृत हुआ। मेनलिक जिसे कि नेगसनेगास्त (राजाओं का राजा) की उपाधि दी गयी थी एक महान् योद्धा और राजनीतिक था। उसके नेतृत्व में इटली का युद्ध हुआ जिसने 1896 में एडोवा से इटली सेनाओं को पूर्णतया उखाड़ फेंका। तभी से इटलीवासी एडोवा की हार का बदला लेने का प्रयास कर रहे थे।

1896 के बाद 40 वर्ष तक एबीसीनिया ने सुख की साँस ली। यदि वह भी जापान की भाँति अपने लोगों को आधुनिकता के ढाँचे में ढाल पाता तो शायद अपना अस्तित्व क़ायम रख पाता। ऐसा करने में असफल रहा अतः लुप्त हो गया। यह ग़लती एबीसीनिया के महान राजाओं की नहीं थी वे तो देशभक्त, योग्य और राजनीतिज्ञ थे किन्तु ग़लती वहाँ की जनता की थी। उदाहरण के लिए, वर्तमान राजा ने तो वर्तमान मुसीबत के क्षणों में अद्‌भुत कूटनीति व राजनीति का परिचय दिया जैसा कि किसी भी उच्चकोटि के ब्रिटिश राजनेता से अपेक्षित था। किन्तु जातिगत और राजवंशीय ईर्ष्या के कारण यह सब हुआ। (राजा के दामाद, जो कि राजा जॉन का उत्तराधिकारी था, का साथ छोड़ इटली का साथ देना, जो 12 अक्टूबर को समाचार-पत्रों में घोषणा की गयी, ईर्ष्यावश ही था) यहाँ के नागरिक प्रायः अशिक्षित हैं और इसी वजह से अभी भी गुलाम प्रथा चल रही है और अन्तिम बात यह कि अडोवा की विजय से कुछ बहादुर एबीसीनिया वासियों में सुरक्षा की भावना ग़लत धारणा बन बैठी। यही सुरक्षा की भावना युद्धभूमि में उनकी हार का कारण बनी जहाँ उन्हें आभास हुआ कि 1935 के इटलीवासी 1896 के इटलीवासी नहीं रहे और उन्होंने युद्धनीति में अब बहुत उन्नति कर ली है, वे पहले वाले इटलीवासी नहीं जिन्हें उन्होंने अडोवा में उखाड़ फेंका था।

सेना के बल पर एबीसीनिया पर क़ब्ज़ा जमाने में असफल रहने पर साम्राज्यवादी शक्तियों ने इस सदी के प्रारम्भ से ही राजनीति से काम लेना शुरू कर दिया। लन्दन के 'न्यू लीडर' के 23 अगस्त, 1935 के अंक में यह कहानी बताई गयी है। (उस कहानी पर टिप्पणी करते हुए मैं केवल यही कहना चाहूँगा कि सितम्बर 1923 में एबीसीनिया लीग ऑफ़ नेशंस में सम्मिलित हो गया। हालाँकि ब्रिटिश सरकार ने इस पर आपत्ति की थी)।

योजनाबद्ध विभाजन

इससे पहले ब्रिटेन एबीसीनिया को इटली का प्रभावी क्षेत्र मान चुका था किन्तु इटली की हार से ब्रिटेन को अपना अधिकार जताने में सुविधा हो गयी। 1906 में तीन साम्राज्यवादी ताक़तों—ब्रिटेन, फ्रांस और इटली ने एक समझौते पर हस्ताक्षर किये थे जिससे इन तीनों देशों द्वारा एबीसीनिया के विभाजन का पूर्वाभास होता था। समझौते में वही सामान्य पाखण्डपूर्ण फार्मूला था कि एबीसीनिया की एकता निश्चित रहेगी, किन्तु इस सन्धि द्वारा ब्रिटेन को यह अधिकार प्राप्त था कि वह नील नदी के पानी का वितरण करने में प्रमुख की भूमिका निभायेगा, पश्चिमी एबीसीनिया पर इटली का आधिपत्य रहेगा और फ्रांस वहाँ की रेल व्यवस्था पर अपना नियन्त्रण रखेगा।

इटली की ख़रीद

इस साम्राज्यवादी चोरी की कहानी का अगला पक्ष विश्वयुद्ध के प्रारम्भ होने पर सामने आया। सन्धि के अनुसार इटली, जर्मनी और आस्ट्रिया का हिस्सा थी किन्तु फ्रांस और ब्रिटेन ने उसे ख़रीद लिया। उन्होंने एक गुप्त सन्धि की जिसके अनुसार इटली के साम्राज्य को उपनिवेशों की सीमाओं का विस्तार एबीसीनिया के ख़र्च पर होना चाहिए।

युद्ध के पश्चात ब्रिटेन नील नदी की साना झील पर बाँध बनाकर नील नदी अपने अधिकार में लेना चाहता था। इटली ने उसके इस इरादे को इस शर्त पर समर्थन देने की सहमति दे दी कि पश्चिमी एबीसीनिया की अर्थव्यवस्था पर इटली का एकछत्र आधिपत्य रहेगा। किन्तु ब्रिटेन ने इस शर्त को मानने से इनकार कर दिया। ब्रिटेन फ्रांस के विरोध से डरता था और उसे यह भी विश्वास था कि वह इटली के सहयोग के बिना भी जीत जायेगा। उसने इटली को साफ़-साफ़ बताया कि इटली का एकछत्र प्रभुत्व 1906 की सन्धि का उल्लंघन होगा जिसमें एबीसीनिया को स्वतन्त्रता का आश्वासन दिया गया है।

छह वर्ष बाद स्थिति बदल गयी एबीसीनिया सरकार ने ब्रिटेन की माँग का विरोध किया तब ब्रिटेन की सरकार ने इटली के सहयोग की इच्छा व्यक्त की। ब्रिटेन यह भूल गया कि 1906 की सन्धि में एबीसीनिया की स्वतन्त्रता का आश्वासन दिया गया था। 1919 के अपने रोष के बारे में भी भूल गया। उसने पूरे पश्चिमी एबीसीनिया पर इटली के प्रभुत्व को 'प्रभुत्व क्षेत्र' के रूप में स्वीकार कर लिया।

फिर अचानक एक झटका लगा। एबीसीनिया सरकार ने इटली और ब्रिटेन के मध्य हुए समझौते को नकार दिया और लीग के सम्मुख इस साम्राज्यवादी नमूने को पेश करने की धमकी दी।

बौखलाये हुए ब्रिटेन ने नयी नीति अपनायी। उसने 600 वर्ग मील की ब्रिटिश सोमाली भूमि देकर एबीसीनिया को रिश्वत देने का प्रयास किया। ब्रिटिश सरकार को पूरा विश्वास था कि उसकी यह पेशकश स्वीकार कर ली जायेगी। अतः उन्होंने 1926 में नक़्शे छपवाये जिनमें पोर्ट ऑफ़ बेलिया को एबीसीनिया क्षेत्र में दर्शाया गया। ब्रिटिश साम्राज्यवादी चकित रह गये जब एबीसीनिया ने यह पेशकश भी ठुकरा दी। वे अपनी स्वाधीनता के बदले में रिश्वत लेने को तैयार नहीं थे। यह कहानी यहीं ख़त्म नहीं हुई। 1928 में इटली और एबीसीनिया में एक मैत्री-सन्धि हुई जिसके अन्तर्गत सभी झगड़ों को समाप्त कर वे 20 वर्ष की अवधि के लिए मैत्री में बँधे। एक और समझौते पर भी हस्ताक्षर हुए जिसके अनुसार इटालियन ऐरीटिरिया में असब बन्दरगाह पर एबीसीनिया को मुक्त क्षेत्र उपलब्ध कराया गया। यह स्पष्ट है कि इस अवधि तक दोनों देशों के सम्बन्ध मैत्रीपूर्ण थे। इसके बाद अचानक एबीसीनिया की विदेश नीति में परिवर्तन आया। अन्य देशों अर्थात बेल्जियम, फ्रांस, ब्रिटेन और स्वीडन के तकनीकी विशेषज्ञ, राजनीतिक सलाहकार, सेना अधिकारी और लोग एबीसीनिया में लाये गये जबकि इटलीवासियों को निकाला जाने लगा। सन् 1934 के प्रारम्भ में एबीसीनियाई सरकार पर इटली का प्रभाव नहीं के बराबर हो गया और ब्रिटिश प्रभाव बढ़ता गया। यह चर्चा ज़ोरों पर थी कि ब्रिटिश सरकार ने एबीसीनिया सरकार से गुप्त रूप से व अलग से एक समझौता कर लिया है जो साना झील के विषय में है, इसमें इटली की सहमति नहीं ली गयी बल्कि इटली को इसकी जानकारी भी नहीं है। इसके विपरीत, मुसोलिनी ने एबीसीनिया सरकार से लावल/फ्रांस-इटालियन समझौता किया जिसके अन्तर्गत इटली को एबीसीनिया में पूर्ण अधिकार दिये गये।

अब तक समाचार-पत्रों में जितने भी लेख प्रकाशित हुए हैं उनमें से किसी में भी इस प्रश्न का उत्तर नहीं मिलता कि इस स्थिति में मुसोलिनी ने एबीसीनिया का यह मोर्चा क्यों छेड़ा। इसके दो कारण हो सकते हैं। पहला, मुसोलिनी ने यह महसूस किया कि एबीसीनिया में अंग्रेज़ों का प्रभाव निरन्तर बढ़ रहा है, क्योंकि अरेबिया में लाल समुद्र पर उनका प्रभुत्व था, और यदि इसे रोका न गया तो एबीसीनिया से इटली का प्रभुत्व बिल्कुल समाप्त हो जायेगा, दूसरा, मुसोलिनी से सोचा होगा कि उसे 2-3 वर्ष चैन से साँस लेने के लिए मिल जायेंगे, इससे पहले कि यूरोप का युद्ध शुरू हो। अतः एबीसीनिया में इटली का प्रभुत्व शुरू करने का यही सही मौक़ा था। असल में, इतिहास की दृष्टि से यूरोपीय युद्ध में एबीसीनिया आन्दोलन का वही स्थान है तो 1911-1913 के बल्कान युद्ध का विश्वयुद्ध 1914-18 के दौरान था।

अब उन मुद्दों के सम्बन्ध में प्रश्न किये जा सकते हैं जो एबीसीनिया झगड़े के दौरान पैदा हुए। इस प्रश्न के उत्तर में मैं पुनः 23 अगस्त के लन्दन के समाचार-पत्र 'न्यू लीडर' का सन्दर्भ देना चाहूँगा–

"अफ्रीका उपमहाद्वीप में एबीसीनिया ही एकमात्र स्वतन्त्र राज्य है। अफ्रीका का शेष बड़ा भू-भाग तो पहले ही साम्राज्यवादी ताक़तों में बाँटा जा चुका है। स्वेज़ के बड़े भू-भाग पर ब्रिटेन का आधिपत्य है। इटली अन्तिम क्षेत्र पर क़ब्ज़ा जमाना चाहता है इससे पहले कि कोई उसे हथियाये।

एबीसीनिया में चार साम्राज्यवादी शताब्दियों की गहरी दिलचस्पी है।

ब्रिटिश पूँजीपतियों की दिलचस्पी की वजह यह है कि एबीसीनिया में साना झील है, जिसमें नील नदी का पानी है, जो सूडान और मिस्र के कपास के खेतों को सींचती है। ब्रिटिश पूँजीपतियों को इसीलिए चिन्ता है क्योंकि एबीसीनिया बैंक पर उनका नियन्त्रण है, जो कि मिस्र के बैंक का सहयोगी बैंक है।"

फ्रांसीसी पूँजीपतियों का नियन्त्रण केवल रेलवे पर है, जो केवल फ्रांसीसी बन्दरगाह निबूटी और एबीसीनिया की राजधानी अदीस अबाबा के मध्य चलती है।

जापानी पूँजीपति साम्राज्यवादी इसलिए दिलचस्पी ले रहे हैं क्योंकि उनके पास उस भूमि का नियन्त्रण है जहाँ कपास की खेती होती है, लेकिन एबीसीनिया बाज़ार का सूती वस्त्रों पर पूर्णरूप से आधिपत्य है।

इसी से स्पष्ट है कि ब्रिटेन, फ्रांस और जापान की सरकारें क्यों इटली की माँग का विरोध कर रही हैं, क्या एबीसीनिया में प्रेम की वजह से या मानवीय आधारों पर या फिर शान्ति के प्रति प्रेम के कारण? स्पष्ट शब्दों में कहें तो यह चोरी के बँटवारे का झगड़ा है। ब्रिटिश, फ्रांसीसी और जापानी सरकारें मुसोलिनी द्वारा माल हथियाये जाने का विरोध कर रही थीं।

जब ब्रिटिश सरकार को यह बात समझ में आयी कि मुसोलिनी कोई धोखेबाज़ी नहीं कर रहा है तो उन्होंने अपाठ्यता का रुख अपनाया। जनरलों, एडमिरलों और सशस्त्र सेनाओं के संगठन 'मॉर्निंग पोस्ट' ने इस आशय की झलक दिखाते हुए 22 अगस्त के लेख में लिखा–

एबीसीनिया हमारी क्षमता की परीक्षा है। यदि हम कोई बात शान्तिपूर्वक चुपचाप स्वीकार लेते हैं तो यह नहीं मान लिया जाना चाहिए कि बाद में हम पर कुछ और भी लादा जा सकता है। ऐसा प्रतीत होता है कि विदेश में कुछ क्षेत्रों में यह विचार प्रतिपादित किया जा रहा है कि ब्रिटिश साम्राज्य अन्य जातियों द्वारा दबाया जा रहा है जिन जातियों की क़िस्मत भविष्य के हाथों में है। जितनी जल्दी इस विचार को नष्ट किया जाये विश्व की शान्ति के लिए उतना ठीक है।

यही समय है जब हमें सभी को यह बता देना चाहिए कि ब्रिटिश साम्राज्य न तो बिकाऊ है न ही कुछ बेचना चाहता है।

इन गहरी बातों के बावजूद, जनता इन रिपोर्टों से बहुत चिन्तित है कि युद्ध कार्यालय ने सूडान में सेना की दूसरी बटालियन भेजने का फ़ैसला किया है ताकि मलटा और एडन में अपनी सैन्यशक्ति बढ़ा सके, एबीसीनिया की राजधानी में ब्रिटिश लेगशन गार्ड की स्थिति सुदृढ़ करने के लिए भारतीय सेना भेजने का विचार बनाया है, ताकि मध्यसागर को सेनाओं के आवागमन का मार्ग बना सके।

म त्वपूर्ण परिपत्र

एक महत्त्वपूर्ण पैराग्राफ़ समाचार-पत्रों में छपा, फिर उसे दबा दिया गया। पिछले सप्ताह ब्रिटेन के सभी सब-पोस्टमास्टरों को एक दस्तावेज़ मिला जिसका शीर्षक था 'पार्शियल और जनरल मोबिलाइज़ेशन'। उसमें लिखा था–

बिना पूर्व भुगतान के तार स्वीकार करना वर्तमान आपात्काल में, युद्ध कार्यालय के सभी अन्तर्देशीय और समुद्रपार के तार बिना अग्रिम भुगतान लिए प्रेषण हेतु स्वीकार किये जा सकते हैं। यदि उन्हें सेना अधिकारी या सेना कार्यालय के स्थायी सरकारी कर्मचारी द्वारा सत्यापित किया गया हो तो।

अधिकारियों ने स्पष्ट किया है कि यह आदेश ग़लती से जारी हुआ। इस प्रकार के 32,000 फार्म (स-सी 18149) स्टेशनरी कार्यालय द्वारा पिछले माह प्रकाशित किये गये थे। किन्तु उन्हें तत्काल प्रयोग में लाने की कोई योजना नहीं थी। यही तथ्य काफ़ी चेतावनीदायक है कि इन्हें तैयार किया गया।

इसी अंक में 'न्यू लीडर' ने इन युद्ध की तैयारियों की पृष्ठभूमि में कार्यरत उद्देश्यों की चर्चा करते हुए लिखा–

इन सब योजनाओं की सफ़ाई में क्या कहा जा सकता है? क्या यह डर है कि एबीसीनिया में नील नदी की साना झील के पानी पर इटली का नियन्त्रण हो जायेगा और वह सूडान और मिस्र के ब्रिटिश सरकार के अधीन कपास के खेतों की सिंचाई को रोक देगी, यह ख़तरा कि एबीसीनिया में इटली का साम्राज्य होने से स्वेज़ नहर पर, लाल समुद्र पर और भारत के समुद्र मार्गों पर इटली का क़ब्ज़ा हो जायेगा। यही कारण पर्याप्त थे कि ब्रिटिश साम्राज्यवादी चिन्तित हों।

मुसोलिनी यह संकेत दे रहा था कि ऐसा कोई कारण नहीं है कि पूर्वी मध्यसागर में ब्रिटिश अधिकार क़ायम रहे। मुसोलिनी ने पूर्वी मध्यसागर और उत्तरी-पूर्वी अफ़्रीका की यथास्थिति को भी धमकी दी थी। दूसरे शब्दों में वह पूर्व से, भारत से और आस्ट्रेलिया से ब्रिटिश साम्राज्यवाद के सम्बन्धों को धमका रहा था।

इटली के इस उद्देश्य को समझने के कारण ही राष्ट्रीय सरकार और ब्रिटिश साम्राज्यवादियों ने यह निर्णय लिया कि वे मुसोलिनी को हर हाल में रोकेंगे। लीग ऑफ़ नेशंस को स्वीकृति देने का उत्साह शान्ति की वजह से या एबीसीनिया पर अधिकार जमाने की वजह से पैदा नहीं हुआ था। इन उद्देश्यों के पीछे ब्रिटिश साम्राज्यवादी अपनी चिन्ता को छिपा रहे थे और विश्वास-मत हासिल कर रहे थे कि वे लीग के प्रति वफ़ादार हैं और शान्ति चाहते हैं। शान्ति के प्रति उत्साह को दिखाकर वे साम्राज्यवादी युद्ध के लिए अंग्रेज़ों को तैयार कर रहे थे।

सभी ओर एबीसीनिया के प्रति इतनी हमदर्दी प्रदर्शित की जा रही थी कि बहुत कम लोगों को, फ्रांस के अतिरिक्त, यह आभास था कि ग्रेट ब्रिटेन की युद्ध पार्टी का मूल उद्देश्य केवल साम्राज्यवादी था। लीग ऑफ़ नेशंस के प्रति ब्रिटेन के नये-नये प्यार से फ्रांस शंकालु था, जिसका इटली उपहास उड़ा रहा था, क्योंकि वह अभी भी एंग्लो-जर्मन नेवल एग्रीमेंट से नाराज़ था, जिसे फ्रांस की जानकारी और अभ्युक्ति के बिना कर दिया गया था और जिसके द्वारा जर्मनी के अनैतिक शस्त्रीकरण को, जो कि वारसोलिस सन्धि के विरुद्ध था, नैतिक करार दे दिया गया। अपनी इस कार्रवाई को सही सिद्ध करते हुए फ्रांसीसी यह तर्क दे रहे थे कि, जब जापान ने लीग को धोखा देकर मंचूरिया में चीन पर आक्रमण किया और जब बोलीविया और पारा दोनों युद्धरत हुए थे जबकि दोनों ही लीग के सदस्य थे, तब ब्रिटेन चुप रहा था।

अब मैं बताता हूँ कि, ब्रिटेन दूसरों पर निर्भर होने के बावजूद भी एक अन्य युद्ध में उतरने को तैयार था तब, किस प्रकार एक जादू-सा हुआ। अचानक दूर क्षितिज में हिटलर की छाया उभरी और उसने इटली पर आक्रमण के लिए तैयार ग्रेट ब्रिटेन की सेना को निष्क्रिय बना दिया।

ब्रिटिश राजनीतिज्ञों की प्रशंसा किये बिना नहीं रहा जा सकता कि उन्होंने, कितनी चतुराई से ग्रेट ब्रिटेन में और विदेश में इटली के विरुद्ध नीति का प्रचार-प्रसार किया। 1914 में नारा था 'बेल्जियम बचाओ', 1935 में नारा था 'लीग ऑफ़ नेशंस को बचाओ'। यहाँ तक कि ब्रिटिश लेबर पार्टी और ब्रिटिश कम्युनिस्ट पार्टी भी नेशनल (कंजरवेटिव) सरकार के साथ थी। केवल मैक्सटन, फैनर ब्रोकवे और मैम्बर्न के नेतृत्व में इंडिपेंडेंट लेबर पार्टी के कुछ मुट्ठीभर लोगों ने साहस जुटाकर ईमानदारी का परिचय दिया और यह घोषणा की कि यह एक और साम्राज्यवादी युद्ध होने वाला है जिसमें ब्रिटिश श्रमिक वर्ग की कोई रुचि नहीं है। किन्तु स्वतन्त्र लेबर पार्टी के मुट्ठीभर लोगों की आवाज़ उस शोर में दब गयी जिसने सरकार को अपना समर्थन दिया था। सर सैम्युअल होरे,

विदेश सचिव ने इस समर्थन से प्रसन्न होकर ही इटली और विश्व को लीग के मंच से जेनेवा में ललकारा था।

इस प्रश्न का उत्तर मैं राजनीति के विद्यार्थियों पर ही छोड़ देता हूँ कि ब्रिटिश लेबर पार्टी और ब्रिटिश कम्युनिस्ट पार्टी ने अपनी परम्परागत शान्ति नीति को इस संकट की घड़ी में दरकिनार कर कैसे बाल्डविन सरकार को अपना समर्थन दिया। यह निश्चय ही कंजरवेटिव कूटनीति की विजय थी।

जब ब्रिटेन युद्ध की तैयारियाँ कर रहा था तब इटली चुपचाप नहीं बैठी था। सारा इटालियन प्रेम ब्रिटेन विरोधी जेहाद छेड़े था और इटली के तानाशाह का खुलेआम मानना था कि वह फ्रांस और ब्रिटेन के साम्राज्यवादी शासन के गठन में उनके साथ है और राह में आने वाली हर तरह की आपत्तियों से निपटने को तैयार है। क्या यह समर्थन उस अपमान का बदला था जो 1961 में इटली का हुआ था, जिसकी वजह से वह ग्रेट ब्रिटेन के विरुद्ध संघर्ष करने को तैयार था? नहीं मैं यह नहीं मानता। इटली को इस सच्चाई का ज्ञान था कि पिछले दशक के युद्ध के दौरान वायुसेना की शक्ति में जो उन्नति हुई है उसने पुरानी मान्यताओं को बदल दिया है और उसके पास ब्रिटेन की तुलना में उत्तम वायुसेना, आधुनिक जलसेना है तथा नयी और उत्तम युद्ध नीतियाँ हैं तथा मध्यसागर भी उसके नियन्त्रण में है।

इटलीवासी जो भी कहें किन्तु इसमें शक नहीं कि ब्रिटेन के पास बड़ा साम्राज्य है और उसको अधिक लोगों का सहयोग प्राप्त है अतः वह इटली पर हावी ही रहेगा। दूसरी ओर इसमें भी दो राय नहीं थी कि इटली की सक्षम वायुसेना—जो विश्व की योग्यतम वायुसेना थी ब्रिटेन जलसेना को अभूतपूर्व हानि पहुँचा सकती थी। ब्रिटेन युद्ध तो जीत जाता किन्तु आज की अपेक्षा और भी अधिक कमज़ोर हो गया होता। अपनी पंगु जलसेना के साथ उसे नाज़ी जर्मनी के पुनर्शस्त्रीकरण का मुकाबला करना पड़ता।

साम्राज्यवादी युद्ध नीतिज्ञों ने यह माँग की कि मेमल में दूर सुनाई देने वाला शोर ग्रेट ब्रिटेन के लिए एबीसीनिया में इटली के हस्तक्षेप की अपेक्षा अधिक सिरदर्दी है। इस चेतावनी को फ्रांसीसी राजनीतिज्ञों ने भी अपनी हर राय में ज़ाहिर किया जिसमें उनकी एकमात्र चिन्ता यह थी कि भविष्य में जर्मनी के विरुद्ध स्वयं को कैसे तैयार करें। ब्रिटेन की संसद ने अन्ततः यह महसूस किया कि बहादुरी से सावधानी अधिक महत्त्वपूर्ण है। इसका कारण यह था कि यद्यपि हिटलर, ब्रिटेन के पक्ष में नीति अपना रहा था और उसका जर्मनी के पश्चिमी फ्रंट पर आक्रामक भूमिका निभाने का मन भी नहीं था, उसके सभी सिद्धान्त जर्मनी

के पूर्वी और दक्षिणी फ्रंट के अर्थात मेमल, आस्ट्रिया, चेकोस्लोवाकिया आदि के साथ थे। अधिकांश ब्रिटिश राजनीतिज्ञों को जर्मनी के पुनर्शस्त्रीकरण से ख़तरा था। वे सोचते थे कि हालाँकि जर्मनी की इच्छा इंग्लैंड या फ्रांस से युद्ध करने की बिल्कुल नहीं है, किन्तु जैसे ही जर्मनी पूर्व और दक्षिण में अपना विस्तार करना शुरू करेगा, तब ऐसी स्थिति पैदा हो सकती है कि फ्रांस और इंग्लैंड को उससे युद्ध करना पड़ सकता है, यदि वे यूरोप में जर्मनी का आधिपत्य नहीं चाहते तो इस परिस्थिति में, पंगु जलसेना के साथ ग्रेट ब्रिटेन जर्मनी की अपेक्षा अधिक हानि में रहेगा। जर्मनी की वायुसेना पूरे ब्रिटिश साम्राज्य की अपेक्षा वैसे ही अधिक सक्षम है, और शीघ्र ही जर्मनी की थल सेनाएँ भी, सेना में अत्यधिक भर्ती के कारण, अधिक शक्तिशाली बनती जा रही हैं। इस शक्ति परीक्षण से बचने के लिए ब्रिटेन के पास केवल एक ही मार्ग बचा था। वह था ग्रेट ब्रिटेन की वर्तमान जलसेना को बनाये रखना और उसमें वृद्धि करना।

ग्रेट ब्रिटेन में जब ये अनुमान लगाये जा रहे थे और सोच-विचार चल रहा था तब इटली ने यह घोषणा कर दी कि यदि एबीसीनिया नीति में फ्रांस और ब्रिटेन ने उसे धोखा दिया तो वह केन्द्रीय यूरोप की राजनीति से स्वयं को पीछे खींच लेगी और हिटलर को स्वतन्त्र कार्रवाई करने देगी। इस टिप्पणी का असर अद्‌भुत रूप से हुआ और सैन्य नोक-झोंक ख़त्म हो गयी। इस प्रकार हिटलर की पुनर्शस्त्रीकरण की नीति ने फ्रांस और ब्रिटेन को डरा दिया जिससे 1935 में यूरोप में शान्ति की स्थापना हुई।

इस टिप्पणी की सच्चाई के लिए हम बोर्निमाउथ में आयोजित कंज़रवेटिव पार्टी कॉन्फ्रेंस में ब्रिटिश मन्त्री श्री बाल्डविन के भाषण का सन्दर्भ ले सकते हैं—

"किन्तु मैं आपको बताना चाहता हूँ कि हाल ही की घटनाओं ने मेरे मन में उठ रही शंकाओं और डर को ख़त्म कर दिया है, जो मेरे साथियों और मित्रों द्वारा भी समय-समय पर मेरे सामने रखे जा रहे थे। जैसा कि आप सभी जानते हैं कि युद्ध के कारण व्यावहारिक रूप से निःशस्त्रीकरण हुआ है—किसी भी अन्य देश की अपेक्षा हमारे यहाँ—अतः हम अधिक समय तक उस मार्ग पर नहीं चल सकते। जर्मनी के पुनरुत्थान के कारण पिछले एक-दो वर्ष में पूरे उपद्वीप के परिदृश्य में अन्तर आया है। विरोधपूर्ण रास्ता अपनाने में कोई बुराई मैं नहीं देखता। किन्तु इस वास्तविकता से आँखें नहीं मूँदी जा सकतीं कि अन्य महान देशों द्वारा शस्त्र अपनाने से यूरोप का परिदृश्य बदल गया है और लीग ऑफ़ नेशंस के अन्तर्गत किये गये समझौते को परिपूर्ण करने का रुख भी बदल चुका है। मुझसे यह छिपा नहीं है कि उन शर्तों को पूरा करने का अर्थ यह भी हो

सकता है कि जो राष्ट्र उन्हें पूर्ण कर रहे हैं उनसे सैन्यबल पर लीग की प्रतिज्ञा पूरी कराई जायेगी।"

सम्भव है कि एक अन्य कारण से भी अधिकारियों का इटली के विरुद्ध संघर्ष करने में हौसला पस्त हुआ हो, वह यह कि, ब्रिटिश साम्राज्य के अन्तर्गत जनता की राय। इस विषय पर 'डेली मेल' (पेरिस अंक) ने 26 सितम्बर को अपने मुख्य लेख में लिखा था–

हमारे कुछ ख़ून के प्यासे शान्तिप्रिय पत्रकारों ने अब ऐसे लेख प्रकाशित करने प्रारम्भ कर दिये हैं जो यह सुझाव देते हैं कि साम्राज्य स्वयं इच्छापूर्वक अपना समर्थन देंगे, यदि युद्ध हुआ, तो भी। साम्राज्य के लोगों का लीग ऑफ़ नेशंस के प्रति रवैया, इस वर्तमान झगड़े में बहुत महत्त्वपूर्ण है। ग्रेट ब्रिटेन के लोगों के लिए भी यह जान लेना बहुत महत्त्वपूर्ण है कि इटली को स्वीकृति का आवेदन–क्या इतना ख़तरनाक क़दम सम्भव है–साम्राज्य को भंग कर देगा और इसमें गम्भीर मतभेद पैदा कर देगा। सबूतों के परीक्षण के आधार पर उत्तर सकारात्मक बनता है कि स्वीकृति देते ही युद्ध होगा जो साम्राज्य की राय को विभक्त कर देगा और साम्राज्यों की जनसंख्या के एक बड़े भाग में अशान्ति फैलेगी, जिससे समुद्र पार अनेकों मुश्किलों को बढ़ावा मिलेगा।

महान साम्राज्य में से सबसे पुराना साम्राज्य, कनाडा, सदैव ही प्रतिज्ञापत्र के प्रति असहज रहा है। वर्ष 1924 में उसने लीग के अन्तर्गत अपनी ज़िम्मेदारियों से हाथ खींचा, यह कहकर कि वह यूरोप से अलग है।

उसकी जनता ने भी उसका समर्थन किया। 6 सितम्बर को कनाडा के प्रधानमन्त्री, श्री बैनेट ने अपने प्रसारण में कहा कि–"यह सरकार की ज़िम्मेदारी है कि वह यह देखे कि कनाडा इस मुसीबत से न्यायपूर्ण एवं इज़्ज़तपूर्ण तरीक़े से अलग-थलग रह सके। हम किसी विदेशी झगड़े में फँसना नहीं चाहते।"

जहाँ तक आस्ट्रेलिया का प्रश्न है तो वहाँ के प्रधानमन्त्री श्री ल्योन्स ने वादा किया कि वे ब्रिटिश सरकार को पूर्ण सहयोग देंगे। फेडरल लेबर पार्टी के नेता श्री फोर्ड ने बिल्कुल पृथक् नीति अपनायी, उन्होंने उस संगठन की नीति के बारे में घोषणा की कि 'वह किसी भी बाह्य युद्ध में हिस्सा नहीं लेगा।' न्यू साउथ वेल्स में इस पार्टी ने एक प्रस्ताव पारित किया जिसमें यह माँग रखी कि जेनेवा के प्रति आस्ट्रेलिया अपनी तटस्थता घोषित करे और यदि युद्ध होता है तो अपने प्रतिनिधियों को वापस बुला ले। दक्षिणी अफ्रीका में जनरल स्मट्स ने कहा कि उनका साम्राज्य तन-मन से प्रतिज्ञा पूरी करेगा।

दक्षिण अफ्रीका के रक्षामन्त्री श्री पिरो का विचार जनरल स्मट्स के विचार से सर्वथा भिन्न था। 15 सितम्बर को उन्होंने जन-समारोह में बताया—

"मैं पूर्णरूप से आश्वस्त हूँ कि दक्षिण अफ्रीका के वासी युद्ध नहीं चाहते, कुछ भी हो हम नहीं झगड़ेंगे।" इस भावना के पीछे व्यावहारिक पक्ष यह था कि दक्षिण अफ्रीका के किसानों को आशा थी कि पूर्वी अफ्रीका और एबीसीनिया में इटली की सेनाओं के लिए मीट उपलब्ध कराने का आदेश उन्हें दिया जायेगा।

इन सब घोषणाओं को देखते हुए इतना तो स्पष्ट था कि कुछ साम्राज्य बिल्कुल अलग-थलग रहेंगे और यह भी सम्भव है कि लीग से उनके सम्बन्ध बिगड़ेंगे, अतः लीग के अन्तर्गत सभी राज्यों ने स्वीकृति दी। स्वाभाविक था कि लीग के उत्साहित राज्य महसूस करते कि यह उचित नहीं है कि इन अवस्थाओं में मतभेद पैदा किये जाये और साम्राज्य से पृथक् अस्तित्व बनाया जाये।

आस्ट्रेलिया से प्राप्त अन्तिम समाचार के अनुसार यह पता चलता है कि इटली के विरुद्ध स्वीकृति के प्रश्न पर वहाँ मतभेद हैं, जो युद्ध की ओर अग्रसर करेगा। 12 अक्टूबर को 'द टाइम्स' (लन्दन) ने लिखा कि 27 से 21 के अनुपात में संसद प्रतिनिधियों ने आज श्री बसिले द लेंग लेबर लीडर की कोशिश को बेकार कर दिया जिसमें संसद को आस्ट्रेलिया की तटस्थता तथा इटली के विरुद्ध स्वीकृति की बात के लिए मजबूर किया जा रहा था। फिलीस्तीन की स्थिति, जो ब्रिटिश की इच्छा पर निर्भर है, के सम्बन्ध में 21 अक्टूबर के अंक में 'टाइम्स' ने लिखा—

यह आरोप लगाया जा रहा है कि इटली के पक्ष में राजनीतिक सहानुभूति का मुख्य कारण हज अमीन एफेंडो अल-हुसैनी, जो यरुशलम के मुफ़्ती हैं तथा इथियोपियन विवाद के कारण मुफ़्ती के अख़बार 'जामिया अल-अरबिया' ने इटली के पक्ष में लेख प्रकाशित किये जबकि इसके विरोधी जो नशाशीबी पार्टी के समर्थक थे, ने उस पत्र के बारे में भेद खोला जो अमीर शेकीब अर्सलान ने मुफ़्ती को लिखा था जिसमें उनकी इटली समर्थक गतिविधियों में महत्ता की चर्चा की थी। पिछले कुछ सप्ताह से अरब प्रेस में उस बुद्धिमत्ता की बहुत चर्चा हो रही है, जिसने वर्तमान अन्तरराष्ट्रीय दुविधा का फ़ायदा उठाते हुए अन्य अरबवासियों से सम्बन्ध स्थापित किये हैं, ताकि सीरिया के निष्कासित राष्ट्रवादी नेता जो इन दिनों जेनेवा में रह रहा है, को उखाड़ फेंका जा सके।

यहूदियों में रिविजनिस्ट पार्टी अथवा नये जियोनिस्ट्स इटली के पक्ष में है। फिलीस्तीन के यहूदी समाचार-पत्रों में से केवल उनका समाचार-पत्र 'हयार्दन' ही इटली-इथियोपियन विवाद को इटालियन पक्ष में प्रस्तुत कर रहा है।

जहाँ तक मिस्र का प्रश्न है, यह स्पष्ट है कि यह नेतागण जो खुलेआम इटली के प्रति ब्रिटिश नीति का विरोध कर रहे हैं तथा मिस्र को पूर्ण स्वतन्त्रता देने की माँग कर रहे हैं, तभी ग्रेट ब्रिटेन के प्रति मिस्रवासियों की सहानुभूति और सहयोग प्राप्त कर पायेंगे। पता नहीं इससे कितना लाभ वे स्वयं को पहुँचा पायेंगे, यह तो अन्तरराष्ट्रीय स्थितियों पर ही निर्भर करेगा। यदि अन्तरराष्ट्रीय स्थिति धीरे-धीरे शान्ति की ओर अग्रसर होती है तो इस बात में संशय ही है कि मिस्र के नेता कितनी सफलता पा सकेंगे। उपमहाद्वीप के अख़बार तो पहले ही यह घोषणा कर चुके हैं कि ब्रिटिश के सहयोग से मिस्र से आत्मसमर्पण दूर कर दिया जायेगा। इसका अर्थ है मिस्र की अदालतों को पूरी आज़ादी होगी कि वे विदेशियों पर मुक़दमे चला सकें। यह मिस्र की स्वतन्त्रता की ओर एक क़दम होगा।

ग्रेट ब्रिटेन में आम राय यही है कि सरकार की इटली को स्वीकृति देने की नीति ग़लत है। फ़िलहाल संसद सदस्य स्थिति पर नज़र रखे हैं। यह कहना उचित नहीं कि संसद ने समय पूर्व चुनाव कराने का निर्णय इसलिए लिया क्योंकि वर्तमान स्थिति में चुनाव कराना उनके पक्ष में रहेगा। वे राष्ट्र की नब्ज़ देखना चाहते हैं कि वे इटली के विरुद्ध स्वीकृति को किस सीमा तक लागू कर सकते हैं। इस बीच इंडिपेंडेंट लेबर पार्टी, जो वर्तमान स्थिति में सदा स्पष्टवादी और समान नीति अपनाती रही है, ने उन सभी श्रमिक वर्ग संगठनों का सम्मेलन आयोजित किया जो स्वीकृति एवं युद्ध के विरुद्ध हैं तथा निम्न घोषणा-पत्र जारी किया–

लेबर पार्टी, द ट्रेड यूनियन कांग्रेस तथा कम्युनिस्ट पार्टी राष्ट्रीय सरकार तथा लीग ऑफ़ नेशंस द्वारा लादी जा रही स्वीकृति को सहयोग देकर श्रमिक वर्ग की नीति के पीछे लगा रहे हैं जिसे ब्रिटिश साम्राज्यवाद के लिए इस्तेमाल किया जायेगा। इंडिपेंडेंट लेबर पार्टी ने श्रमिकों को चेतावनी दी है कि आर्थिक और वाणिज्यिक स्वीकृति से युद्ध की शुरुआत होगी। इटली की जलसेना को रोकने की सभी व्यवस्थाएँ हो चुकी हैं। सरकार की युद्धनीति पर रोक लगायी जानी चाहिए। (द टाइम्स, 10 अक्टूबर, 1935)

इसी तारीख़ के 'टाइम्स' ने यह समाचार भी छापा कि लगभग 50 कंज़रवेटिव सांसदों की श्री अल. एस. अमेरी के नेतृत्व में एक गुप्त बैठक बुलाई जायेगी जिसमें वर्तमान अन्तरराष्ट्रीय स्थिति पर विचार किया जायेगा और इटली व एबीसीनिया के मध्य युद्ध में ग्रेट ब्रिटेन के शामिल होने से पैदा होने वाले ख़तरों पर विचार किया जायेगा, क्योंकि उनका पक्का विश्वास है कि स्वीकृति को यदि वास्तविक रूप में लागू किया गया तो युद्ध अवश्य होगा। अब हमें यह देखना है कि ब्रिटिश संसद पर राइट व लेफ्ट दोनों के दबाव का क्या असर होता है।

अब भारत के विषय में

कांग्रेस नेताओं की नीति रही है कि वे अन्तरराष्ट्रीय मामलों में कोई दिलचस्पी नहीं रखते, उसी प्रकार उन्होंने इस विषय में भी अपनी कोई नीति स्पष्ट नहीं की है। सत्य है, किन्तु यहाँ की आम जनता में एबीसीनिया के प्रति अत्यधिक सहानुभूति है किन्तु इस सहानुभूति को ब्रिटिश सरकार तत्काल दबाने में लगी है यद्यपि जनता के नेता कवच का कार्य कर रहे हैं। परिणामस्वरूप, भारतीय सेनाओं को अदीस-अबाबा भेज दिया गया। ऐसा क्यों किया गया? जब इस विषय में काउंसिल ऑफ़ स्टेट में प्रश्न किया गया तो भारत सरकार के राजनीतिक सचिव ने उत्तर दिया–"अदीस-अबाबा में भारतीय सेनाएँ इसलिए भेजी गयी हैं ताकि भारतीय व ब्रिटिश प्रजा की रक्षा की जा सके।" क्या भारतवासी इतने सीधे हैं कि इस उत्तर से सन्तुष्ट हो जायें। एबीसीनिया अभी भी एक स्वतन्त्र राष्ट्र है तब फिरवहाँ भारतीयों की रक्षा के लिए सेनाओं या ब्रिटिश सेनाओं की क्या आवश्यकता है। वास्तविकता यह है कि जैसा कि इंग्लैंड में भी बताया जा रहा है–इस विशेष प्रतिनिधित्व द्वारा एबीसीनिया की सरकार ब्रिटिश लीगेशन को विशेष छूट दे देगी और अधिक सुरक्षा प्रदान करेगी। (सामान्यतः यह सुरक्षा एबीसीनिया सरकार द्वारा उपलब्ध कराई जानी चाहिए।) प्रश्न यह उठता है कि यह सुरक्षा प्रबन्ध भारतीय सेनाओं द्वारा क्यों? एबीसीनिया की सीमाओं कीनिया, सूडान, मिस्र तथा ब्रिटिश सोमानीलैंड में ब्रिटिश सेनाएँ उपलब्ध थीं। फिर वे अदीस-अबाबा क्यों नहीं भेजी गयीं? कारण स्पष्ट है–भारतीय सेनाएँ इस बात को स्पष्ट करने की दृष्टि से भेजी गयीं कि एबीसीनिया में ब्रिटिश नीति का समर्थन भारत भी करता है तथा दूसरी ओर इटली को यह याद दिलाया जा सके कि भारत के सब संसाधन ग्रेट ब्रिटेन के नियन्त्रण में हैं।

इस रहस्य से सभी परिचित हैं कि अगस्त-सितम्बर माह में हम यूरोपीय युद्ध की कगार पर थे। किन्तु जर्मनी के पुनर्शस्त्रीकरण के भय से, यदि युद्ध छिड़ जाता तो भारत भी 1914 की भाँति पुनः उसमें घसीट लिया जाता, इससे पहले कि भारतीय नेता यह सोच भी पाते कि वे कहाँ खड़े हैं। तब केवल यही अन्तर रह जाता कि इटली जर्मनी के स्थान पर होता और एबीसीनिया बेलिजयम की जगह होता। कोई मूर्ख ही कमांडर-इन-चीफ़ की सेंट्रल लेजिस्लेचर में दी गयी इस टिप्पणी पर विश्वास करेगा कि इससे पहले कि भारत को युद्ध में लपेटा जाये, उसे पर्याप्त समय दिया जायेगा। वर्तमान स्थिति में यदि यूरोप में युद्ध आरम्भ होता तो ग्रेट ब्रिटेन ही जीतता भारत के संसाधनों के बलबूते पर, किन्तु एबीसीनिया फिलीस्तीन के भाग्य

का हिस्सेदार बनता और भारत पहले की भाँति गुलाम बना रहता। यह खेद का विषय है कि जेनेवा में ब्रिटेन के प्रवक्ता ने किस निर्लज्जता व ढिठाई के साथ भारत के प्रति ब्रिटेन के रवैये की चर्चा करते हुए, इटली के प्रति अपनी उत्कृष्टता सिद्ध करने के लिए, यह तर्क दिया। उसने यह भी नहीं सोचा कि जिस समय वह बोल रहा था, उस समय सीमा प्रान्तों पर बच्चों और महिलाओं के सिरों पर बमों की वर्षा हो रही थी और भारतीय सरकार क्रिमिनल लॉ अमेडमेंट एक्ट द्वारा भारतीय लोगों को बेड़ियाँ पहनाने की योजना बना रही थी।

यह आश्चर्यजनक स्थिति है कि इटली अन्य साम्राज्यवादी शक्तियों के प्रति कड़ा और ज़ोरदार विरोध कर रही थी। शायद एबीसीनिया के प्रति किये गये दुर्व्यवहार के बदले में अपनी छवि निखारने का प्रयास कर रही थी। उदाहरण के तौर पर उसके अर्धशासी-प्रवक्ता सिग्नोर गयादा ने इटली के पत्रों में लिखा–

"तेरह की समिति यदि यह मानती है कि एबीसीनिया पर लीग द्वारा आक्रमण का प्रश्न ही नहीं उठता, क्योंकि जेनेवा में पहले इटली ने इसकी निन्दा नहीं की, तो वह ग़लत सोचती है। फ्रांस ने भी निन्दा नहीं की जिसने मोरक्को में आन्दोलन को प्रेरित किया, इंग्लैंड ने भी जेनेवा को उन परिस्थितियों से परिचित नहीं कराया जो भारत की पूर्वी-पश्चिमी सीमाओं पर उभरीं और जहाँ ब्रिटिश सेनाओं को स्वतन्त्र जनता के लिए युद्ध करना पड़ा।" (द टाइम्स, 7 अक्टूबर)

इस आन्दोलन का प्रभाव अन्य यूरोपीय देशों पर भी पड़ने लगा जैसे पोलिश सरकार की संस्था 'द गजेटा पोल्स्का' ने लिखा–

"ग्रेट ब्रिटेन, काली जातियों के प्रति सदा सेना का प्रयोग करने को तैयार रहने वाले ने, एबीसीनीया के सन्दर्भ में इटली की योजनाओं का इतना जमकर विरोध क्यों किया?"

यूरोप की सरकारों में से आस्ट्रिया और हंगरी, जो इटली के प्रभाव क्षेत्र में थे, ने जेनेवा में खुलकर घोषणा की कि वे इटली के विरुद्ध स्वीकृति का विरोध करते हैं। जर्मनी, चूँकि लीग से बाहर थी इसलिए उसने इस प्रश्न पर अपना रवैया स्पष्ट नहीं किया, किन्तु अपने राष्ट्र के हित में नीति का अनुपालन करेगी। इटली के विरुद्ध स्वीकृति को सहयोग देने वाले देशों में भी ग्रेट ब्रिटेन के दिलचस्पी न लेने पर संशय व्याप्त था। इसका आभास सामाचार-पत्रों से भी होता है। उदाहरण के लिए मैंने औपनिवेशिक समाचार-पत्रों में पढ़ा कि एबीसीनिया ने लंकाशायर की कम्पनियों से कपड़े का एक बड़ा ऑर्डर बुक किया है—लंकाशायर के लिए पिछले कई वर्षों में यह अब तक का सबसे बड़ा आदेश था। इसी प्रकार मैंने यह समाचार भी पढ़ा कि ब्रिटेन एडन के समीप अपने साम्राज्य को विस्तृत कर

रहा है ताकि इटली की उस शक्ति का मुकाबला कर सके जो लाल समुद्र के दूसरी ओर फैल रही है।

अब भविष्य क्या हो

फ्रेंच नीति उपमहाद्वीप की राजनीति को तथा लीग ऑफ़ नेशंस को प्रभावित कर रही थी जिससे इतना तो निश्चित था कि दो बातें होंगी। पहली, लीग ऑफ़ नेशंस की साख क़ायम रखने, जो कि वास्तव में फ्रांस व इंग्लैंड जैसे बड़े देशों की साख थी, के लिए मिल-जुलकर आर्थिक स्वीकृति जैसे कुछ क़दम उठाये जायेंगे। मुसोलिनी ने ही इसका मार्ग खोला था और 2 अक्टूबर के अपने भाषण में यह स्वीकार किया था कि कितनी भी कठिनाइयाँ क्यों न हों, वह आर्थिक स्वीकृति प्रदान कर देगा। दूसरी, इटली के विरुद्ध कोई सैन्य कार्रवाई नहीं की जायेगी न ही कोई ऐसी भावी स्वीकृति प्रदान की जायेगी जिसकी वजह से एबीसीनिया के इटलीवासी परेशान हों। मुसोलिनी कई बार यह कह चुका है कि इस प्रकार की किसी भी कार्रवाई को वे युद्ध का कारण मानते हैं। फिर इटली ने इस बात का स्पष्ट संकेत भी दिया है कि यदि एबीसीनिया से उसे परेशान किया गया तो वह इसके विरोध में केन्द्रीय यूरोप से स्वयं को खींच लेगी और जर्मनी को पूर्ण स्वतन्त्रता दे देगी। यह कहना कि युद्ध का भय समाप्त हो चुका है, अति आशावादिता ही कहलायेगी। ब्रिटिश जलसेना का सारा ध्यान मध्यसागर पर है और ब्रिटेन ने इटली के अनुरोध को, कि वह स्वयं को हटा ले, मानने से इनकार कर दिया है। इस सबके अलावा ब्रिटेन के कई उग्र समाचार-पत्रों ने यह स्वीकार किया है कि युद्ध क्षेत्र में सेनाओं और युद्ध सामग्री का भेजा जाना निरन्तर जारी है। यह स्पष्ट है कि ग्रेट ब्रिटेन हिचक के साथ चढ़ाई कर रहा है, किन्तु उसने अभी तक युद्ध की इच्छा को त्यागा नहीं है। वह अपने युद्ध भूमि से लौटने को नाटकीय लबादा पहनाना चाह रहा है, यह कहकर कि यह सामूहिक कार्रवाई है।

उनका मानना है कि निराशा के पीछे आशा छिपी होती है। यही एबीसीनिया के सन्दर्भ में भी सत्य है। एबीसीनिया संघर्ष करते-करते यदि ख़त्म भी हो गया तो भी वह विश्व की आत्मा को तो हिला ही देगा। पूरे विश्व में कालों के बीच एक नयी जागृति पैदा होगी। यही जागृति दमित राज्यों के लोगों में नये जीवन का संचार करेगी। इस घटना से सभी साम्राज्यवादी परेशान हैं और जनरल स्मट्स ने तो अपने एक भाषण में इसका संकेत भी किया है। दूसरी ओर साम्राज्यवादी राष्ट्रों के विचारक लोग स्वयं से यह प्रश्न पूछने लगे हैं कि क्या औपनिवेशवादी

पद्धति उचित है। प्रोफ़ेसर हेराल्ड लास्की ने 'मैनचेस्टर गार्जियन' को लिखे एक पत्र में लिखा कि ग्रेट ब्रिटेन के सभी उपनिवेशकों को लीग ऑफ़ नेशंस को सौंप दिया जाना चाहिए। श्री लैंसबरी भी पहले यही कह चुके हैं। अतः साम्राज्यवादियों की आत्मा उन्हें कचोटने लगी है।

साम्राज्यवादी ख़त्म करने के दो मार्ग हैं—या तो कोई उपनिवेश विरोधी एजेंसी इसको उलट दे अथवा साम्राज्यवादियों में ही आन्तरिक द्वन्द्व छिड़ जाये। यदि इटली साम्राज्यवाद के विकास से दूसरी सम्भावना आगे बढ़ती है तो एबीसीनिया का संघर्ष व्यर्थ नहीं जायेगा।

भारत का भविष्य*

सभी भारतवासियों को कांग्रेस पर गर्व है, जो सभी भारतीयों के लिए संघर्षरत है।

इस समय भारत नया आकार ले रहा है। हम अपने लक्ष्य से दूर हैं किन्तु हम अपने भविष्य पर नज़र रखे हुए संघर्ष जारी रखेंगे, वह भविष्य भूतकाल की अपेक्षा अधिक उज्जवल और शानदार होगा।

एकान्त ठीक नहीं है। हमारी युवा पीढ़ी को विश्व के सम्पर्क में आना चाहिए। आज बहुत कम भारतवासी विदेश में हैं, लेकिन वह दिन दूर नहीं जब सब ओर हमारा अपना प्रतिनिधिमण्डल होगा।

जमशेदपुर के श्रमिक वर्ग-चित्र का दूसरा पहलू**

दिसम्बर, 1935 के 'मॉडर्न रिव्यू' के अंक में प्रकाशित श्री जे.एल. कीनन, मुख्य प्रबन्धक, टाटा आयरन एंड स्टील वर्क्स, जमशेदपुर का लेख कई कारणों से बहुत दिलचस्प है। स्टील बनाने से ऐतिहासिक एवं सामाजिक अनुसन्धान के अधिकार क्षेत्र में विषयान्तर, वह शान्त आत्मसन्तोष जिसने लेखक को प्रोत्साहित किया और बहुत-सी विसंगतियाँ जो लेख में प्रचुरता से उपलब्ध हैं।

ऐतिहासिक एवं सामाजिक विषयों के सम्बन्ध में एक शब्द। जब श्री कीनन लोहे के उत्पादन की बात करते हैं तो वे ठोस धरातल पर रह कर बात करते हैं

*8 जनवरी, 1936 को अखिल भारतीय राष्ट्रीय कांग्रेस की जयन्ती पर, विएना में हिन्दुस्तान एकेडमिकल एसोसिएशन के समारोह में सुभाष चन्द्र बोस द्वारा दिये गये भाषण के अंश।

**फ़रवरी, 1936 के मॉडर्न रिव्यू में प्रकाशित एवं सुभाष चन्द्र बोस की पुस्तक 'थ्रू कांग्रेस आईज़' में पुनः प्रकाशित। (किताबिस्तान, इलाहाबाद तथा लन्दन, 1938)।

और उनका आत्मविश्वास उनका एक गुण है। किन्तु जब वे प्राचीन इतिहास और समाजशास्त्र के कँटीले क्षेत्र में प्रवेश करते हैं तो उनका आत्मविश्वास बाँधा बन जाता है। श्री कीनन कहते हैं–"उन्होंने (जे. एन. टाटा) यह महसूस किया कि मनु के समय से ही भारत पूँजीपतियों और गुलामों का देश माना जाता था।" (पृ. 705) यह वाणिज्यिक सत्य है कि पूँजीवाद का अभ्युदय तो हाल ही में अधिक उत्पादन के परिणामस्वरूप हुआ है। इसलिए मनु काल में या उसके बाद के समय में पूँजीपतियों का प्रभुत्व कैसे सम्भव हो सकता है, यह बात मेरी समझ से परे है। यहाँ तक कि जो ज़मींदारी प्रथा आज हम हिन्दुस्तान में देख रहे हैं वह भी हाल ही में विकसित हुई है। फिर प्राचीनकाल में भारत में धन-धान्य को भी संचित नहीं किया गया। राज्य का तो विचार था कि (प्रजातन्त्र हो या राजतन्त्र) सब कुछ जनता को बाँट दिया जाना चाहिए। इसका विशेष उदाहरण राजा हर्षवर्धन है जो पाँच साल में एक बार राज-सम्पदा लोगों में बाँट देता था।

फिर श्री कीनन कहते हैं कि "हम (टाटा) जानते हैं कि इससे पहले भारत में श्रमिक का नाम लेना ही तिरस्कार का सूचक था" (पृ. 705)। यदि श्री कीनन ने 'श्रमिक' शब्द का प्रयोग कारीगर या शिल्पकार के अर्थ में किया है तो वे ग़लती पर हैं। भारतीय ग्रामीण क्षेत्र में कारीगर–चाहे बढ़ई हो या लुहार या बर्तन बनाने वाला–कभी भी तिरस्कृत नहीं माने गये। वे ग्रामीण अर्थव्यवस्था के आवश्यक तत्त्व माने जाते हैं तथा गाँव की शेष जनता के साथ सदा ही उनके घनिष्ठ मैत्रीपूर्ण सम्बन्ध रहे हैं। औद्योगिक सर्वहारा वर्ग में श्रमिकों को पूँजीवाद का परिणाम माना गया और ऐसा केवल भारत में ही नहीं है। यदि भारत में श्रमिकों (औद्योगिक सर्वहारा वर्ग) को हेय दृष्टि से देखा जाता है तो यही स्थिति अन्य देशों में भी है। यूरोपीय उद्योगों में एप्रेंटिस कर रहे भारतीयों से मैंने सुना है कि वहाँ श्रमिकों व अधिकारी वर्ग के बीच की खाई बहुत बड़ी है।

श्री कीनन का यह कहना भी ग़लत है कि "श्रमिक वर्ग के धन एकत्र करने पर प्रतिबन्ध था। क्योंकि वह गुलाम था, यदि उसका मालिक उसे आज़ाद भी कर दे तब भी वह गुलाम ही रहता था" (पृ. 705)। मुझे आश्चर्य है कि श्री कीनन ने यह अमूल्य सूचना कहाँ से जुटायी। इसके विपरीत हम जानते हैं कि भारत में निम्नवर्ग में जन्मे लोग अपनी वैयक्तिक ख़ूबियों के आधार पर उच्च पदों तक पहुँचने में सफल हुए। यदि हम वर्तमान महाराजाओं और उनके अधिकारी वर्ग का इतिहास देखें तो इस विषय में बहुत-सी महत्त्वपूर्ण सूचनाएँ एकत्रित की जा सकती हैं। मैं यहाँ बंगाल के राजा कैवर्त का उदाहरण देना चाहूँगा जो तथाकथित निम्नवर्ग से सम्बन्ध रखता था।

श्री कीनन ने जो आवश्यकता के श्रमिकों व उन्नति के श्रमिकों की तुलना की है वह नक़ली है बल्कि हम उसे आश्चर्यजनक कह सकते हैं। प्राचीनकाल में सारा श्रमिक वर्ग आवश्यकतावश श्रमिक नहीं था। लोग केवल भूख मिटाने के लिए ही कार्य नहीं करते थे और न ही उन्हें भूख के पैसे मिलते थे। अधिकांश लोग भूख की अपेक्षा अपनी प्रसन्नता के लिए श्रम करते थे और यह कहना सही है कि प्राचीनकाल में पसीना बहाकर मेहनत करना अच्छा माना जाता था। कला के अभिलेख जिनमें आज भी कला जीवित है, वे हैं मोहनजोदाड़ो, हड़प्पा, ताजमहल, मदुरै, कोणार्क, क्या ये सब उन्नत शिल्प के नमूने नहीं हैं? यह सत्य है कि प्राचीनकाल में उद्योग इतना लाभ नहीं देते थे जितना आजकल दे रहे हैं। किन्तु हमें यह नहीं भूलना चाहिए कि यह अधिक लाभ औद्योगिक क्रान्ति का ही फल है, जिसमें अधिक उत्पादन किया जा रहा है। फिर इस लाभ को फ़ायदा या उपलब्धि मानना उचित नहीं। सभी जगह के विचारक यह मानने लगे हैं कि औद्योगिक पूँजीवाद से पैदा होने वाली बुराइयों का मुख्य कारण मुट्ठीभर लोगों के हाथों में पैसा रहना है या वह अधिक लाभ है, जो कि श्रमिकों के बलबूते पर पैदा किया जा रहा है या फिर औपनिवेशिक देशों के उपभोक्ताओं के कारण से है।

श्री कीनन शिष्टता की सभी सीमाएँ लाँघ जाते हैं, जब वे प्रेज़ीडेंट रूज़वेल्ट के 'अस्स्टिड बाय ए ग्रुप ऑफ़ एसीनीन प्रोफ़ेसर्स' का हवाला देते हुए वर्तमान कुण्ठा से बाहर निकलने का मार्ग खोजते हैं। मैं प्रेज़ीडेंट रूज़वेल्ट का पक्ष नहीं ले रहा, न ही उन्हें किसी से पक्षपात की आवश्यकता ही है, किन्तु क्या कोई व्यक्ति इसे मानने से इनकार कर सकता है कि विश्व में वर्तमान बेरोज़गारी और कुण्ठा को समाप्त करने का रूस के अतिरिक्त यू. एस. ए. में प्रयोग किया जा रहा है। मैं श्री वेल्स द्वारा लिखित लेख 'द न्यू अमेरिकन इन द वर्ल्ड' का ज़िक्र करना चाहूँगा जिसमें उन्होंने अमेरीकी प्रयोग की तुलना रूस से की थी। संयोगवश श्री वेल्स ने भी यही प्रश्न उठाया था कि रूज़वेल्ट कुछ प्रोफ़ेसरों की सहायता क्यों माँग रहे हैं, जिसे श्री कीनन ने आत्मतुष्टि में 'एसीनीन' कहा है। शायद श्री कीनन इसलिए नाराज़ हैं कि प्रेज़ीडेंट रूज़वेल्ट आर्थिक लाभ पर आक्रमण कर उसे विभक्त करना चाहते हैं। और उसका एक भाग दमित सर्वहारा वर्ग को देना चाहते हैं। उनके विचार में उद्योग मालिकों को व्यवस्थित मज़दूर-संगठनों को मान्यता देनी चाहिए और उन्हें बराबर का दर्जा भी देना चाहिए।

श्री कीनन केवल आत्मसन्तोषी ही नहीं बल्कि इससे अधिक भी बहुत कुछ हैं। उनका कहना है कि—"जहाँ तक स्टील बनाने का प्रश्न है भारत में कम्पनी (टाटा) ने इस उद्योग में पर्याप्त उन्नति की है और मेरे विचार में कम्पनी को इस

पर गर्व भी होना चाहिए", (पृ. 707) लेकिन मैं श्री कीनन से पूछना चाहता हूँ कि पूँजीवादी ढंग से कमी को पूरा करने से क्या लाभ है। इसका अर्थ है उपभोक्ता वर्ग की खोज तथा पर्याप्त राशि ताकि और उपभोक्ताओं के लिए कम्पनी को चालू रखना। भारत सरकार के माध्यम से भारतवासी कम्पनी उदारता से श्रम उपलब्ध करा रहे हैं ताकि कम्पनी अधिक-से-अधिक ऑर्डर और उपभोक्ता तलाश सके। कम्पनी के अधिक लाभ कमाने के दो कारण हैं—विदेशी माल पर लगाये गये कर, विशेष रूप से साम्राज्यवादी देशों से लोहे पर, जिससे टाटा को लाभ मिले और वह लोगों में लोकप्रिय हो तथा दूसरा, भारत सरकार द्वारा ऑर्डर सीधे टाटा एंड आयरन स्टील कम्पनी को दिये जाने। इस प्रकार भारतवासी एवं भारतीय सरकार ने, इस स्टील व्यापार को, यदि वास्तव में ऐसा हुआ है तो मिल-जुलकर ऊपर उठाया है। श्री कीनन ने इन्हें धन्यवाद का एक शब्द भी नहीं कहा यद्यपि उन्होंने कम्पनी की प्रशंसा की है, अर्थात अपनी प्रशंसा की है अर्थात इस वर्तमान उन्नति का श्रेय उन्हें है।

मैं वर्ष 1928 से टाटा परिवार को जानता हूँ और मैं यह जानना चाहता हूँ कि क्या यह कम्पनी आज ज़िन्दा होती यदि मुश्किलों के क्षणों में भारतवासी श्रमिकों ने अपना श्रमदान न दिया होता, जब यहाँ के अधिकारियों को अधिक वेतन दिया जा रहा था, लेकिन हज़ारों श्रमिकों को बिना किसी प्रकार का लाभ, बीमा आदि दिये सड़कों पर बेकार छोड़ दिया गया था। मैं यह भी जानना चाहता हूँ कि क्या स्टील के क्षेत्र में यह कम्पनी, जैसा कि मुख्य प्रबन्धक ने दावा किया है, इतनी उन्नति कर पाती यदि स्टील पर इतना शुल्क नहीं लगाया होता या भारतीय जनता या भारत सरकार का रवैया इसके प्रति सौहार्द एवं सहानुभूति का नहीं होता तो। विचार विभ्रम जो लेखक ने कहीं-कहीं दर्शाया है, सहानुभूति का पात्र है और यह कहने पर मजबूर करता है कि बेहतर होता यदि लेखक इतिहास और समाजविज्ञान के अध्ययन की अपेक्षा अर्थशास्त्र का अध्ययन करता। उनके विचारों का एक उदाहरण—'1929 और 1930 में कुछ लोगों को छोड़कर हमारे मासिक कार्यकर्ता जो गिनती में बहुत कम थे, प्रगति के श्रमिक थे।' स्टील कम्पनी ने अपने प्रगति के श्रमिकों को अधिक श्रम के लिए पुरस्कृत भी किया (पृ. 707) इसका अध्ययन करने पर यह सोचने पर मजबूर होना पड़ता है कि कम्पनी की आर्थिक उन्नति का कारण वहाँ के कार्यकर्ताओं द्वारा 1931 व उसके बाद किया गया श्रम है जबकि सच्चाई यह है कि आर्थिक उन्नति का एकमात्र कारण टाटा कम्पनी को मिलने वाले अधिकाधिक ऑर्डर थे, जिसका ज़िक्र पहले पैराग्राफ़ में भी किया जा चुका है। यदि हम प्रत्येक कर्मचारी के कार्य का आकलन करे

तो हम देखेंगे कि उनके वर्ष 1929-30 और 1930-31 के कार्य में कोई अन्तर नहीं है। मुझे भलीभाँति याद है कि वर्ष 1929 और 1930 में जनरल मैनेजर की यह शिकायत रहती थी कि ऑर्डर कम होने के कारण वेतन कम किया जा रहा है। कुछ लोगों को नौकरी से निकाला जा रहा है तथा टाटा आयरन एंड स्टील कम्पनी, जमशेदपुर के कुछ एकांशो को बन्द किया जा रहा है।

लेखक ने एक जगह लिखा है कि मेरी राय में वर्तमान समय में आर्थिक मुद्दे के आधार पर पूरे विश्व के स्टील उद्योग के श्रमिक, केवल टाटा आयरन एंड स्टील कम्पनी के श्रमिकों को छोड़कर, यह भूल गये हैं कि वे उन्नति के शिल्पकार हैं, वे आवश्यकता के शिल्पकार बन गये हैं। मेरे विचार से यूनाइटेड स्टेट ऑफ़ अमरीका में ऐसा कोई व्यक्ति नहीं है, कम-से-कम श्रमिक वर्ग में, जो आवश्यकता के श्रमिकों के वर्ग से बाहर निकलने को उत्सुक हो। इसमें दोराय नहीं कि हम सभी यह महसूस करते हैं कि भारत में वर्ष 1928 से 1933 के मध्य काफ़ी मन्दी आयी किन्तु ऐसी हालत अन्य देशों की भी थी। मेरे अनुमान से टाटा आयरन एंड स्टील की भी है, पृ. 706-707

उपर्युक्त टिप्पणी से आशा बँधती है कि जमशेदपुर इस्पात श्रमिकों के लिए स्वर्ग बन गया है, तथा विश्व के अन्य भागों की इस्पात कम्पनियों के लिए आदर्श है। किन्तु वास्तविकता क्या है? अपने लेख के प्रारम्भ में लेखक ने कहा है कि अमेरिका के इस्पात श्रमिकों को सबसे अच्छा वेतन मिल रहा है। 30 जनवरी, 1935 की अमेरिकन आयरन एंड स्टील इंस्टीट्यूट की एक रिपोर्ट का उल्लेख करते हुए लेखक ने लिखा है–'नवम्बर, 1934 में अमेरिकी श्रमिकों ने एक घण्टे कार्य करके 67 सेंट कमाये, जापानी मज़दूरी थी 97 सेंट्स प्रतिघण्टा और भारत में 1933 में 86 सेंट प्रतिघण्टा मज़दूरों को दिया गया। (यूरोपीय देशों में 25 सेंट प्रति घंटा के आसपास) यदि भारतीय श्रमिक की मज़दूरी अमेरिकी श्रमिकों की मज़दूरी की $\frac{1}{8}$ वाँ हिस्सा थी, और यदि टाटा आयरन एंड स्टील कम्पनी भारत की सबसे बड़ी स्टील कम्पनी है तो मेरे विचार से तो टाटा के जनरल मैनेजर को व्यर्थ की शेख़ी मारने की बजाय शर्म से सिर झुका लेना चाहिए।

लेख लिखते समय लेखक को अपनी कम्पनी की बुराइयों का आभास था इसका पता उनकी उक्त टिप्पणी से मिलता है, जो उन्होंने पृ. 705 पर दी है–

"हम सोचते हैं कि हम भला कार्य कर रहे हैं। हम अपने अस्पतालों की शेख़ी मारते हैं, मज़दूरी जो हम श्रमिकों को दे रहे हैं, उसे बढ़ा-चढ़ाकर गाते हैं, किन्तु क्या हम कभी यह भी सोचते हैं कि भारत और यूरोप की अथवा अमेरिका की तुलना करके देखा जाय? मैं विश्वासपूर्वक कह सकता हूँ कि नहीं।

हम ऐसा नहीं करते। हमें अपने श्रमिकों को दी जाने वाली मज़दूरी की तुलना, यूरोप के श्रमिकों को दी जाने वाली मज़दूरी से करके देखनी चाहिए।"

अब मैं कुछ गम्भीर आरोपों की बात करूँगा जो टाटा आयरन एंड स्टील कम्पनी पर लगाये जा सकते हैं। ये आरोप निम्नांकित शीर्षकों के अन्तर्गत आते हैं–

1. भारतीयता के प्रति उनका रवैया।
2. कूड़ा-करकट अथवा अवशेष नियन्त्रण में उनकी अकुशलता।
3. श्रमिकों के प्रति उनका रवैया।

टाटा के निदेशकों ने हमेशा यह दावा किया है कि उनकी कम्पनी राष्ट्रीय उद्योग है और ऐसा कहकर वे भोली-भाली जनता की सहानुभूति बटोरते हैं। अतः मैं इन तीन शीर्षकों के अन्तर्गत अपनी बात स्पष्ट रूप में सामने रखना चाहूँगा कि जमशेदपुर स्थित टाटा की कम्पनी तो उन भारतीय पूँजीपतियों की कपड़ा मिल से भी कम मायनों में राष्ट्रीय है, जो राष्ट्रीयता एवं देशभक्ति के नाम पर जनता को लूट रहे हैं।

25 वर्ष पूर्व स्टील कम्पनी की शुरुआत की गयी तो एक संविदा के अन्तर्गत यहाँ के उच्च पदों पर अमेरिकी और ब्रिटेन के लोगों को नियुक्त किया गया। उन लोगों को राजसी वेतन व राजसी बोनस दिया गया और कुछ केस तो ऐसे भी थे जिनमें बोनस वेतन से भी अधिक था और जिसका उत्पादन या लाभ से कोई सम्बन्ध नहीं था। यदि मैं ग़लती नहीं कर रहा तो जनरल मैनेजर को 10,000 रुपये प्रतिमाह तक वेतन मिलता था, जो कि किसी बड़े प्रान्त के गवर्नर के वेतन के समतुल्य था। लोगों को यह बताया गया था कि जैसे ही भारतीय प्रशिक्षित हो जायेंगे। उन्हें सन्धि के तहत नियुक्त अधिकारियों के स्थान पर नियुक्त कर दिया जायेगा। इस वादे को पूरा नहीं किया गया। 1928 से 1931 के मध्य हमने भारतीयकरण के पर्याप्त प्रयास किये, किन्तु निष्फल रहे। आज स्थिति यह है कि कई अनुभागों में भारतीय वही कार्य कर रहे हैं जो विदेशियों द्वारा किया जा रहा है, किन्तु उन्हें उन लोगों की अपेक्षा आधा या एक तिहाई वेतन दिया जा रहा है। उस पर भी जब मैं जनरल मैनेजर के सम्पर्क में आया तो मैंने शिकायत की थी कि कई अधिकारियों के अनुबन्धों का नवीनीकरण किया जा रहा है जबकि कई भारतीय उस कार्य को करने में सक्षम हैं, किन्तु उस शिकायत का कोई लाभ नहीं हुआ। यदि आज जमशेदपुर में नियुक्त विदेशियों की संख्या व वेतन का निष्पक्ष तुलनात्मक अध्ययन किया जाये तो टाटा आयरन एंड स्टील कम्पनी सबसे बेकार कम्पनी सिद्ध होगी।

इसमें शक नहीं कि टाटा आयरन एंड स्टील कम्पनी एक बहुत बड़ा उद्योग है। इसलिए यहाँ के अवशेष पर रोक लगाने के प्रयास करने चाहिए। किन्तु इस विषय में भी स्थिति बहुत सन्तोषजनक नहीं है। निदेशक प्रायः अनुपस्थित रहते हैं इसलिए उन्हें इस कम्पनी की आन्तरिक कार्य-प्रणाली का कोई ज्ञान नहीं है। उनके पास बहुत से और काम करने के लिए हैं और उन्हें इसमें कोई दिलचस्पी भी नहीं कि जमशेदपुर में क्या हो रहा है। परिणामस्वरूप वहाँ की वास्तविक कार्य-व्यवस्था विदेशियों के हाथ में छोड़ दी गयी है जो किसी के प्रति उत्तरदायी नहीं, केवल अनुपस्थित रहने वाले निदेशकों के प्रति उत्तरदायी है जो कि वैसे ही उनके क़ब्ज़े में हैं। सितम्बर, 1928 में जब पहली बार मैं हड़ताल कर रहे कमचारियों की ओर से समझौता करने वहाँ गया तब मुझे बोर्ड की असहायता का ज्ञान हुआ। यदि किसी विषय में जनरल मैनेजर हाँ कह देता तो बोर्ड भी उसकी हाँ में हाँ मिला देता। और इसके विपरीत जनरल मैंनेजर के 'न' करने पर बोर्ड की ओर से भी उत्तर नकारात्मक ही होता।

उस समय समझौता इसी कारण सम्भव नहीं हो पाया था। क्योंकि तत्कालीन जनरल मैनेजर, श्री अलेक्जेंडर ने उसका विरोध किया था। उस समझौता-वार्ता के पश्चात मैंने एक बार बोर्ड ऑफ़ डायरेक्टर्स के चेयरमैन को यह सुझाव दिया था कि उन्हें श्रमिकों से सीधा सम्पर्क करना चाहिए और इस उद्देश्य से उन्हें कम्पनी में घूमना चाहिए बिना किसी अधिकारी को अपने साथ लिए। चेयरमैन उस समय मेरी राय से सहमत भी हुए किन्तु उसे कार्य रूप नहीं दे पाये, क्योंकि जनरल मैनेजर इस विचार से इत्तेफ़ाक़ नहीं रखते थे। जैसे ही बोर्ड को अपनी स्थिति का आभास हुआ, तो उन्होंने तत्काल अपना एक निदेशक जमशेदपुर भेजा फिर कलकत्ता भेजा ताकि बोर्ड और मैनेजमेंट के मध्य समन्वय क़ायम कर सकें। उसकी नियुक्ति के पश्चात जमशेदपुर के प्रबन्ध में कुछ सख़्ती आयी। कलकत्ता व अन्य स्थानों पर बहुत से समाचार-पत्रों में विज्ञापन देकर समाचार-पत्रों को अपने पक्ष में किया। उसी का परिणाम है कि आज राष्ट्रीय समाचार-पत्रों में टाटा आयरन एंड स्टील कम्पनी की आलोचना उतने तीव्र स्वर में नहीं रही। किन्तु वास्तविक समस्या अवशेष एवं अक्षमता अभी ज्यों-की-त्यों बनी हुई है।

जिस निदेशक का ज़िक्र ऊपर किया गया है वह भूतपूर्व आई. सी. एस. अधिकारी था। अतः योग्य प्रशासक था। किन्तु तकनीकी ज्ञान न होने के कारण मैनेजमेंट पर अधिक दबाव नहीं बन पाया। इसी का एक परिणाम यह था कि भारतीयकरण के मुद्दे में प्रगति अधिक सन्तोषजनक रूप में नहीं हो पायी। प्रतिज्ञा-पत्र के अन्तर्गत रखे गये कितने ही ऐसे अधिकारी हैं जिनका स्थान कम

वेतन पर अधिक सक्षम भारतीय ले सकते हैं। वर्ष 1933 में भारतीय कर्मियों को 86 सेंट प्रतिदिन मज़दूरी दिये जाने का ज़िक्र मैंने पहले भी किया है। किन्तु यदि अधिक वेतन पा रहे विदेशियों को छोड़ दिया जाये तो प्रतिशत और भी नीचे आ जायेगा।

उच्च प्रशासनिक वर्ग जमशेदपुर के अवशेष को बहुत घटाकर प्रस्तुत करता है। यदि हम स्टोर अनुभाग में जायें तो वहाँ पड़ा बेकार सामान और उपकरणों के लिए भेजे गये ऑर्डर, स्पेयर पार्ट आदि मँगाने के ऑर्डर को देखें तो पता चलेगा कि जमशेदपुर में कितना सामान व्यर्थ पड़ा है लगभग सात या आठ वर्ष पहले भारतीय मुख्य विद्युत अभियन्ता की सेवाएँ, जो कि कम्पनी का एक उपयोगी एवं लोकप्रिय कर्मचारी था, रद्द कर दी गयीं और उसके स्थान पर एक विदेशी को नियुक्त कर दिया गया। तभी से विद्युत विभाग में ग़लत व अवैज्ञानिक विधियाँ अपनाये जाने के कारण बेकार वस्तुओं की मात्रा में वृद्धि होनी शुरू हुई। फैक्टरी में ईंधन की खपत भी अपशिष्ट का एक मुख्य कारण है। टाटा आयरन एंड स्टील कम्पनी जैसे बड़े उद्योग को ऐसे उपकरण इस्तेमाल करने चाहिए जिनसे ईंधन की खपत कम हो और इस क्षेत्र में उन्हें लगातार, अनुसंधान करते रहना चाहिए। किन्तु टाटा आयरन एंड स्टील कम्पनी अभी इस क्षेत्र में बहुत पिछड़ी हुई है। यहाँ के वेस्टेज के साथ-साथ प्रशासनिक बोझ के कारण भी टाटा आयरन एंड स्टील कम्पनी आज तक अपने पैरों पर खड़ी नहीं हो पायी है और उसे राज्य से प्राप्त दान पर या शुल्क पर निर्भर करना पड़ता है। ऐसे देश में जहाँ मज़दूरी इतनी कम है वहाँ कोई भी सुव्यवस्थित कम्पनी राज्य की सहायता के बिना आत्मनिर्भर हो सकती है। जमशेदपुर से ऐसी कई कम्पनियाँ हैं जो स्क्रैप आयरन (अथवा विद्युत) जैसा कच्चा माल टाटा से ख़रीदती हैं और उसी से उत्पादन कर लाभ कमाती हैं। सिर्फ़ इसलिए क्योंकि वे वेस्टेज कम करती हैं और प्रशासन पर इतना अधिक व्यय नहीं करतीं।

अन्तिम और हमारे लिए सबसे महत्त्वपूर्ण प्रश्न जिसका ज़िक्र मैं करना चाहता हूँ वह है टाटा आयरन एंड स्टील कम्पनी का मज़दूरों के प्रति रवैया। जमशेदपुर में पहले मज़दूर संगठन को 1920 में संगठित किया गया था और इस बीच इतनी सारी शिकायतें एकत्रित हो चुकी थीं कि वर्ष 1921 में गम्भीर श्रमिक समस्याएँ उत्पन्न हो गयीं। इसी बीच स्वर्गीय देशबन्धु सी. आर. दास का ध्यान जमशेदपुर के श्रमिकों की ओर गया और अपने ज़िन्दा रहने के समय तक उन्होंने इन्हें पूरा समर्थन दिया। किन्तु उस समर्थन का कोई लाभ नहीं हो पाया। क्योंकि 1923 के चुनाव में स्वराज पार्टी भारतीय लेजिस्लेटिव असेम्बली

में एक शक्तिशाली तत्त्व के रूप में उभरी। देशबन्धु दास ने महात्मा गाँधी और पण्डित मोतीलाल नेहरू का साथ दिया तब टाटा ने यह आवश्यक समझा कि वे इन नेताओं से मैत्री कर ले क्योंकि असेम्बली शीघ्र ही टाटा आयरन एंड स्टील कम्पनी को राज्य से मिलने वाले अनुदान के प्रश्न पर बातचीत करने वाली है। तब टाटा ने मज़दूर संघ को (श्रमिक संगठन) मान्यता दे दी और यह स्वीकार कर लिया कि वेतन दिये जाने के दिन यूनियन का अंशदान भी काट लिया जायेगा और श्रमिकों की दशा में सुधार भी किया जायेगा। कुछ समय तक श्रमिकों की दशा में सुधार भी आया, किन्तु देशबन्धु की मृत्यु के साथ ही स्थिति पुनः बिगड़ने लगी।

देशबन्धु का स्थान श्री सी.एफ. एंड्रयूज़ ने लिया और उन्होंने असेम्बली में कांग्रेस के सहयोग से इस कार्य को जारी रखा किन्तु कम्पनी के असंवेदनशील और लापरवाह अधिकारियों की वजह से 1928 से हड़ताल की स्थिति पैदा हुई तभी से कम्पनी का श्रमिकों के प्रति रवैया ऐसा हो गया जैसा किसी भी राष्ट्रीय कम्पनी का तो नहीं होगा बल्कि किसी भ्रष्ट अफ़सरशाही सरकार को होगा। मेरा जमशेदपुर श्रमिकों से अगस्त 1928 में सम्पर्क हुआ, जब हड़ताल कर रहे कर्मचारियों व उनके नेता श्री होमी ने मुझ पर दबाव डाला कि मैं उनके समर्थन में कुछ कहूँ। मेरे हड़ताली कर्मचारियों के साथ मिल जाने पर कम्पनी को कठिनाई महसूस होने लगी तो उन्होंने श्रमिकों की माँग मानने की स्वीकृति तो दी किन्तु एक शर्त भी लगा दी कि कम्पनी श्री होमी से कोई वार्ता नहीं करेगी क्योंकि कम्पनी को व्यक्तिगत रूप से श्री होमी के विरुद्ध बहुत-सी शिकायतें हैं। पहले-पहल श्री होमी ने स्वयं को अलग-थलग करना स्वीकार लिया यदि उनके अलग होने से श्रमिकों को लाभ होता है तो। किन्तु जब जनसमूह में समझौता होने लगा तो उन्होंने अपना मन बदल लिया और समझौते का विरोध करने की दृष्टि से एक नये संगठन का निर्माण कर डाला।

समझौता होते ही कम्पनी ने कुछ मुख्य मुद्दों पर कार्यान्वयन करने से इनकार कर दिया, जिससे बहुत-से श्रमिक होमी के नये संगठन में शामिल हो गये। कुछ माह तक तो कम्पनी ने नये संगठन को स्वीकृति नहीं दी किन्तु एक दिन उनकी नीति अचानक बदल गयी। उनके सबसे बड़े दुश्मन श्री होमी को जनरल मैनेजर ने बुलाया और उनकी पार्टी के संगठन को स्वीकृति प्रदान कर दी गयी। पुराने संगठन, श्रमिक संगठन, की अवहेलना की गयी और उसने जो समझौता किया था और जो लोग ईमानदारी से उस पर क़ायम थे वे अलग-थलग पड़ गये। कुछ समय बाद दृश्य में फिर परिवर्तन हुआ। श्री होमी पर विभिन्न आरोपों के

अन्तर्गत मुक़दमा चलाया गया और उन्हें जेल भेज दिया गया, उनके चले जाने से उनका संगठन भी ख़त्म हो गया।

जनवरी, 1930 में असेम्बली से कांग्रेस पार्टी ने स्वयं को अलग कर लिया जिससे कम्पनी का श्रमिकों के प्रति रवैया पुनः कठोर हो गया। श्री होमी की गिरफ़्तारी के बाद, जब भी श्रमिकों की बैठक होती तो लाठियों और हथियारों से लैस कुछ गुण्डे आते और बैठक को न होने देते। 1931 में मैं एक बैठक की अध्यक्षता कर रहा था, जिसे इसी प्रकार रोका गया था, इसलिए मैं व्यक्तिगत अनुभव के आधार पर यह बात कह रहा हूँ। यही स्थिति कई वर्षों तक चलती रही और 1934 में तो जमशेदपुर में स्थित इतनी बिगड़ गयी कि महात्मा गाँधी को उस शहर के दौरे के दौरान यह कहना पड़ा कि—"मुझे बहुत दुख हो रहा है कि श्रमिक व मालिकों के मध्य समझौता लाठी के ज़ोर पर सम्पन्न हो रहा है।"

श्रमिकों की ओर से यह कहा जा सकता है कि 1930 से कम्पनी की नीतियाँ श्रमिकों के विरुद्ध हो गयीं। दोनों श्रमिक संगठनों को दी गयी स्वीकृति अस्वीकार कर दी गयी, वेतन दिवस पर अंशदान एकत्रित करना बन्द कर दिया गया तथा ट्रेड यूनियन से सम्बद्ध श्रमिकों पर आरोप लगाये गये, उन्हें जमशेदपुर से बहुत दूरदराज के स्थानों पर स्थानान्तरित कर दिया गया। जनवरी, 1934 में जब जमशेदपुर के स्थानीय सरकारी कर्मचारियों ने 40 गुण्डों पर मुक़दमा चलाया तो टाटा के उच्च अधिकारी वर्ग ने दिलचस्पी लेकर उनके विरुद्ध चलाये गये मुक़दमों से उन्हें बरी कराया।

1935 में इसकी पराकाष्ठा हो गयी जब कम्पनी ने श्रमिक संगठन से 4 वर्ष तक परिसर के इस्तेमाल के लिए और 4 वर्ष तक कार्यालय में सचिव के कार्यालय के किराये की बकाया राशि वसूलने की बात की, जबकि मेरे और मैनेजिंग डायरेक्टर श्री दलाल के बीच यह निर्णय हुआ था कि कम्पनी इस किराये को छोड़ देगी। कम्पनी ने सोचा होगा कि एसोसिएशन यह किराया दे नहीं पायेगी अतः आसानी से उन्हें निकाल बाहर किया जायेगा, क्योंकि जमशेदपुर के सभी मकान कम्पनी ने किराए पर लिए हुए थे अतः संगठन स्वतः ही समाप्त हो जायेगा। संगठन सचिव ने कहा कि वह बकाया राशि किश्तों में दे देंगे। और भविष्य में भी किराया देते रहेंगे किन्तु कम्पनी ने किसी प्रकार का समझौता करने से इनकार कर दिया और यह सिद्ध कर दिया कि वास्तव में वे किराया नहीं माँग रहे बल्कि वे जमशेदपुर से श्रमिक संगठन को ख़त्म करना चाहते हैं।

कम्पनी अपने खेल में मस्त थी कि अचानक भारतीय असेम्बली में कांग्रेस ने जाने का इरादा पुनः बना लिया। कम्पनी को मालूम था कि दो-तीन सांसद

मज़दूरों के प्रति कम्पनी के रवैये के प्रश्न को फिर उठायेंगे। अतः उन्होंने अपनी नीति में पुनः परिवर्तन करना उचित समझा। कम्पनी के सान्निध्य में मेटल वर्कर्स यूनियन की स्थापना की गयी और श्रमिकों को कम्पनी की ओर से यह सलाह दी गयी कि वे इस यूनियन में शामिल हों। यह वर्ग कम्पनी का चहेता था और उसका मुख्य कार्य सरकारी व कम्पनी के अधिकारियों को चाय-पानी पिलाना था। और जनरल मैनेजर के आदेशानुसार कार्य करना था। इसका मुख्य उद्देश्य यही था कि कम्पनी अपने आलोचकों को यह दिखा दे कि वह सभी श्रमिक संगठनों की विरोधी नहीं है।

मैं संगठित श्रमिक वर्ग के प्रति कम्पनी के रवैये की तो बहुत बात कर चुका अब कुछ श्रमिकों के प्रति व्यक्तिगत रवैये की चर्चा भी करना चाहूँगा। मेरे सामने उस ज्ञापन की प्रकाशित प्रति रखी है जो मेटल वर्कर्स यूनियन (जिसे जमशेदपुर में कम्पनी यूनियन कहा जाता है) ने जनरल मैनेजर को दिया था जिसमें लिखा है–

टाटा आयरन एंड स्टील कम्पनी में कार्यरत अधिकांश श्रमिकों की कार्य करने की स्थितियाँ ठीक नहीं हैं, क्योंकि बहुत-से लोगों को कार्यमुक्ति के आदेश दे दिये गये हैं, कुछ को ज़बर्दस्ती अवकाश पर भेजा गया है और उनके मामलों पर विचार भी नहीं किया जा रहा है। उदाहरण के लिए, पुरानी रोलिंग मिल में लम्बी अवधि तक कार्य करने का अनुभव होने पर भी उन्हें ज़बर्दस्ती लम्बी अवधि के अवकाश के लिए बाध्य किया जा रहा है।

कम्पनी ने हाल ही में 'टेंपरेरी' आधार पर श्रमिकों को रखने की नीति अपनाई है और दिलचस्प बात यह है कि इस 'अस्थायी' अवधि का कोई निश्चित समय निर्धारित नहीं है। बहुत-से लोग हैं जो दो वर्ष से अधिक अवधि से यहाँ कार्य कर रहे हैं। इससे कम्पनी को बोनस, प्रोविडेंट फंड आदि तथा वर्कर्स नियमानुसार अन्य सुविधाएँ आदि नहीं देनी पड़तीं। जबकि स्थायी कर्मचारियों को ये सब सुविधाएँ देनी पड़ती हैं।

एक सप्ताह से अधिक अवधि तक कर्मचारी को कार्य से अलग रखा जाता है। किसी भी श्रमिक पर लगे आरोपों को ग़लत सिद्ध करने के मैनेजमेंट द्वारा दिये नये मौक़ों के बावजूद भी या तो नियमों का पालन नहीं होता या फिर श्रमिक द्वारा दिये गये स्पष्टीकरण पर तुरन्त कार्रवाई नहीं होती। वेतन कम करने जैसे अन्य आदेश दे दिये जाते हैं।

ऐसी कोई नियमित पद्धति नहीं है जिसके द्वारा श्रमिकों को पदोन्नति दी जाये या वेतन में वृद्धि की जाये। पिछले कुछ समय से तो कम्पनी की नीति रही है

कि उच्च वेतन वाले पदों को समाप्त कर दिया जाये और कम वेतन के लोगों से अतिरिक्त कार्य करवाया जाये किन्तु उन्हें कोई अतिरिक्त लाभ न दिया जाये।

यद्यपि हमें बोनस के फ़ायदे की योजना की प्रशंसा करते हैं किन्तु हमें आभास है कि यह लाभ गिने-चुने लोगों तक ही पहुँचेगा। अनुभागीय बोनस के लिए भी ऑपरेटिंग और मेंटेनेंस अनुभागों में अन्तर स्थापित किया जा रहा है।

अधिक कार्यभार के दिनों में कम्पनी ने साप्ताहिक भुगतान के तरीक़े पर श्रमिकों को नियुक्त करने की पद्धति अपनायी। किन्तु पिछले कुछ समय से हम देख रहे हैं कि साप्ताहिक कर्मचारियों को कुछ अनुभागों में स्थायी तौर पर रखा जाने लगा जिनकी संख्या जमशेदपुर में 5000 के लगभग थी (इसमें स्त्री व पुरुष दोनों श्रमिक शामिल हैं)। जो कुल श्रमिकों का 20 प्रतिशत है। ऐसे श्रमिकों की कुछ सेवा 5 वर्ष तक की अवधि की हो चुकी है। इनमें से अधिकांश श्रमिकों को 5 से 8 आने प्रतिदिन दिये जाते थे। 5 सदस्यों के परिवार का ख़र्च जमशेदपुर में अन्य शहरों शोलापुर और अहमदाबाद की अपेक्षा अधिक है। यह बात श्रमिकों पर रॉयल कमीशन द्वारा पेश किये गये आँकड़ों से भी सिद्ध होती है। आँकड़ों के अनुसार शोलापुर में मासिक ख़र्च 37-13-11 और अहमदाबाद में 39-5-8 है, किन्तु जमशेदपुर के 5000 श्रमिकों को केवल 5 से 8 आने प्रतिदिन मिलते हैं।

उपर्युक्त टिप्पणी किसी सिरफिरे आन्दोलनकारी की नहीं बल्कि कम्पनी यूनियन की है। अतः क्या मैं श्री कीनन से पूछ सकता हूँ कि जमशेदपुर में ऐसे उन्नति के श्रमिक कितने हैं? मुझे शक है कि जनरल मैनेजर और कुछ प्रतिज्ञा-पत्र के तहत नियुक्त अधिकारियों के अलावा बहुत कम भारतवासी हैं जिन्हें प्रगति के श्रमिकों की संज्ञा दी जा सकती है।

पूरे लेख में केवल वह हिस्सा ठीक है, और उसके लिए मैं लेखक का आभारी हूँ, जिसमें उन्होंने टाटा खानों में मज़दूरों की दयनीय दशा का वर्णन किया है। मेरे विचार से इसके पीछे श्रीमती कीनन की सहानुभूति ही है कि जनरल मैनेजर ने ग़रीब खनिक श्रमिकों की मज़दूरी बढ़ाने की बात की।

लेखक ने केवल लौह खानों की बात की है। किन्तु कोयला खानों की क्या दशा है? कुछ समय पूर्व जब मैं टाटा कोलियरी लेबर एसोसिएशन के अध्यक्ष के रूप में कार्य कर रहा था तब मुझे टाटा कोल माइंस की अवस्था देखने का मौक़ा मिला। उस समय कुछ खानें बन्द की जा रही थीं और बहुत-से श्रमिकों को कार्य मुक्त किया जा रहा था। स्वाभाविक था कि हम लोगों की माँग थी कि खानें खोली जायें ताकि कार्य होता रहे, किन्तु कम्पनी ने हमारी माँग के विरोध में दो तर्क सामने रखे, पहला, कम्पनी के पास अन्य खानों से लम्बी अवधि का

अनुबन्ध है अतः अब उन्हें अपनी खानों से पूर्ति की आवश्यकता नहीं। दूसरे, कम्पनी की खानों से उत्पादन दर महँगी है जबकि बाज़ार में उपलब्ध दर कम है।

किसी भी बाहरी व्यक्ति के लिए यह बात समझ पाना असम्भव है कि कम्पनी ने यह अलाभकारी अनुबन्ध क्यों किया और साथ ही दूसरी कोयला खानों से कोयला ख़रीदने में धन व्यय क्यों किया। पहली बात, इस लम्बी अवधि के अनुबन्ध को करना ग़लत क़दम था। दूसरे, यदि ऐसा करना ही था तो उन्हें अन्य कोयला खानों को ख़रीदना नहीं चाहिए था। तीसरी बात, एक बार जब इन खानों में कार्य करना प्रारम्भ कर दिया तो उन्हें इसे बन्द नहीं करना चाहिए था क्योंकि जब वहाँ कार्य न चल रहा हो तब खानों को चालू हालत में रखने में अत्यधिक लागत आती है। चौथी बात, इन खदान कार्यालयों में उच्च प्रशासनिक अधिकारियों को रखने का क्या औचित्य था जिसके परिणामस्वरूप उत्पाद क़ीमत में वृद्धि हो रही थी। इस विसंगति का ही यह परिणाम था कि राज्य के लोगों को कम्पनी के दुष्कर्मों का फल भोगना पड़ रहा था और भारतवासियों को कम वेतन में ही सन्तोष करना पड़ रहा था।

यदि जमशेदपुर के टाटा श्रमिकों को प्रगति के श्रमिक बनाना है तो उच्चाधिकारी प्रशासन वर्ग में सुधार लाना होगा तथा प्रतिज्ञा-पत्र के तहत नियुक्त अधिकारियों को वेस्ट से छुटकारा पाना होगा और अक्षमता को दूर करना होगा। मुट्ठीभर कम वेतन प्राप्त श्रमिकों को बोनस देकर जमशेदपुर के श्रमिकों की स्थिति सुधर नहीं सकती, न ही इससे कम्पनी को यह छूट मिल सकती है कि वह किसी अन्य कम्पनी की तुलना में अपने श्रेष्ठ मालिक होने का दावा कर सके।

पोलैंड में भारत के एक मित्र*

सन् 1933 में जब मैं पोलैंड की यात्रा पर था तब मुझे कई महत्त्वपूर्ण व्यक्तियों से मिलने का मौक़ा मिला, जिन्हें भारत में बहुत दिलचस्पी थी। सामान्यतः राष्ट्रीय स्वतन्त्रता के लिए भारत के संघर्ष के प्रति सभी को सहानुभूति थी। पोलैंड ने बहुत दिनों तक आज़ादी के लिए संघर्ष किया था, हाल ही में उन्हें स्वतन्त्रता हासिल हुई है। अतः आज वे इस स्थिति में हैं कि स्वतन्त्रता के लिए संघर्षरत देशों के प्रति सहानुभूतिपूर्ण रवैया अपना सकें। मुझे याद है, कि एक बार पोलैंड के कुछ मित्र कार में मुझे किसानों की वर्तमान स्थिति दिखाने को ले गये थे।

*फ़रवरी 1936 में दि मॉडर्न रिव्यू में प्रकाशित और सुभाष चन्द्र बोस की पुस्तक 'थ्रू कांग्रेस आईज़' में पुनः प्रकाशित (किताबिस्तान, इलाहाबाद तथा लन्दन, 1938)।

हम ग्रामीण कृषि स्कूल में गये जो हाल ही में सरकार द्वारा खोला गया था ताकि किसानों के बच्चों को आधुनिक वैज्ञानिक पद्धति द्वारा कृषि की शिक्षा उपलब्ध कराई जा सके। वहाँ का रखरखाव देखने वाली एक महिला ने हमें सारा स्कूल दिखाया और जब हम वहाँ से चलने लगे तो उसने हमसे महात्मा गाँधी के स्वास्थ्य और आजकल उनके कार्यक्रम के बारे में पूछताछ की। हम इस बात से बहुत प्रभावित हुए।

पोलैंडवासी आजकल अपने देश का शीघ्रातिशीघ्र औद्योगीकरण करने में लगे हैं। इसी उद्देश्य से उन्होंने डायना नाम का एक बन्दरगाह बनाया है, जिससे वे जर्मनी के बन्दरगाह डैंजिग से मुक्त हो गये हैं जो कि आजकल अन्तरराष्ट्रीय बन्दरगाह बन गया है। वे अपना विदेश व्यापार भी विकसित कर रहे हैं और इस उद्देश्य से उन्होंने अन्य देशों में जगह-जगह वाणिज्य दूतावास भी स्थापित किये हैं। भारत में सन् 1933 में बम्बई में पोलैंड वाणिज्य दूतावास की स्थापना हुई थी। पोलैंड का कपड़ा उद्योग बहुत विकसित है, सबसे बड़ा कपड़ा केन्द्र लोड्ज़ है। आजकल आयरन एंड स्टील इंडस्ट्री भी तेज़ी से प्रगति कर रही है।

पोलैंड की राजधानी वारसा में, एक ओरिएंटल सोसायटी है, जो प्राच्यविद्या में विशेष रुचि रखती है। ओरिएंटल सोसायटी के सौजन्य से एक सामाजिक समूह में मुझे भी आमन्त्रित किया गया था, जहाँ मैंने पोलिश-इंडियन सोसायटी क़ायम करने के बारे में अपनी इच्छा व्यक्त की जिससे दोनों देशों के सांस्कृतिक एवं वाणिज्यिक सम्बन्ध प्रगाढ़ होंगे।

विद्यार्थी, पुरुष एवं स्त्री दोनों ही बहुत जागरूक हैं। महिलाएँ विदेशों से सम्बन्ध विकसित करने की, विशेष रूप से भारत से अधिक इच्छुक हैं। उन्होंने भारत के विद्यार्थी एवं युवा संगठनों की जानकारी चाही। उनकी संस्था लीग कहलाती है। प्रत्येक देश के लिए अलग केन्द्र है, जिसके माध्यम से वे सम्बन्ध स्थापित करना चाहते हैं।

इस लघु लेख में मैं विशेष रूप से एक ऐसे व्यक्ति का ज़िक्र करना चाहूँगा जिनसे मेरी भेंट वारसा में हुई। वे थे प्रोफ़ेसर स्टेनीस्ला एफ. मिखालस्की, जिन्होंने अपना पूरा जीवन संस्कृति और भारतीय साहित्य पढ़ने में लगा दिया और भारत के प्रति उनका अटूट प्रेम है।

प्रोफ़ेसर मिखालस्की इवेनस्की का जन्म पोलैंड में सन् 1881 में हुआ। उन्होंने 1905 से 1911 तक विएना में प्रोफ़ेसर लियापोल्ड वी. स्कोर्डर से तथा 1914 में जर्मनी में प्रो. ओल्डनबर्ग से संस्कृत भाषा व भारतीय साहित्य पढ़ा। कुछ वर्षों तक उन्होंने वारसा-बोल्ना जेकनिका स्थित पोलिश फ्री यूनिवर्सिटी में संस्कृत

भाषा एवं साहित्य पढ़ाने का कार्य किया। 1920 में उन्होंने बोल्शेविकों के विरुद्ध संग्राम में स्वयंसेवी के रूप में भाग लिया। उसके बाद से प्रोफ़ेसर मिखालस्की अपना पूरा समय साहित्यिक एवं वैज्ञानिक कार्य में लगा रहे हैं। सन् 1923 में उन्होंने कुछ पोलिश ओरिएंटलिस्ट के साथ मिलकर वारसा साइंटिफ़िक सोसायटी का ओरिएंटल अनुभाग स्थापित किया।

प्रोफ़ेसर मिखालस्की ने पोलिश भाषा में भारत एवं भारतीय संस्कृति पर कई पुस्तकें भी लिखी हैं। उनमें से कुछ निम्नलिखित हैं—

1. भगवद्गीता, 1912, द्वितीय संस्करण 1921, तृतीय संस्करण 1926
2. उपनिषद (चुने हुए) 1913, द्वितीय संस्करण 1922
3. रामाज़ लोंगिंग (रामायण से एक अध्याय) 1920
4. धम्मपदम (अनुवाद), 1924
5. फ़ोर्टी सौंग्स ऑफ़ ऋग्वेद, 1914
6. आत्मबोध, 1923
7. भगवद्गीता (मूलपाठ संस्कृत में, भूमिका और टिप्पणी सहित) 1921

ओडिसी (वारसा) के 1935 के पोलिश संस्करण में प्रो. मिखालस्की ने रामायण और ओडिसी के बीच सम्बन्धों का उल्लेख करते हुए यह कहा है कि यदि होमर पर अनुसन्धान कार्य किया जाना है तो रामायण का अध्ययन भी आवश्यक है।

पिछले कुछ वर्षों में प्रोफ़ेसर मिखालस्की ने एक बृहद् पोलिश एनसाइक्लोपीडिया प्रकाशित किया है जिसमें उन्होंने भारत, भारतीय भाषा एवं साहित्य, भारतीय भूगोल और भारतीय इतिहास आदि पर कई लेख लिखे हैं।

सन् 1924 में प्रोफ़ेसर ने भारत के महाकाव्यों पर भाषण भी दिया। सन् 1935 में उन्होंने रोटरी क्लब की वारसा शाखा में भारतीय सर्वेक्षण पर अपने विचार व्यक्त किये।

पिछले कुछ वर्षों से प्रोफ़ेसर भारत के सम्बन्ध में एक पुस्तकालय तैयार करने में व्यस्त हैं। फ़िलहाल उस पुस्तकालय में संस्कृत भाषा, भारतीय साहित्य की प्राचीन एवं आधुनिक पुस्तकों की संख्या 2,000 के लगभग है।

एक आतिथेय के रूप में प्रोफ़ेसर मिखालस्की अत्यधिक स्वागत करते हैं। उन्होंने मुझ शानदार रात्रिभोज कराया और विदाई में दक्षिणास्वरूप अपनी पुस्तकें भेंट में दीं।

यह हर्ष का विषय है कि एक अन्य पोलैंडवासी, प्रोफ़ेसर स्टासिएक आजकल भारत की यात्रा पर हैं। प्रोफ़ेसर स्टासिएक एक सुप्रसिद्ध ओरिएंटलिस्ट हैं, तथा उन्होंने यूरोप में कई केन्द्रों पर प्राचीन भारतीय साहित्य व दर्शन पर भाषण भी दिये हैं।

पौलैंड में पोलिश-इंडियन सोसायटी के लिए भूमि तैयार की जा चुकी है। जिसकी पत्राचार शाखा भारत में है। आवश्यकता केवल इस बात की है कि कोई व्यक्ति इसका नेतृत्व करें।

जर्मनी में भारतवासी*

जब से जर्मनी में नयी सत्ता आयी है, तब से भारतवासियों की दशा में काफ़ी गिरावट आयी है। मुख्य रूप से चार समस्याएँ पैदा हो गयी हैं। पहले, भारतीय विद्यार्थियों को, इनमें जर्मनी विश्वविद्यालय से स्नातक उपाधि प्राप्त विद्यार्थी भी शामिल हैं, जर्मनी की फैक्टरियों में व्यावहारिक प्रशिक्षण प्राप्त करने में कठिनाई आ रही है, दूसरे प्रेस और फ़िल्मों से भारत-विरोधी प्रचार बढ़ा है जबकि भारत के पक्ष में प्रचार को दबाया जा रहा है। तीसरे, जातिवादी क़ानून से एशियावासियों को अलग करने की धमकी तथा चौथे, जर्मनी भारत से आयात कम कर रहा है। जबकि निर्यात की मात्रा बढ़ी है।

इनमें से कुछ समस्याएँ ऐसी हैं जिनके लिए एसोसिएशन द्वारा संघर्ष कर पाना कठिन है, फिर भी मुझे आशा है कि एसोसिएशन इस विषय में अवश्य कुछ कार्य करेगी क्योंकि बर्लिन में भारतीयों की ऐसी कोई संस्था नहीं है। मुझे यह भी आशा है कि बर्लिन फ़ेडरेशन ऑफ़ इंडियन चेंबर्स ऑफ़ कॉमर्स एंड इंडस्ट्री के नये प्रतिनिधि, डॉ. के. गाँगुली इस क्षेत्र में तथा व्यापार सम्बन्धी समझौते के तहत भारत की शिकायतों को दूर करने का प्रयास अवश्य करेंगे। वाणिज्य मन्त्रालय से डॉ. गांगुली इस आशय का विश्वास प्राप्त कर चुके हैं कि भारतीय प्रशिक्षुओं की शिकायतों पर ध्यान दिया जायेगा।

अन्त में मैं खेद प्रकट करूँगा कि प्रशासन ने इस्लामिक एसोसिएशन द्वारा आयोजित बैठक पर प्रतिबन्ध लगा दिया जिसका आयोजन वे 'बंगला' फ़िल्म के विरोध स्वरूप कर रहे थे। मुझे आशा है कि भविष्य में भारतीय उपनिवेश ऐसे किसी सरकारी हस्तक्षेप को स्वीकार नहीं करेगा।

---

*4 फ़रवरी, 1936 में इंडियन स्टूडेंट्स एसोसिएशन में दिये गये भाषण के कुछ अंश।

डब्लिन यात्रा*

एक टिप्पणी

उन्होंने (बोस) बुधवार रात डब्लिन छोड़ दिया फिर भी सोमवार को आपको लिखने से पहले उनकी कृषि एवं भूमि मन्त्री से आगे बातचीत हुई। उन्होंने उनसे बातचीत के दौरान कहा कि उनकी नीति बड़ी-बड़ी सम्पदाओं को ख़रीद कर किसानों में वितरित करने की है। भारत में इसकी व्यावहारिकता पर भी उन्होंने बात की। अपनी बातचीत के दौरान उन्होंने अध्यक्ष सिनफिन तथा संगठन के अन्य अधिकारियों को भारत तथा आयरलैंड की राष्ट्रीय स्थिति की जानकारी दी। संगठन की गतिविधियों से वे काफ़ी प्रभावित हुए। यद्यपि वे इसके सभी कार्यों को पूर्ण सहमति नहीं दे पाये। फिर भी दोनों एकमत थे कि भारत और आयरलैंड के मध्य सम्बन्ध स्थापित होना चाहिए, ताकि दोनों देश विदेशी साम्राज्यवाद के विरुद्ध अपने स्वाधीनता संगाम में महत्त्वपूर्ण नतीजे प्राप्त कर सकें।

श्रमिक संगठनों से, पत्रकारिता से तथा साहित्यिक कार्यों से सम्बद्ध होने की वजह से आयरिश प्रेस ने जो कि फिनाफेल पार्टी का अंग है, उन्हें अपने यहाँ आमन्त्रित किया। सम्पादक एवं जनरल मैनेजर ने उनकी अगवानी की। वे उन लोगों की व्यवस्था करने की क्षमता से अत्यधिक प्रभावित हुए जो प्रमुख समाचार-पत्रों का प्रकाशन कर रहे हैं। स्वाभाविक था कि वे सम्पादक से अपनी बातचीत के दौरान आयरिश प्रेस की विदेश नीति के सम्बन्ध में भी चर्चा करते। उन्होंने आयरिश पत्रकारों को भारतवासियों द्वारा चलाये जा रहे समाचार-पत्रों की कठिनाइयों के बारे में बताया और उस प्रेस नियम की जानकारी भी दी जिसके तहत अख़बारों की स्वतन्त्रता पर रोक लगायी जा रही है।

कोर्क के लिए रवाना होने से पूर्व उन्होंने भारतीय आतिथ्य का परिचय देते हुए शेलबर्न होटल में एक स्वागत समारोह आयोजित किया। अपने भाषण में उन्होंने कहा कि भारतीय लोग कई कारणों से पिछले लम्बे अरसे से आयरलैंड के प्रति उत्सुक रहे हैं। केवल राजनीतिक दृष्टि से ही आयरिश आन्दोलन में लोगों की रुचि नहीं है। आयरलैंड में उन्होंने यह देखा कि प्रत्येक जाति व वर्ग के लोगों को भारत में रुचि है। अन्य वक्ता थे मैडम गोन मैक्ब्राइड, श्रीमती वुड्स, डॉ. हैनिंगन आदि। विभिन्न राजनीतिक और सामाजिक संगठनों का भी पर्याप्त उल्लेख हुआ। हमें यूनिवर्सिटीज़ रिपब्लिकन के श्री टी. ओ कैरोल तथा आयरिश प्रेस की महिला सम्पादक मिस मेरी कांफरफोर्ड से बातचीत करने का भी सुअवसर मिला।

---

*सुभाष चन्द्र बोस ने आयरलैंड 25 फ़रवरी, 1936 को छोड़ा (उसके ऊपर प्रकाशित समाचार)।

बहुत-से भारतवासियों व भारतीय स्वतन्त्रता के समर्थक मित्रों ने उन्हें बुधवार की रात बैगट स्टेशन से कोर्क के लिए विदाई दी। अगले दिन अमेरिकी जहाज़ छोड़ने से पहले उन्होंने एक्ज़ीक्यूटिव काउंसिल के वाइस प्रेज़ीडेंट श्री सीन टी. ओ. केली से अन्तिम वार्ता की। उन्होंने भारत तथा आयरिश फ्री स्टेट के मध्य प्रोफ़ेसरों के आदान-प्रदान की सम्भावना पर भी बात की। मुझे पता चला है कि श्री ओ. केली ने उन्हें इस बात को ध्यान में रखने का आश्वासन भी दिया।

उनके विदा होने से कुछ समय पूर्व मुझे कुछ भारतीय नेताओं से बात करने का अवसर भी मिला। मैं स्पष्ट करना चाहता हूँ कि मैंने भारतीय नेताओं से बात की सिर्फ़ बंगाली नेताओं से नहीं, क्योंकि जब मैंने किसी आयरिश मित्र से उनका यह कहकर परिचय कराया कि ये बंगाल के सुप्रसिद्ध नेता हैं तो उन्होंने इस पर आपत्ति की। मुझे नहीं पता था कि मैं अनजाने में उनके साथ अन्याय कर रहा हूँ। उन्होंने कहा—"आप मुझे बंगाली नेता क्यों कह रहे हैं? मैं प्रान्तीयता का पक्षधर नहीं हूँ।" मैंने उनका विरोध चुपचाप स्वीकार किया। पिछले कुछ वर्षों में मुझे उनके भाषण तथा लेख पढ़ने का सौभाग्य प्राप्त हुआ और मैं निश्चित रूप से यह कह सकता हूँ कि उन्होंने मुझे भारतीय देशभक्त के रूप में पहले प्रभावित किया उसके बाद बंगाली नेता के रूप में।

जब मैंने उनका ध्यान इस अफ़वाह की तरफ़ आकर्षित किया कि शहर में यह चर्चा है कि सादी वर्दी में कुछ लोग उन पर नज़र रखे हैं तो उन्होंने उसकी परवाह किये बिना बात को नज़रअन्दाज़ कर दिया। उनका विचार था कि इस चर्चा में कोई दम नहीं है, यद्यपि मेरे कुछ आयरिश मित्रों के विचार इसके विपरीत हैं। इस तथ्य को भुलाया नहीं जा सकता कि कुछ आयरिशवासी ब्रिटिश सरकार से वेतन पा रहे हैं किन्तु इसका अर्थ यह नहीं कि सभी आयरिशवासी देशद्रोही हैं और वे ग्रेट ब्रिटेन के पक्षधर हैं। मुझे तीन वर्ष पुरानी घटना याद आयी। डब्लिन की यात्रा पर आये एक भारतवासी का पीछा एक आयरिशवासी ने किया, जो बाद में उसके पीछे-पीछे लन्दन भी पहुँचा और उसने स्कॉटलैंड यार्ड को उसका विवरण बताया। अगले दिन स्कॉटलैंड यार्ड का एक प्रतिनिधि उस आयारिश व्यक्ति के साथ उस भारतीय के घर पहुँचा ताकि उससे पूछताछ कर सके। इस अवसर पर जिस बात से मुझे बहुत आनन्द आया वह यह थी कि वह भारतीय चुपचाप वहाँ से लन्दन और डब्लिन चला गया जबकि वे दो सज्जन उसके घर पर व्यर्थ में उसका इन्तज़ार करते रहे।

प्रेस से बातचीत

भारत की स्थिति, भारत और जर्मनी तथा लीग ऑफ़ नेशंस*

भारतीय मित्रों से बातचीत किये बिना इन प्रश्नों का निश्चित उत्तर देना कठिन है। किन्तु इस अवस्था में मैं केवल यही कह सकता हूँ। पिछले कुछ माह में मैंने पण्डित नेहरू से भारत की स्थिति और उसके प्रति हमारे कर्तव्यों पर विस्तृत चर्चा की है। और मैंने यह महसूस किया है कि व्यक्तिगत एवं सामाजिक दोनों ही दृष्टि से मुझे उनको यथासम्भव अपना सहयोग देना चाहिए। मेरे विचार से लखनऊ में कांग्रेस के सामने जो सबसे बड़ी समस्या है वह अति संविधानवाद के प्रति बढ़ता हुआ आक्रोश है।

सामान्य यूरोपीय स्थिति के सम्बन्ध में पूछे गये प्रश्न के उत्तर में उन्होंने कहा कि–"आप मुझे क्षमा करें क्योंकि इस प्रश्न पर विस्तृत चर्चा करने के लिए मैं मन से तैयार नहीं हूँ। किन्तु मैं केवल एक विषय में कुछ कहना चाहूँगा। पिछले कई सप्ताह से भारतवासियों के प्रति जर्मन शासक के द्वारा कहे गये अपमानजनक शब्दों की वजह से मैं बहुत परेशान हूँ। यह पहली बार नहीं है कि भारतवासियों का नाज़ी जर्मनी के नेता ने अपमान किया है। यह तो स्पष्ट ही है कि भारत का अपमान कर जर्मनी इंग्लैंड से पक्षपात कर रहा है। मुझे इसमें कोई आपत्ति नहीं कि जर्मनवासी अंग्रेज़ों के तलवे चाटें, किन्तु यदि वे सोचते हैं कि 1936 में भारतीयों को बेइज़्ज़त करते रहेंगे और हम इसे चुपचाप सहते रहेंगे तो वे भारी भूल कर रहे हैं। मुझे कुछ संकेत मिले हैं कि इस प्रश्न पर लोगों का मत भी बन रहा है और मुझे आशा है कि हम शीघ्र ही यह सिद्ध कर देंगे कि भारतवासी चुपचाप अपना अपमान सहते नहीं रहेंगे।"

दि लीग ऑफ़ नेशंस

लीग ऑफ़ नेशंस के विषय में चर्चा करते हुए श्री बोस ने कहा कि उन्हें प्रसन्नता है कि लीग ऑफ़ नेशंस ने भारत में रुचि दिखाई है और हाल ही में श्री पेल्ट को डायरेक्टर ऑफ़ इन्फार्मेशन सेंटर बनाकर भारत यात्रा पर भेजा है ताकि वे एक रिपोर्ट बना सकें।

मुझे कुछ सूचनाएँ मिली हैं कि ये सज्जन भारत के प्रति बिल्कुल भी सहानुभूति नहीं रखते। ये वही सज्जन है जिन्होंने मुझे सूचना उपलब्ध कराने से

---

*सुभाष चन्द्र बोस ने मार्च 1936 में यह बयान दिया।

इनकार कर दिया था। किन्तु जब मैंने लीग ऑफ़ नेशंस के सचिव को सीधा लिखा तो इन्हें बाध्य होकर मुझे सन्तोषजनक उत्तर देना पड़ा। फ़िलहाल भारत, जो कि 2,00,000 रुपये का अंशदान लीग ऑफ़ नेशंस को दे रहा है, के चार भारतीय अधिकारी अन्तरराष्ट्रीय श्रमिक कार्यालय में कार्यरत हैं तथा एक क्लर्क लीग सैक्रेटेरिएट में कार्यरत है। यह सर्वविदित है कि लीग के उच्च अधिकारियों में भारत के प्रति विद्वेष की भावना है। किन्तु श्री पेल्ट जैसे विभागाध्यक्ष भारत विरोधी न हों तो भारत की दशा सही हो सकती है। मुझे बहुत प्रसन्नता होगी यदि श्री पेल्ट, भारत के प्रति मैत्रीपूर्ण रवैया अपनायें तो, किन्तु अभी तक प्राप्त रिपोर्टों के आधार पर पता चला है कि वे पूर्णतः भारत विरोधी हैं।

14 फ़रवरी के 'टाइम्स ऑफ़ इंडिया' में मैंने पढ़ा कि संवाददाता को दिये एक साक्षात्कार में श्री पेल्ट ने कहा कि उनका भारत आने का एक उद्देश्य भारतवासियों व प्रचारकों से भेंट करना भी है। यह बात ठीक लगती है किन्तु यह संवाददाता यह प्रश्न पूछने का लोभ सवरण नहीं कर पा रहा है कि क्या लीग के सूचना विभाग के निदेशक ने उन विशिष्ट भारतवासियों से भी कभी मुलाक़ात की जो जेनेवा की यात्रा पर गये थे? क्या उन्होंने कभी भारतीय स्थिति का गम्भीरतापूर्वक अध्ययन किया, क्या वे बता सकते हैं कि भारत में वे किस प्रकार के लोगों से मिलेंगे?

भारतीय स्थिति तथा विश्व की राय*

अपने भाषण के दौरान उन्होंने (बोस) कहा कि वे उन लोगों के आभारी हैं कि उन्होंने भारतीय स्थिति पर चर्चा हेतु उन्हें इस बैठक में आमन्त्रित किया, क्योंकि यह अति आवश्यक था कि भारतीय विश्व को भारतीय स्थिति की सही जानकारी उपलब्ध कराये। उन्होंने कहा—अवज्ञा आन्दोलन स्थगित कर देने के बाद से यह आन्दोलन लगभग मर ही गया है, अतः विदेश में यह प्रचारित किया जा रहा है कि भारत में पूर्ण शान्ति है। इस प्रभाव को और पक्का किया जा रहा है, जिसमें यह प्रचार किया जा रहा है कि इंडियन फेडरल कांस्टीट्यूशन द्वारा भारतवासियों को बहुत लाभ होगा। यह सरासर ग़लत है, यद्यपि यह सच है कि कुछ समय के लिए ज़ोरदार आन्दोलन को दबा दिया गया है। इसका अर्थ यह नहीं है कि भारतीय राष्ट्रीय कांग्रेस चैन की नींद सो गयी है। इसका अर्थ केवल यह है कि कांग्रेस के कार्यक्रमों के एक भाग को कुछ दिन के लिए मुल्तवी कर दिया गया है।

*17 मार्च, 1936 में पेरिस में दिया गया भाषण।

कांग्रेस अब पहले की अपेक्षा अधिक उत्साह से शैक्षिक व सामाजिक कार्य कर रही है। भारतीय राष्ट्रीय कांग्रेस के अतिरिक्त कई साम्राज्यवाद विरोधी संगठन हैं जो किसानों और श्रमिकों में कार्यरत हैं। अतः अपने दिमाग़ से यह विचार निकाल दें कि भारत में पूर्ण शान्ति है। जब तक हम स्वतन्त्रता नहीं पा लेते तब तक यह स्थिति आ ही नहीं सकती।

नया संविधान भारत के लिए निराशाजनक है। भारतीय राष्ट्रीय कांग्रेस तथा अन्य संगठनों ने नये संविधान की भर्त्सना की है। एक तो यह असन्तोषजनक है दूसरे इससे भारत की स्थिति और भी बिगड़ेगी। इसने कुछ नये तथ्यों को इस स्थिति में पेश किया है कि लिबरल फ़ेडरेशन तथा उस जैसे अन्य संगठन जो आज तक ब्रिटिश साम्राज्य के प्रति नम्र रुख अपनाये हुए थे वे भी यथासम्भव इस संविधान का ज़ोरदार विरोध कर रहे हैं। अतः भारत की ऐसी एक भी पार्टी नहीं जो इस संविधान का विरोध न कर रही हो। भारत की आज की स्थिति बिल्कुल वैसी है जैसी युद्ध समाप्ति के दिनों में थी, जब महात्मा गाँधी ने आन्दोलन छेड़ा था।

आज आप लोगों से बात करने का अवसर मुझे मिला इसका मैं आभारी हूँ क्योंकि भारत में यह आम राय बन चुकी है कि वहाँ के साम्राज्यवाद विरोधी आन्दोलन को विदेश के साम्राज्यवाद विरोधी आन्दोलनों से जोड़ा जाना चाहिए। आधुनिक संचार माध्यमों ने इस कार्य को सुगम बना दिया है और हम लोगों को इसका अधिकाधिक उपयोग करना चाहिए। अभी तक हम इस दिशा में कोई क़दम नहीं उठा पाये हैं, किन्तु भारतवासी यह महसूस करने लगे हैं कि साम्राज्यवाद तथा कट्टरवाद जैसी राजनीतिक अवस्था से सम्पूर्ण मानवता पर प्रभाव पड़ता है। अतः हमें विश्वास है कि यदि हम भारतीय स्थिति को सही रूप में विश्व के सम्मुख प्रस्तुत करेंगे तो सारे विश्व का समर्थन और सहानुभूति हमारे साथ होगी। यह सहानुभूति हमें माँगने पर नहीं मिल रही बल्कि स्वतः ही प्राप्त हो रही है। यदि हम भारत की स्थिति से विश्व को अवगत करायेंगे तो हम विश्व की सहायता ही करेंगे।

भारत के आन्दोलन को दो परिप्रेक्ष्य में वर्गीकृत किया जा सकता है–

1. राष्ट्रीय स्वतन्त्रता

2. सामाजिक न्याय के आधार पर सामाजिक समानता को प्रतिस्थापित करना।

नया सामाजिक परिदृश्य कैसा होगा इसका अनुमान लगाना कठिन है। हम राष्ट्रीय स्वतन्त्रता के लिए आन्दोलन करने वाले भारतवासी मुट्ठीभर ज़मींदारों के हाथ में देश नहीं सौंप सकते। हम गोरों के स्वामित्व से निकलकर कालों के

स्वामित्व में जाना नहीं चाहते। हम ऐसा समाज चाहते हैं जहाँ सभी व्यक्ति जाति, लिंग और धन की विसंगतियों से स्वतन्त्र हों। हम इनको नष्ट कर देना चाहते हैं।

भारत को साम्राज्यवाद से स्वतन्त्र कराकर वहाँ सामाजिक एकरूपता स्थापित करना दुरूह कार्य है। अलग-अलग देशों में समाजवाद के अलग-अलग अर्थ लगाये जा रहे हैं। हम ऐसे समाज की अपेक्षा रखते हैं जहाँ मानवकृत विभाजन न हों। यदि भारत के विषय में मानव को सही जानकारी उपलब्ध कराई जाये तो निश्चय ही हमें सहानुभूति प्राप्त होगी।

जिन लोगों की विश्वव्यापी साम्राज्यवाद विरोधी आन्दोलन में रुचि है उन्हें भारत में भी रुचि होना स्वाभाविक है। हम भारतीय यह सोचते हैं कि ब्रिटिश साम्राज्य की स्थापना के ज़िम्मेदार हम ही लोग हैं। भारत के बिना ब्रिटिश साम्राज्य की क्या क़ीमत होती? अतः हमें यह विश्वास होने लगा है कि इसकी कुछ हद तक ज़िम्मेदारी, हम भारतवासियों की भी है। जो भूमिका हमें निभानी है वह दुरूह ही नहीं बल्कि महत्त्वपूर्ण भी है। भारत जिस बात के लिए चिन्तित है वह पूरे विश्व की मानव जाति की चिन्ता का कारण है।

भारतीय प्रश्न का एक पक्ष और भी है। एशिया में जापानी साम्राज्य के विस्तार से भी लोग चिन्तित हैं। अतः हमें एशिया में जापानी साम्राज्य पर रोक लगाने के उपायों पर भी विचार करना है। यदि कल चीन एकजुट और मज़बूत हो जाये और भारत स्वतन्त्र हो सके तो मुझे विश्वास है कि शेष एशिया में शान्ति सन्तुलन क़ायम हो जायेगा जिससे जापान के साम्राज्य विकास पर स्वतः रोक लग जायेगी। अतः हमारा, भारत व चीन का यह कर्तव्य है कि हम एशिया के साम्राज्यवाद विरोधी आन्दोलन को समर्थन दें। जापान पर रोक लगाने से साम्राज्यवाद विरोधी आन्दोलन को विश्वभर में मज़बूती मिलेगी।

भारत के आन्दोलन के भविष्य के विषय में दो शब्द। विदेशों में यह विश्वास किया जा रहा है कि भारत में महात्मा गाँधी का प्रभाव कम हो गया है। यदि मैं वर्तमान स्थिति को सकारात्मक रूप में पेश करूँ तो मैं कहूँगा कि श्री गाँधी का प्रभाव कम नहीं हुआ है।

राष्ट्रीय पार्टी में उनकी नीतियों की आलोचना हो रही है, किन्तु इसका यह अभिप्राय नहीं है कि उनकी लोकप्रियता कम हो रही है। गाँधीजी के व्यक्तिगत जीवन का प्रभाव तो बढ़ा ही है। गाँधीजी की राजनीतिक भूलों पर राष्ट्रीय पार्टी ने उनकी आलोचना की है और इसका उल्लेख मैंने भी किया है। जनसमूह का विचार है कि राष्ट्रीय पार्टी को सामाजिक प्रश्नों पर अपना रवैया स्पष्ट करना चाहिए। हमारे आन्दोलन का उद्देश्य केवल राष्ट्रीय स्वतन्त्रता प्राप्त करना ही नहीं है

बल्कि सामाजिक रूप में आज़ाद होना भी है। पहले की अपेक्षा अब यह ज़्यादा महसूस किया जा रहा है कि हमारे देश के सामने ज़मींदारों, किसानों, पूँजीवाद और श्रमिकों की समस्याएँ भी हैं। सामान्य राय यही है कि जनता के प्रति भारतीय राष्ट्रीय कांग्रेस को अपना उत्तरदायित्व निभाना चाहिए। इस आलोचना का जो ठोस परिणाम फ़िलहाल हमारे सामने आया वह यह है कि राष्ट्रीय पार्टी के लोगों ने सामाजिक प्रश्नों पर विचार करना प्रारम्भ कर दिया है और अब हम समाजवाद की ओर उन्मुख हैं।

राष्ट्रीय पार्टी में दो अलग-अलग गुट हैं। यदि एक गुट सामाजिक आवश्यकताओं के प्रति विरोध का रुख अपनायेगा तो विभाजन होगा।

उन्होंने आशा व्यक्त की कि गाँधीजी भारत में सामाजिक पुनर्निर्माण को समर्थन देंगे। यदि भारत राष्ट्रीय और सामाजिक दृष्टि से अपना निर्माण स्वयं करता है तो वह पूरे विश्व के लिए महत्त्वपूर्ण बात सिद्ध होगी। उन्होंने यह भी कहा कि वे जानबूझकर भारतीय मुद्दों की विस्तृत चर्चा नहीं कर रहे, केवल मुख्य-मुख्य बातें बतायी हैं जिनका विश्व से सीधा सम्बन्ध है।

आयरलैंड की छाप*

30 मार्च, 1936

मैं प्रेज़ीडेंट डी. वलेरा का बहुत आभारी हूँ कि उन्होंने मुझे आयरिश स्वतन्त्र राज्य में आने की अनुमति देकर मेरी बहुप्रतीक्षित इच्छा को पूर्ण किया। साथ ही मैं उनका धन्यवाद करता हूँ कि उन्होंने डब्लिन में मेरा इतना ज़ोरदार स्वागत किया। स्वर्गीय श्री वी. जे. पटेल की यह हार्दिक इच्छा थी कि मैं स्वदेश लौटने से पूर्व डब्लिन यात्रा पर अवश्य जाऊँ और उन सम्बन्धों को पुनर्जीवित करूँ जो उन्होंने इंडियन-आयरिश लीग की स्थापना द्वारा शुरू किये थे। मुझे आशा है कि मेरी आयरलैंड की यात्रा से इस दिशा में कुछ महत्त्वपूर्ण प्रगति हुई है।

आयरलैंड की सामाजिक एवं राजनीतिक छवि को सही रूप में समझने के लिए मैंने अधिक-से-अधिक गुटों तथा महत्त्वपूर्ण व्यक्तियों से मुलाक़ात करने की कोशिश की। मुझे विश्वास है कि मैंने यहाँ ऐसा बहुत कुछ देखा और सीखा है जो भारत में हम लोगों के काम आयेगा।

---

*सुसाने में सोमवार 3 मार्च, 1936 को सुभाष चन्द्र बोस के बयान का विषय था 'आयरलैंड के बारे में क्या प्रभाव पड़े।'

संसद (डेल) में प्रेज़ीडेंट डी. वलेरा की फ़िना फेल पार्टी बहुत की पार्टी है जिसे श्री नार्टन की श्रमिक पार्टी का समर्थन भी प्राप्त है। श्री कांग्रेव की फ़ाइन गोल पार्टी विपक्षी पार्टी है। श्री कांग्रेव की पार्टी में कुछ बहुत बढ़िया और योग्य वक्ता हैं किन्तु कुल मिलाकर फिना फेल पार्टी ही अधिक लोकप्रिय है क्योंकि कांग्रेव की पार्टी को ब्रिटिश पक्ष की पार्टी समझा जाता है और बाक़ी सब पुरानी पार्टियाँ भी उनको ही समर्थन देती हैं। जनरल ओडफ़ी के धोखा देने के कारण श्री कांग्रेव की पार्टी कमज़ोर हुई है, जनरल ओडफी ब्लू शर्ट्स के संगठनकर्ता हैं जिन्होंने कट्टरवादी विचारधारा के आधार पर नेशनल कॉर्पोरेट पार्टी का गठन भी किया था। इस कारण देश में 'फ़िना फ़ेल' पार्टी की स्थिति मज़बूत हुई है।

आयरलैंड की राजनीति का दुर्भाग्य फ़िना फ़ेल और रिपब्लिकंस के मध्य विश्वास उठ जाना ही है। रिपब्लिकन लोगों का आरोप है की डी. वलेरा लोकतन्त्र का पक्ष नहीं ले रहे, जिसका कि उन्होंने वादा किया था बल्कि उनकी सरकार रिपब्लिकंस पर मुक़दमा चला रही है जिसमें से 25 लोगों को तो जेल भी भेजा जा चुका है। सरकार का मानना है कि रिपब्लिकंस धैर्यहीन और अकुशल हैं तथा वास्तविकता से अनभिज्ञ हैं। विशेष रूप से वे यह नहीं जानते कि देश में ब्रिटेन के पक्षधर लोग भी हैं, और वास्तव में आयरलैंड विभक्त देश है, जिसकी वजह से लोकतन्त्र राज्य की घोषणा करना असम्भव नहीं तो कठिन तो है ही। फिना फ़ेल पार्टी के सदस्यों ने इसे स्वीकार लिया है, किन्तु इसकी घोषणा कुछ मुद्दों और शर्तों पर निर्भर करती है। कुल मिलाकर सरकार से मुक्त रिपब्लिकन पार्टी अपने आप में एक वरदान है। यह तो निश्चित है कि फ़िना फ़ेल पार्टी कभी भी अपने मूल उद्देश्य लोकतन्त्र को भूलेगी नहीं, क्योंकि यदि वह ऐसा करेगी तो लोग अपना समर्थन वापस ले लेंगे। मैं चाहता हूँ कि रिपब्लिकंस और फ़िना फ़ेल पार्टी में मैत्रीपूर्ण सम्बन्ध स्थापित हों ठीक वैसे जैसे कि जब डी. वलेरा 1932 में सत्ता में आये थे, उन दिनों थे। किन्तु शीघ्र ही लोगों में विचार भिन्नता और एकमत न होने के कारण विश्वास टूटता गया।

श्री डी. वलेरा से लम्बे वार्तालाप के बाद मैं 'फ़िना फ़ेल' पार्टी के कई लोगों से भी मिला। वे सभी लोग बहुत सहानुभूतिपूर्ण, मानवीय और संवेदनशील हैं। वे अभी प्रतिष्ठित नहीं हुए हैं। ज़्यादातर तो अभी भागते फिर रहे हैं क्योंकि वे स्वतन्त्रता के लिए संघर्षरत हैं और उनके मिलते ही उन्हें गोली मार दिये

जाने की सम्भावना है। अभी वे कठोर अफ़सरशाही मन्त्री बने हैं, अतः सरकारी वातावरण उनके अनुकूल नहीं है। सम्पदा मन्त्री से मैंने बात की कि वे किस प्रकार जमींदारों से भूमि ख़रीदकर किसानों में विभक्त कर रहे हैं। कृषिमन्त्री से मैंने बात की कि वे अनाज के क्षेत्र में देश को आत्मनिर्भर बनाने के लिए क्या कार्य कर रहे हैं। यह जानकारी दिलचस्प थी कि अधिकांश क्षेत्रों में गेहूँ और गन्ना बोया जा रहा है और कृषि में उन्नति कर देश को पशुपालन पर ही निर्भर नहीं रहने दिया जा रहा। फलतः देश ब्रिटिश बाज़ार पर भी निर्भर होने को मजबूर नहीं है। मैंने उनसे भारत में जूट उत्पादन पर लगे प्रतिबन्ध की चर्चा की। उन्होंने मुझे बताया कि यदि उन्हें इसका कार्यभार सौंप दिया जाये तो वे इस समस्या को किस प्रकार हल कर देंगे। उद्योग मन्त्री से मैंने सरकार की उद्योग नीति पर चर्चा की। उन्होंने बताया कि वे देश को कृषि के क्षेत्र में ही नहीं बल्कि उद्योग के क्षेत्र में भी आत्मनिर्भर बनाना चाहते हैं। इससे उनके देश को आर्थिक कठिनाइयों का सामना करना पड़ा तो वे आर्थिक तंगी के शिकार नहीं होंगे। कुछ ही वर्षों में नये उद्योग लगाने के प्रति बहुत कार्य हुआ है जिससे यह आभास होता है कि सरकार औद्योगीकरण के लिए कार्य कर रही है और काफ़ी कार्य किया भी जा चुका है। औद्योगीकरण पुनर्स्थापना के क्षेत्र में उन्होंने राज्यस्तर पर कई उद्यम लगाये हैं। कुल मिलाकर मैंने यह महसूस किया कि 'फ़िना फ़ेल' पार्टी के मन्त्रियों ने जो कार्य किया है वह काफ़ी महत्त्वपूर्ण है और भारत के लिए भी प्रेरक सिद्ध हो सकता है, क्योंकि हमें भी राज्यतन्त्र के माध्यम से राष्ट्र निर्माण की समस्याओं से जूझना होगा।

आयरलैंड में सीखने को बहुत कुछ था किन्तु मेरे पास समय कम था। मुझे आश्चर्य हुआ कि हमारे देश के लोग इतनी अधिक संख्या में इग्लैंड जाते हैं किन्तु आयरलैंड बहुत कम लोग जाना पसन्द करते हैं जो कि बहुत निकट है और इंग्लैंड से बिल्कुल अलग प्रकार का स्थान है।

मुझे जानकर आश्चर्य हुआ कि आयरलैंड की सभी पार्टियों को भारत के प्रति सहानुभूति थी तथा वे उसके स्वतन्त्रता आन्दोलन के समर्थक थे यद्यपि उन पार्टियों में आपस में वैचारिक मजभेद थे। जिन दिनों मैं वहाँ था मैंने भारत की ओर से काफ़ी प्रकार कार्य भी किया, इस बात का मुझे सन्तोष है। कई समारोहों और जनसभाओं में मुझसे अनुरोध किया गया कि मैं भारत की स्थिति पर कुछ प्रकाश डालूँ तथा स्वतन्त्रता आन्दोलन की चर्चा करूँ। अपनी सीमाओं से बाहर उनकी दो देशों में रुचि हैं—वे हैं भारत और मिस्र।

आज़ादी और नया संविधान

'मैनचेस्टर गार्जियन' के सम्पादक को 2 अप्रैल, 1936 को लिखा पत्र

महोदय,

मुझे ब्रिटिश वाणिज्य दूतावास से विएना में एक पत्र प्राप्त हुआ है जो इस प्रकार है–

12 मार्च, 1936

महोदय,

मुझे आज ही विदेश मन्त्रालय के राज्य सचिव के निर्देश प्राप्त हुए हैं कि मैं आपको चेतावनी दे दूँ कि भारत सरकार ने प्रेस को दिये बयान में पढ़ा है कि आप इस माह भारत लौटना चाहते हैं, अतः भारत सरकार आपको सूचित करना चाहती है कि यदि आप ऐसा करेंगे तो स्वतन्त्र नहीं रह पायेंगे।

मैं राज्य सचिव
जे. डब्ल्यू. टेलर
हिज़ मैजेस्टीज़ कौंसिल

2 जनवरी, 1932 को मुझे भारत में गिरफ़्तार किया गया था तथा बिना कोई मुक़दमा चालये मुझे 22 फ़रवरी, 1933 तक जेल में रखा गया। मेरे बार-बार आग्रह करने पर भी कि मेरे विरुद्ध क्या आरोप हैं या भारत सरकार मुझसे क्यों नाराज़ है, यह मुझे नहीं बताया गया। जब मैं गम्भीर रूप से बीमार हो गया और सरकार द्वारा नियुक्त चिकित्सा अधिकारियों के दल ने यह कहा कि या तो मुझे मुक्त कर दिया जाये या फिर मुझे उपचार हेतु यूरोप भेज दिया जाये, तब कहीं जाकर सरकार ने मुझे यूरोप रवाना होने की अनुमति दी और मेरी गिरफ़्तारी के आदेश रद्द किये। लगभग पिछले तीन वर्ष से मैं यूरोप में हूँ। इस बीच केवल दिसम्बर, 1934 में मुझे एक बार भारत जाने की अनुमति दी गयी, तब भी मैं अपनी मृत्यु शैया पर पड़े पिता को देखने गया था और केवल छह माह ही वहाँ रुक पाया था। इस अल्पावधि में भी मुझे भारत में मेरे घर में क़ैदी बनाकर रखा गया था।

अब मैं घर जाना चाहता हूँ तो मुझे यह सरकारी धमकी दी गयी है। मेरी पिछली गिरफ़्तारी भी क़ानूनी तौर पर और मानवीय तौर पर बहुत दुखद थी। किन्तु मेरे भारत लौटने पर प्रस्तावित इस गिरफ़्तारी ने तो सभी रिकॉर्ड तोड़ दिये हैं।

क्या मैं पूछ सकता हूँ कि भारत में ब्रिटेन का यही क़ानून लागू है और क्या नये संविधान के लागू होने पर यह मिलने वाली आज़ादी का पूर्व नमूना है।

आपका
सुभाष चन्द्र बोस
(अध्यक्ष, बंगाल कांग्रेस समिति)

कुरहास हॉकलैंड
बैगस्टीन आस्ट्रिया
17 मार्च

पंजाब*

यदि कांग्रेस अपने झण्डे के नीचे लोगों को एकत्र नहीं कर पायेगी तो मुस्लिम लीग जैसे साम्प्रदायिक संगठन इस राज्य में सामने आयेंगे। पाँच वर्षों की अवधि में कांग्रेस पंजाब विधान सभा में अपना बहुमत बना सकती है, किन्तु क्या वह ऐसा करेगी?

सदाशयता की आवश्यकता

यहाँ का निरीक्षण करने पर मुझे यह महसूस हुआ है कि इस प्रान्त के उच्च पदाधिकारी कांग्रेसियों में सदाशयता और उदार हृदय की आवश्यकता है। कांग्रेस पार्टी को एकजुट करने के लिए पंजाब में ऐसे नेताओं की आवश्यकता है जिनके पास दूरदृष्टि हो, बड़ा हृदय हो ताकि वे गुटवाद के ऊपर उठकर कार्य करें और लोगों के प्रति उत्तरदायित्व महसूस करें। यदि इस अवसर पर कांग्रेस के नेता स्वयं को सही सिद्ध कर सकें तो शीघ्र ही पंजाब में कांग्रेस की स्थिति बहुत अच्छी हो सकती है।

कांग्रेस की नज़र से

ब्रिटेन के अधीन भारत के 11 प्रान्तों में से 7 विधान सभाओं में कांग्रेस का बहुमत है वे प्रान्त हैं–संयुक्त प्रान्त बिहार, उड़ीसा, केन्द्रीय प्रान्त, मद्रास प्रेसीडेंसी, बम्बई प्रेसीडेंसी तथा सीमावर्ती प्रान्त। इन प्रान्तों की सरकार की लगाम भी कांग्रेस पार्टी के हाथ में है। असम में सरकार की स्थिति कोई बहुत अच्छी नहीं क्योंकि बार-बार उसे विधानसभा में हराया जा रहा है किन्तु अभी वह पद त्यागने को तैयार नहीं है। बंगाल विधानसभा की दशा भी कोई बहुत अच्छी नहीं है।

*पंजाब छोड़ने से पूर्व 6 अक्टूबर, 1936 को प्रेस को दिया बयान।

जनता का ध्यान अभी तक केवल उन्हीं छह प्रान्तों की ओर है जहाँ कांग्रेस का स्पष्ट बहुमत है। किन्तु मेरा विचार है कि अल्पमत वाले प्रान्तों की ओर कांग्रेस हाईकमान का ध्यान अधिक जाना चाहिए।

आइए हम निरीक्षण करें कि इन प्रान्तों में कांग्रेस असफल क्यों रही है?

सीमाप्रान्त की स्थिति आसानी से समझ में आने वाली है। वहाँ के नेता ख़ान अब्दुल गफ़्फ़ार ख़ान तथा उनके भाई डॉ. ख़ान साहब के देशनिकाले के बाद से वहाँ चले दमन चक्र के कारण कांग्रेस भी हतोत्साहित हुई है। वरना कांग्रेस पार्टी निश्चय ही बहुमत प्राप्त पार्टी सिद्ध होती। ख़ान अब्दुल गफ़्फ़ार ख़ान के वापस लौटने से इस प्रान्त की स्थिति में हाल ही में कुछ परिवर्तन आया है। अल्पमत कांग्रेस पार्टी ने कुछ अन्य पार्टियों से गठजोड़ कर स्वयं को बहुमत में ला खड़ा किया है। वह सरकार बनाने की स्थिति में है जिसके मुख्यमन्त्री डॉ. ख़ान साहब होंगे। जल्दी ही कांग्रेस पार्टी अपने बलबूते पर सीमावर्ती प्रान्त में बहुमत हासिल करने में सफल हो जायेगी, क्योंकि सीमाप्रन्त के मुसलमान अन्य कहीं के भी मुसलमानों की अपेक्षा पक्के कांग्रेसी हैं।

कांग्रेस की दृष्टि से सिन्ध की स्थिति बहुत आशाजनक नहीं है। यहाँ की आबादी का 74 प्रतिशत मुसलमान हैं। अतः यह स्पष्ट है कि जब तक अन्य प्रान्तों के मुसलमानों की भाँति वे लोग कांग्रेस में शामिल नहीं होते तब तक सिन्ध से कांग्रेस के बहुमत की आशा बहुत कम है। किन्तु क्या ऐसा कभी सम्भव न होगा? क्यों नहीं? दो मुस्लिम गुटों के विधानसभा के दो वर्तमान नेता अभिजात वर्ग के हैं। वे नेता कभी भी जनता के प्रतिनिधि नहीं हो सकते। यदि सिन्ध में कांग्रेस पार्टी अपनी पूँजीवादी छवि से निकलकर स्वयं को किसानों की प्रतिनिधि पार्टी सिद्ध कर सके तो इस प्रान्त में वह चुनाव जीत सकती है। यदि ऐसा नहीं किया गया तो किसानों की ग़ैर-कांग्रेसी पार्टी उभरेगी, जैसा कि बंगाल में हो चुका है, और परिणामस्वरूप कांग्रेस को ज़बरदस्त धक्का लगेगा।

पंजाब की आबादी का 56 प्रतिशत मुसलमान हैं। किन्तु विधान सभा की 174 सीटों में से 86 सीटें उनकी हैं और सिख व हिन्दू मिलकर 75 हैं। यदि कांग्रेस पार्टी एक मज़बूत पार्टी होती तो उसे बहुमत मिलता, शायद कुछ मुसलमान भी उनकी पार्टी में शामिल होते। किन्तु दोहरी कठिनाई है। मुस्लिम सदस्यों का मिनिस्टीरियल पार्टी को समर्थन प्राप्त है। कांग्रेस पार्टी आन्तरिक कलह के कारण कमज़ोर है, जबकि सिख दूसरी दिशा की तरफ़ बढ़ रहे हैं। यदि कांग्रेस पार्टी क्षुद्र-झगड़ों को भूलकर आर्थिक कार्यक्रम की ओर अग्रसर हो, जिससे आम जनता भी प्रभावित होगी, अपने धार्मिक उन्मादों को भूलकर, तो आज भी कांग्रेस

पार्टी इस प्रान्त में मुख्य राजनीतिक पार्टी के रूप में उभरकर सामने आ सकती है। क्या यह सम्भव है? कहना कठिन है। कठिन कार्य है, और यह इस बात पर निर्भर है कि इस क्षेत्र को नेतृत्व कैसा प्राप्त होता है।

असम बंगाल का निकटवर्ती प्रान्त होने की वजह से नुक़सान उठा रहा है। 108 सदस्यों की असेम्बली में से (हिन्दुओं) सामान्य सीटें केवल 55 रह गयी हैं। जबकि तथाकथित पिछड़ी जातियों और जनजातियों को 9 सींटें तथा विधिसम्मत अधिकारियों को 11 सीटें ताकि यूरोपीय कृषकों को लाभ पहुँच सके। असम और बंगाल के क्षेत्र में साम्प्रदायिक प्रोत्साहन का अर्थ यही है कि इन दो प्रान्तों में कांग्रेस को बहुमत न मिल सके। (सर सैम्युअल होरे का 27 मार्च, 1933 को हाउस ऑफ़ कॉमन्स का भाषण) फिर भी, कम-से-कम असम में तो कांग्रेस पार्टी बहुमत प्राप्त कर सकती है, स्थितियों के आकस्मिक गठजोड़ के आधार पर असम कांग्रेस के नेता श्री टी. आर. फूकन के दल बदलने की वजह से पार्टी को बहुत क्षति पहुँची तथा श्री एन. सी. बारदोलाई की असामयिक मृत्यु के कारण इसकी स्थिति और भी ख़राब हुई। चुनावों के दौरान कांग्रेस हाईकमान ने असम पर बिल्कुल ध्यान नहीं दिया जबकि उत्तर प्रदेश जैसे प्रान्तों पर अत्यधिक ध्यान दिया। असम की स्थिति बहुत निराशाजनक है, यदि कांग्रेस के उच्चाधिकारी इस प्रान्त पर कुछ ध्यान दें तो कुछ आशा की जा सकती है। वर्तमान सरकार की स्थिति में कांग्रेस किसी प्रमुख पार्टी से गठजोड़ कर मिली-जुली सरकार बना सकती है। किन्तु खेद का विषय है कि वर्तमान विधानसभा के काल में कांग्रेस पार्टी अल्पमत पार्टी बनकर ही रहेगी।

और बंगाल? वहाँ की दशा भी निराशाजनक है। 44 प्रतिशत जनसंख्या हिन्दुओं की होने के बावजूद 250 सीटों में से कुल 80 सीटें हिन्दुओं को प्राप्त हैं। (30 सीटें अनुसूचित जाति के लिए आरक्षित हैं) जबकि 119 सीटें मुसलमानों का प्राप्त हैं। विधिसम्मत अधिकार प्राप्त अर्थात यूरोपीय एवं एंग्लो-इंडियंस को 39 सीटें प्राप्त हैं। वर्तमान संविधान बल्कि वर्तमान साम्प्रदायिक व्यवस्था के अन्तर्गत कांग्रेस पार्टी का भविष्य बंगाल में अन्धकारपूर्ण ही है।

पर क्या हमें निराशा की इस घड़ी में हाथ-पर-हाथ रखकर बैठ जाना चाहिए। यह तो राजनीतिज्ञों या देशभक्तों का काम नहीं। हमें कांग्रेस में आमूल परिवर्तन लाना होगा और इसके द्वारा जनसमूह के मुद्दों को उठाना होगा ताकि इसे वास्तव में जनता की प्रतिनिधि पार्टी के रूप में सामने लाया जा सके। इसी प्रकार हम साम्प्रदायिक विभाजन को समाप्त कर पायेंगे और शिमला तथा व्हाइटहाल के संविधान निर्माताओं के उद्देश्यों को असफल कर पायेंगे। बंगाल कांग्रेस को बंगाली

किसानों की पार्टी बनाने में ही कांग्रेस का भविष्य सुरक्षित है। ऐसा करने पर ही कांग्रेस इस प्रान्त की बहुमत प्राप्त पार्टी के रूप में उभरकर सामने आयेगी।

यह कार्य पाँच वर्ष पहले हो जाना चाहिए था। फिर भी अभी ज़्यादा देर नहीं हुई।

भारत विदेश में

मेरे विचार में स्वर्गीय देशबन्धु सी. आर. दास ही थे जिन्होंने पहले-पहल मुझे यह दृष्टि दी कि भारत के विषय में अन्य देशों तक जानकारी पहुँचाई जानी चाहिए। यह उस समय की बात है जब स्वर्गीय देशबन्धु तथा स्वर्गीय पण्डित मोतीलाल नेहरू द्वारा फ़रवरी 1923 में इलाहाबाद में स्थापित स्वराज पार्टी के कार्यों की योजना की रूपरेखा बनाई जा रही थी। अप्रैल 1922 में जब हम सभी लोग जेल में थे तभी से नयी कार्ययोजना बननी शुरू हो चुकी थी। देशबन्धु की योजना में दो काम थे जिनमें उनकी व्यक्तिगत रुचि थी किन्तु उस समय उन्हें अधिक प्रोत्साहन न मिल पाया क्योंकि लोगों का विशेष ध्यान उस समय विधानमण्डल पर तथा लोक विभागों पर अधिकार प्राप्त करने की ओर था। वे दो विषय थे–विदेशों में भारतीय प्रचार तथा पैन एशियाटिक लीग का संगठन।

कुछ वर्ष पूर्व मुझे भी भारत के सम्बन्ध में विदेशों में प्रचार करने के प्रश्न ने आन्दोलित किया था। 1928 में जब मैं कलकत्ता में था तब एक अमेरिकी पत्रकार ने (मैं उसका नाम भूल रहा हूँ) मेरा साक्षात्कार लिया था। बातचीत के दौरान उसने कई तरह से इस बात का उल्लेख किया था कि चीन ने पूरे विश्व की कल्पना शक्ति को झिंझोड़कर रख दिया है। उनका विचार था कि भारत को भी विश्व के सम्मुख अपनी स्थिति रखनी चाहिए। यह कार्य कैसे किया जाये, विधि निर्धारण का कार्य भारतवासियों का है, किन्तु भारत को इस बात की बहुत आवश्यकता है। दो और बातों से मेरा विचार दृढ़ होता गया कि भारत की उन्नति के लिए विदेश में भारतीय प्रचार अति आवश्यक है। वे बातें थीं–

1. पिछले दो वर्षों में यूरोप में हुए अनुभव और
2. इतिहास का मेरा अध्ययन।

पिछले दो वर्षों में मैं यूरोप के बहुत से देशों में गया। प्रत्येक स्थान पर भारत के विषय में भ्रान्तियाँ हैं, किन्तु उसी के साथ लोगों की भारत में रुचि भी है और इसके प्रति सहानुभूति भी है। इस सहानुभूति को और बढ़ाया जा सकता है, यदि हमारी ओर से आवश्यक क़दम उठाये जायें। पर चूँकि हमें इस विषय

में कोई दिलचस्पी नहीं इसलिए मिशनरी या अन्य सभ्य एजेंसियाँ निष्क्रिय नहीं हैं। कई दशकों से वे भारत-भूमि की छवि इस रूप में प्रचारित कर रहे हैं कि यह वह भूमि है जहाँ विधवाओं को जला दिया जाता है। 5 अथवा 6 वर्ष की कन्या का विवाह कर दिया जाता है, लोगों को पहनने-ओढ़ने की कला नहीं आती। मुझे अच्छी तरह याद है कि 1920 में जब मैं इंग्लैंड में था तब मैं एक हॉल के सामने से गुज़र रहा था, जहाँ भाषण का चित्र रूप में विज्ञापन किया गया था जिसमें एक मिशनरी को भारत के सम्बन्ध में भाषण देना था। उस विज्ञापन में दो काले रंग के आधे नंगे स्त्री व पुरुष के चित्र थे जो बेहद भद्दे लग रहे थे। निस्सन्देह भाषणकर्ता भारत में सभ्यता कार्य के लिए कुछ धन एकत्र करना चाह रहा था इसलिए बिना किसी पश्चात्ताप भावना के भारत को इस रूप में पेश कर रहा था। सन् 1933 के अन्त में एक जर्मन पत्रकार, जिसका दावा था कि वह हाल ही में भारत भ्रमण करके आयी है, ने म्यूनिख पत्र में लिखा कि उन्होंने भारत में विधवाओं को ज़िन्दा जलाया जाते देखा है और बम्बई में मृत देहों को लावारिस पड़ा देखा है। हाल ही में विएना के पत्र में (विनर बिल्डर, 30 जून) एक चित्र छपा जिसमें एक मृत देह थी, जिस पर कीड़े चढ़े हुए थे। उसमें चित्र के नीचे लिखा था यह एक साधु का शव है। कई दिनों से इसलिए नहीं हटाया गया क्योंकि ऐसी मान्यता है कि साधु की मृतदेह को सामान्य नागरिक उठा नहीं सकता। जो बात मुझे बुरी लगी वह यह थी कि प्रचारकों ने चुन-चुनकर ऐसे चित्र छाँटे थे जिससे वे भारत को बुरे-से-बुरे रूप में पेश कर सकें। ऐसा ही फ़िल्मों में भी किया जा रहा था। इस प्रकार के भारत विरोधी प्रचार की फ़िल्मों 'इंडिया स्पीक्स' तथा 'बंगला' पर भारत में पहले ही पर्याप्त चर्चा हो चुकी है अतः अब मेरा उस पर चर्चा करना व्यर्थ है। किन्तु मुझे शक है कि फ़िल्म 'एवरीबॉडी लव्ज़ म्यूज़िक' में जो शरारत की गयी है उसकी पर्याप्त चर्चा नहीं हो पायी है जिसमें महात्मा गाँधी को अपनी वेशभूषा में यूरोपीय लड़की के साथ नृत्य करते दर्शाया गया है।

यदि इसी प्रकार का प्रचार अन्य देशों में भी किया जाता रहा था तो उसमें आश्चर्य नहीं कि भारतीयों को 'कालों' की संज्ञा दी जाये जैसा कि इंग्लैंड में हो चुका है या 'नीगर' (नीग्रो-जैसा कि मैंने जर्मनी में अनुभव भी किया है)। इन परिस्थितियों में हमारी प्रतिक्रिया क्या होनी चाहिए। पहला और सबसे आसान तरीक़ा तो यह होगा कि हम अपनी आँखें मूँद लें। दूसरा एवं कठिन मार्ग यह होगा कि हम भी अपना प्रचार शुरू करें। 1933 में मैंने एक तुर्की राजदूत से विदेश प्रचार के सम्बन्ध में बात की थी। मैंने उनसे शिकायत की थी कि विदेशियों के

लिए आधुनिक तुर्की पर कोई साहित्य उपलब्ध नहीं है, जो स्वयं तुर्कीवासियों ने लिखा हो। आत्मरक्षा की दृष्टि से उन्होंने कहा था कि तुर्कीवासी प्रचार में विश्वास नहीं रखते (यह पूर्ण सत्य नहीं क्योंकि तुर्कीवासियों ने भी प्रचार प्रारम्भ कर दिया है)। मुझे नहीं लगता कि इस प्रचार के युग में कोई भी देश अपनी प्रचार क्षमता की कमी को इस प्रकार से तर्कसंगत ठहरायेगा। अब तो यूरोप में प्रचार को सरकार की सामान्य व विधिसंगत क्रिया माना जाता है। यूरोपीय देशों में इंग्लैंड और रूस तो पुराने प्रचारक रहे हैं, इसके बाद इटली, जर्मनी का स्थान है। एशियाई देशों में चीन विदेश प्रचार में सबसे आगे है। आधुनिक विश्व को प्राचीन विश्व के प्रचारक के प्रति कोई विशेष रुचि नहीं है। किन्तु मेरा विचार है कि लीग ऑफ़ नेशंस इस अटलांटिक ओशन पर पुल बनाने का कार्य कर रहा है। 1934 में जब मैं जेनेवा में था तब कई दक्षिण अमेरिकावासियों के सम्पर्क में आया जो महसूस करते थे कि दक्षिण अमेरिका के राज्य भी यूरोप के प्रचार में शामिल होने को उत्सुक हैं।

मैं शुरू में ही कह चुका हूँ कि दो मुख्य बातों ने मेरे इस निश्चय को और भी दृढ़ किया कि विदेशों में भारत का प्रचार आवश्यक है तभी हमारी राष्ट्रीय प्रगति सम्भव है—

1. मेरे यूरोप में हुए अनुभव।
2. इतिहास का मेरा अध्ययन।

दूसरे के विषय में मैं कह सकता हूँ कि हाल ही में स्वतन्त्रता प्राप्त करने वाले देशों का इतिहास इस तथ्य की पुष्टि करता है कि प्रचार का कितना महत्त्व है। मुझे आशा है कि पाठकों को 1920-21 में सिनफिन पार्टी द्वारा संयुक्त राज्य अमेरिका में किये गये गहन प्रचार का ज्ञान होगा। पार्टी ने अपने सबसे सक्षम व्यक्ति और कोई नहीं अध्यक्ष श्री डी. वलेरा को प्रचार के लिए भेजा। अन्य उपमहाद्वीपों में भी इस पार्टी ने प्रचार केन्द्र स्थापित किये। विदेश प्रचार का सबसे महत्त्वपूर्ण और दिलचस्प उदाहरण चेकोस्लोवाकिया नेताओं का है। बीस वर्ष तक डॉ. मैसेरिक, डॉ. बेनेल तथा अन्य लोगों ने धीरे-धीरे प्रचार कार्य जारी रखा तथा इस प्रचार कार्य को इंग्लैंड, फ्रांस तथा संयुक्त राज्य तक में जारी रखा। दो दशकों बाद परिणाम सामने आये और अब सभी इस बात से सहमत होंगे कि इंग्लैंड, फ्रांस और अमेरिका के सहयोग व समर्थन के बिना चेकोस्लोवाकिया एक स्वतन्त्र राष्ट्र के रूप में स्वीकृति नहीं पा सकता था।

केवल गुलाम राष्ट्र ही योजनाबद्ध प्रचार को नहीं अपनाते। अब तो आज़ाद राष्ट्रों ने भी प्रचार नीति को अपना लिया है। यूरोप में हंगरी और एशिया में

चीन ऐसे देश हैं जिन्होंने अपनी शिकायतें प्रचार के माध्यम से ही विश्व के सम्मुख पेश की हैं। हंगरी अपनी वर्तमान सीमाओं में शान्तिपूर्ण ढंग से संशोधन कराने का इच्छुक है, ट्रायनन समझौते में व्याख्यायित की गयी सीमाओं को वह अनुचित और अन्यायपूर्ण मानता है। इसलिए वह अन्तरराष्ट्रीय सहानुभूति प्राप्त करने के लिए बहुत धन व्यय कर रहा है। चीन ने हाल ही में एक योजना बनाई है जिसमें उसके प्रचार का मुख्यालय जेनेवा होगा। वहाँ उन्होंने एक भवन लेकर उसमें चीनी पुस्तकालय स्थापित किया है ताकि चीन के विषय में जानने के इच्छुक व्यक्ति वहाँ पुस्तकें पढ़ सकें। चीनी संस्कृति के प्रचार हेतु वे फ्रेंच और इंग्लिश भाषा में साहित्य का प्रकाशन भी कर रहे हैं। जेनेवा में ही एक अन्य भवन में उन्होंने पत्र-पत्रिकाओं की प्रदर्शनियाँ भी आयोजित की हैं। 1934 में उन्होंने युवा चित्रकारों की प्रदर्शनी आयोजित की जो अत्यधिक सफल सिद्ध हुई। जेनेवा की प्रदर्शनी के बाद उन चित्रों को अन्य देशों की राजधानियों में भेजा गया जहाँ पर वैसी ही प्रदर्शनी आयोजित की गयी। अप्रैल 1935 में जब मैं पुनः जेनेवा गया तो वे बच्चों के चित्रों की प्रदर्शनी आयोजित कर रहे थे और मुझे बताया गया कि वे अन्य यूरोपीय देशों की राजधानियों में भी बारी-बारी से ऐसी चित्र प्रदर्शनियाँ आयोजित करेंगे। इस प्रदर्शनी को देखने वाला प्रत्येक व्यक्ति यही प्रभाव लिए लौटेगा कि चीनी लोग सुसंस्कृत और कलात्मक रुचि से सम्पन्न है। नवम्बर, 1935 में लन्दन के बर्लिंगटन हाउस में एक प्रदर्शनी आयोजित की गयी जिसमें जहाज़ भरकर चीनी कलाकृतियाँ लन्दन लायी गयीं। इस सम्बन्ध में मैं यह कहना चाहूँगा कि निरन्तर एवं धीमी गति के प्रचार की सहायता से भी चीन ने सारे सभ्य विश्व की हमदर्दी प्राप्त कर ली है। इसका प्रमाण हमें मनचुकुओ पर हुए सिनो-जापानी विवाद से भी मिलता है जिसमें चीन को लीग ऑफ़ नेशंस का समर्थन प्राप्त था, हालाँकि इसके लिए जापान ने अत्यधिक प्रयास किये थे। चीन इस दुर्लभ कठोर परिश्रम से प्राप्त समर्थन का लाभ केवल अपनी सैन्य दुर्बलता के कारण नहीं उठा पाया। फिर भी चीन के लोगों ने प्रचार के प्रभाव को स्वीकारा है तभी तो उन्होंने एक गहन योजना प्रारम्भ की है। यद्यपि इस योजना को नानकिंग सरकार अपना समर्थन नहीं दे रही किन्तु लोगों से व्यक्तिगत तौर पर अत्यधिक राशि प्राप्त हो रही है।

स्वतन्त्र देश भी जिन्हें किसी प्रकार की राष्ट्रीय शिकायत नहीं है वे भी प्रचार पर बहुत-सा धन व्यय कर रहे हैं। उनका उद्देश्य दोहरा है, सांस्कृतिक एवं व्यापारिक। एक ओर वे चाहते हैं कि उनकी संस्कृति अन्य देशों तक पहुँचे तो वहीं दूसरी ओर वे चाहते हैं कि अन्य देशों से उनके व्यापारिक सम्बन्ध स्थापित हों।

अंग्रेज़ों द्वारा किया जा रहा प्रचार किसी भी अन्य देश के द्वारा किये जा रहे प्रचार की अपेक्षा अधिक प्रभावशाली है क्योंकि वह अधिक प्राकृतिक एवं वैज्ञानिक है। ब्रिटिश प्रचार विधि निम्न प्रकार है—

1. समाचार एजेंसियाँ जैसे...वे ग्रेट ब्रिटेन के पक्ष में ख़बरों को फेरबदल कर उसका प्रचार कर रही हैं।

2. पूरे विश्व में कहीं भी होने वाली अन्तरराष्ट्रीय कांग्रेस में वे उपस्थित रहते हैं।

3. प्रत्येक देश में, उस देश के साथ मैत्री सम्बन्ध स्थापित करने को विशेष संगठन रहते हैं। उदाहरण के लिए, विएना में एंग्लो-आस्ट्रिया फ्रेंड्स सोसायटी है। इसी प्रकार का संगठन यूरोप व अमेरिका के प्रत्येक देश में हैं जो ग्रेट ब्रिटेन से पत्राचार सम्बन्ध स्थापित किये रखते हैं।

4. विभिन्न क्षेत्रों के ब्रिटिश प्रतिनिधि प्रतिवर्ष विदेश में जाकर ब्रिटिश संस्कृति पर भाषण देते हैं। इस कार्य में ब्रिटिश कलाकारों की भूमिका महत्त्वपूर्ण है।

5. विदेशी एवं विदेशी विद्यार्थियों को ग्रेट ब्रिटेन आने का निमन्त्रण दिया जाता है। कुछ मामलों में तो विद्यार्थियों को वज़ीफ़ा भी दिया जाता है।

6. क्वेकर्स, द ऑल पीपल्स एसोसिएशन जैसे कई अन्तरराष्ट्रीय संगठन हैं जिनका मुख्यालय लन्दन में है तथा यूरोपभर में शाखाएँ फैली हुई हैं। इनके माध्यम से ग्रेट ब्रिटेन के पक्ष में पर्याप्त प्रचार किया जाता है। इन संस्थाओं के पुस्तकालयों में काफ़ी मात्रा में अंग्रेज़ी की पुस्तकें उपलब्ध कराई गयी हैं।

7. यूरोप के प्रत्येक मुख्य शहर में अंग्रेज़ी-स्पीकिंग क्लब स्थापित किये गये हैं। ये क्लब प्रचार का ही कार्य करते हैं।

8. ग्रेट ब्रिटेन के सम्बन्ध में पुस्तकें आदि प्रत्येक भाषा में प्रकाशित की जाती हैं।

यह प्रचार तो अधिकतर ग़ैर-सरकारी संस्थाओं द्वारा किया जा रहा है। इसके अतिरिक्त राजदूतावास और वाणिज्य दूतावासों द्वारा सरकारी प्रचार अलग हो रहा है। ब्रिटिश प्रचार ज़बर्दस्ती थोपा गया प्रचार नहीं है। अतः जिन लोगों के लिए किया जा रहा है वे यह जान भी नहीं पाते हैं कि किसी प्रकार का प्रचार हो रहा है। जहाँ यह प्रचार स्पष्ट है जैसे मिस मेयो की 'मदर इंडिया' अथवा 'बंगला' फ़िल्म आदि हैं, वहाँ यह प्रचार-कार्य तीसरे गुट के माध्यम से कराया जाता है, ताकि कोई यह कह ही न सके कि इन कार्यों के पीछे अंग्रेज़ों का हाथ है। इसकी तुलना में जर्मन प्रचार अधिक तीखा और स्पष्ट है इसलिए कभी-कभी वह अपने उद्देश्य में सफल नहीं हो पाता।

पिछले दो वर्षों में मैंने यह अनुभव किया है कि ब्रिटिश लोग उस प्रचार के प्रति भी बहुत जागरूक हैं जो उनकी आवश्यकताओं पर पूरा नहीं उतरता। लोगों को शायद लगता होगा कि ब्रिटेन जैसा बड़ा देश इस बात की परवाह नहीं करता कि लोग उसके विषय में क्या कहते या सोचते हैं। किन्तु वास्तविकता बिल्कुल विपरीत है। मुझे याद है कि जून, 1934 में बेलग्रेड में ब्रिटेन के राजदूत ने युगोस्लाविया के विदेश कार्यालय को कहा था कि वे अपने यहाँ के समाचार-पत्रों को मेरे साथ हुए साक्षात्कार छापने से मना करें। मुझे आज भी याद है कि जेनेवा में सितम्बर, 1933 में दिये गये एक भाषण पर सर वाल्टर स्माइल्स सांसद कितना नाराज़ हुए थे। (सर वाल्टर स्माइल्स का आग्रह था कि ऐसे भाषण के कारण जब मैं भारत लौटूँ तो मुझे जेल में डाल दिया जाये। जब मैंने उन्हें कहा कि वे मेरी कोई ग़लत बात जो मैंने भाषण में कही, वह बतायें तो उन्होंने कोई उत्तर नहीं दिया।) विदेशी विचारधारा के प्रति अत्यधिक जागरूक होने के कारण ही ग्रेट ब्रिटेन ने विदेशों में अपने प्रचार कार्य को सुदृढ़ करना शुरू किया है। हाल ही में उसने प्रिंस ऑफ़ वेल्स के संरक्षण में एक संस्था बनायी है जिसे 'ब्रिटिश काउंसिल ऑफ़ रिलेशंस विद फ़ारेन कंट्रीज़' का नाम दिया गया है, ताकि विदेशों में प्रचार कार्य जारी रह सके। 2 जुलाई, 1935 को अपने अभिभाषण में हिज़ रॉयल हाइनेस, अध्यक्ष, लॉर्ड टाइरेल ने कहा कि इस संस्था का संगठन विदेश मन्त्रालय के कहने पर पाँच सरकारी विभागों के तत्त्वावधान में किया गया है जिसमें सरकारी ख़ज़ाने से 6,000 पाउंड की सहायता प्राप्त हुई है। लन्दन के 'डेली टेलीग्राफ़' ने इसे अपना पूर्ण समर्थन देते हुए इस कार्य के पक्ष में 3 जुलाई के अपने अंक में लिखा—

"अब फ्रांस और इटली अपने राष्ट्रीय प्रचार एवं प्रतिष्ठा के लिए प्रतिवर्ष दस लाख पाउंड व्यय करते हैं। जापान ने आने वाले वर्ष के लिए इस कार्य हेतु एक सौ हज़ार पाउंड का लक्ष्य रखा है तथा जर्मनी भी अपने प्रचार कार्य को ठीक से आगे बढ़ाने में प्रयत्नशील है। यदि हमें भी अपना अस्तित्व दुनिया के सम्मुख पेश करना है तो हमें भी लगभग 6,000 पाउंड, ज़रूरी नहीं कि वह सरकारी धन हो, व्यय करना होगा।"

भारत के विषय में प्रश्न उठता है कि हमें क्या करना चाहिए? बहुत खेद के साथ मुझे यह कहना पड़ रहा है कि हमारी पुरानी पीढ़ी की रुचि इस प्रकार के प्रचार कार्य में बिल्कुल भी नहीं है। भूलाभाई देसाई और 'इंडियन सोशल रिफार्मर' के सम्पादक के विचार इसके विशिष्ट उदाहरण हैं। कांग्रेस अध्यक्ष राजेन्द्र प्रसाद के विचार फिर भी प्रगतिशील विचार हैं। वे इस प्रचार कार्य के

महत्त्व को स्वीकारते हैं किन्तु उनका कहना है कि सरकार के पास इस कार्य को करने के लिए पर्याप्त संसाधन नहीं हैं। इन बातों से यही आभास होता है कि पुरानी पीढ़ी इस कार्य को केवल ऐश्वर्य का साधन मानती है और इसकी आवश्यकता को नहीं स्वीकारती। यदि वे इस कार्य को आवश्यक मान लें तो इसके लिए धन भी एकत्र हो जायेगा।

भारतीय नेताओं में से केवल स्वर्गीय विट्ठलभाई पटेल ही एकमात्र ऐसे नेता थे जो विदेश प्रचार की प्रासंगिकता को समझते थे और उनके पास इस कार्य को अंजाम देने की स्पष्ट योजना भी थी। यह बताना व्यर्थ है कि इस प्रचार कार्य के लिए ही उन्होंने अपने जीवन का बलिदान तक दे डाला। अपने अमेरिकी मित्रों की बदौलत वे विदेश से यह निश्चय करके लौटे थे कि संयुक्त राज्य में भारतीय राष्ट्रीय कांग्रेस का प्रतिनिधि अवश्य होना चाहिए। उन्होंने इस विचार से महात्मा गाँधी को भी अवगत कराया। स्वर्गीय विट्ठलभाई पटेल का चिचार था कि इस प्रचार कार्य के लिए हमारा मुख्यालय जेनेवा में हो और सारे यूरोप व अमेरिका में उसकी शाखाएँ स्थापित की जायें। अपने जीवनकाल में ऐसी एक शाखा की स्थापना उन्होंने डब्लिन में की थी जिसका नाम उन्होंने इंडो-आयरिश लीग रखा था। उनकी दुखद व आकस्मिक मृत्यु से एक माह पूर्व जेनेवा यात्रा के दौरान उनका प्रयास था कि वे वहाँ भी एक शाखा का संगठन करें किन्तु भाग्य ने उन्हें यह कार्य पूर्ण नहीं करने दिया।

यदि स्वतन्त्र राष्ट्रों और उन राष्ट्रों के लिए, जिन्होंने शस्त्रों के आधार पर युद्ध कर अपनी स्वतन्त्रता हासिल की है, विदेशी प्रचार कार्य आवश्यक है तो भारत जैसे देश के लिए, जिसने शस्त्रों के आधार पर या शक्ति के आधार को छोड़, शान्तिपूर्ण ढंग से स्वतन्त्रता आन्दोलन छेड़ा है, तो यह अति आवश्यक है ऐसे शान्तिपूर्ण एवं वैधानिक कार्य के लिए तो ब्रिटिश सरकार भी कोई आपत्ति नहीं उठा सकती। इस शान्तिपूर्ण विधि से पूरे विश्व की सहानुभूति अर्जित करने का हमें पूर्ण हक़ है और ब्रिटिश सरकार ने भी अनजाने में इसे स्वीकृति दे दी है, भारत को लीग ऑफ़ नेशंस की सदस्यता दिलाकर, जिसका अर्थ यही है कि भारत को पूर्ण राष्ट्र के सब अधिकार प्राप्त हैं।

कुछ लोगों की यह राय हो सकती है कि विदेश प्रचार गुप्त रूप से अथवा क्रान्तिकारी ढंग से या ब्रिटेन के विरुद्ध ही होगा। किन्तु यदि ऐसी क्रान्ति कहीं कुछ लोगों में है तो वह निराधार है। प्रचार खुले रूप में प्रचार विधियाँ गुप्त नहीं होगीं तथा किसी प्रकार की क्रान्तिकारी गतिविधियाँ नहीं होंगी। उसके अलावा यह प्रचार ब्रिटेन विरोधी नहीं बल्कि भारत के पक्ष में होगा। यूरोप के अपने अनुभवों

के आधार पर और यूरोप में प्रचार के अनुभव के आधार पर मैं यह कह सकता हूँ कि यदि हमने ब्रिटेन विरोधी प्रचार आरम्भ किया तो हम अपने लक्ष्य में मात खा जायेंगे। अंग्रेज़ों का प्रचार तन्त्र बहुत बड़ा है, जिसमें राजदूतावास, वाणिज्य दूतावास, कई ग़ैर-सरकारी संगठन हैं, जिनके माध्यम से वे हमारे प्रचार कार्यों को मुँहतोड़ जवाब दे सकते हैं। वैसे भी यदि हमने ब्रिटेन पर आक्रमण शुरू किया तो हम सहानुभूति प्राप्त करने की बजाय उसे खो देंगे। इसके विपरीत यदि हम भारत के पक्ष में प्रचार करते रहेंगे तो, हमारी अपील का अधिक प्रभाव रहेगा। यदि अंग्रेज़ों ने हमारे वैधानिक प्रचार को दबाने का प्रयत्न किया तो वे अपने-आप ग़लत सिद्ध हो जायेंगे और स्वभावतः सहानुभूति खो बैठेंगे।

मेरे विचार में विदेशों में भारतीय प्रचार के निम्न उद्देश्य होने चाहिए—

1. भारत के प्रति हो रहे झूठे प्रचार पर आक्रमण।

2. भारत की वर्तमान स्थितियों के विषय में विश्व को जागरूक करना।

3. मानवीय क्रियाओं में भारतवासियों की उपलब्धियों से विश्व को परिचित कराना।

अन्तिम उद्देश्य सबसे महत्त्वपूर्ण है, क्योंकि यदि हम विश्व को अपनी संस्कृति और सभ्यता से परिचित करा पायेंगे तो स्वतः ही भारतवासियों के प्रति फैली भ्रान्तियों से स्वयं को मुक्त कराने में सफल हो जायेंगे। लोगों की नज़रों में भारत का पक्ष स्पष्ट होगा तथा पूरे विश्व की सहानुभूति अर्जित करने में हम सफल हो पायेंगे।

इस त्रिपक्षीय उद्देश्य को पूर्ण करने के लिए, अन्य क़दमों के साथ-साथ निम्न क़दम भी उठाये जाने चाहिए—

1. प्रत्येक अन्तरराष्ट्रीय कांग्रेस में भारतवासियों को उपस्थित रहना चाहिए।

2. विदेशी समाचार-पत्रों व पत्रिकाओं में भारत के सम्बन्ध में लेख प्रकाशित किये जाने चाहिए।

3. यूरोपीय व अमेरिकी भाषाओं में भारत के सम्बन्ध में पुस्तकें प्रकाशित की जानी चाहिए।

4. यूरोप के किसी केन्द्रीय स्थल पर कम-से-कम एक अच्छा पुस्तकालय स्थापित किया जाना चाहिए जहाँ भारत में रुचि रखने वाले लोग पुस्तकें, पत्र-पत्रिकाएँ आदि पढ़ सकें।

5. भारतीय संस्कृति के विभिन्न पक्षों से जुड़े भारतवासी प्रायः विदेश यात्रा पर जाते रहने चाहिए।

6. भारत सम्बन्धी फ़िल्में विदेशों में दिखाई जानी चाहिए।

7. जादुई लालटेन की सहायता से भारत सम्बन्धी भाषण विदेशों में आयोजित किये जायें।

8. विदेशी विद्वानों को भारत में आमन्त्रित किया जाये और उन्हें भारतीय विद्वानों से सम्पर्क करने के अवसर प्रदान किये जायें।

9. विदेशों से सांस्कृतिक सम्बन्ध स्थापित करने की दृष्टि से प्रत्येक देश में वहाँ के निवासियों व भारत के प्रतिनिधियों को मिलाकर संस्थाएँ स्थापित की जायें।

ऐसी संस्था का पत्राचार कार्यालय भारत में स्थित हो। इसका प्रथम उदाहरण इंडो-चेकोस्लोवाकियन सोसायटी है।

10. भारत तथा अन्य देशों के बीच व्यापारिक सम्बन्ध स्थापित करने की दृष्टि से मिले-जुले संगठन बनाये जायें। (इसका एक उदाहरण इंडियन सेंट्रल यूरोपियन सोसायटी ऑफ़ विएना है) भारत में पत्राचार संस्थाओं की स्थापना की जानी चाहिए।

11. संयुक्त चैंबर्स ऑफ़ कॉमर्स प्रत्येक देश की राजधानी में स्थपित किये जाये (इंडो-चेकोस्लोवाक चैंबर्स ऑफ़ कामर्स, इंडो-आस्ट्रियन चैंबर्स ऑफ़ कॉमर्स आदि) भारत में पत्राचार चैंबर्स ऑफ़ कॉमर्स की स्थापना की जानी चाहिए। ऐसे चैंबर्स ऑफ़ कॉमर्स प्रत्येक यूरोपीय देश में हैं। केवल भारत ही अभी तक इनकी आवश्यकता अनुभव नहीं कर पाया है।

जेनेवा स्थित अन्तरराष्ट्रीय समिति जैसी संस्थाओं को जो अभी तक स्वतन्त्र रूप में कार्य कर रही हैं, उन्हें निरन्तर सहायता प्रदान की जानी चाहिए। इस प्रकार की अनेकों संस्थाएँ यूरोप व अमेरिका में हैं। इस प्रकार की संस्थाओं के मध्य समन्वय स्थापित किया जाना चाहिए।

लम्बी अवधि से चले आ रहे विरोधी प्रचार के कारण आम राय बन चुकी है कि भारतवासी असभ्य लोग हैं, हमारी स्त्रियाँ गुलामी का जीवन जी रही हैं, हम एक राष्ट्र नहीं हैं, हमारे समाज में अनेकों कुरीतियाँ हैं। क्या हम अपने आपको एक कमरे में बन्द करके इस बात के प्रति निष्क्रिय हो सकते हैं कि लोगों को हमारे बारे में जो कुछ मर्ज़ी सोचने दो। नहीं, अच्छे या बुरे के लिए हम मानवीयता के सामान्य जीवन की आधुनिक स्थितियों में जीने के लिए बाध्य हैं। अतः हम इससे बेख़बर नहीं रह सकते कि विश्व हमारे विषय में क्या सोचता है। फिर हम अपनी आँखों से यह देख रहे हैं कि बाक़ी देश योजनाबद्ध तरीक़े से किये जा रहे प्रचार के माध्यम से लाभ ले रहे हैं। इतिहास हमें यह सिखाता है

कि हमारे जैसे गुलाम और दमित देश को, जो कि हिंसा के तरीक़े से दूर है— विश्व की सहानुभूति प्राप्त करना अति आवश्यक है, और इस सहानुभूति को जीतने के लिए प्रचार करना अति आवश्यक है। विशिष्ट भारतीय जैसे स्वामी विवेकानन्द, डॉ. रवीन्द्रनाथ टैगोर तथा महात्मा गाँधी ने पिछले दिनों काफ़ी प्रचार किया है और उनके विदेशी मित्रों ने भी उनके कार्य को अपना समर्थन दिया है। परिणामस्वरूप, भारत की प्राचीन संस्कृति एवं सभ्यता के प्रति लोगों में सम्मान बढ़ा है। किन्तु यदि हम और प्रगति करना चाहते हैं तो यह अति आवश्यक है कि भारतवासियों द्वारा समर्थित योजनाबद्ध प्रचार किया जाये। विदेश में कई ऐसे भारतवासी हैं, जो इस कार्य के लिए कृतसंकल्प हैं। हालाँकि उनके पास सीमित साधन उपलब्ध हैं। प्रश्न केवल यह है कि क्या भारतीय राष्ट्रीय कांग्रेस इस महत्त्वपूर्ण कार्य का भार वहन करना चाहेगी और इस कार्य को प्रभावी एवं सक्षम ढंग से अंजाम देगी।

इंडो-ब्रिटिश व्यापार के पचास वर्ष (1875-1925)

भारत के विदेश व्यापार के विस्तार के सम्बन्ध में एक महत्त्वपूर्ण तथ्य यह है कि ब्रिटेन की प्रतिशत दर पिछले पचास वर्षों में निरन्तर नीचे गिरी है। यद्यपि इंडो-ब्रिटिश व्यापार में ऊपरी तौर पर विकास हुआ है। इससे पता चलता है कि इंडो-ब्रिटिश व्यापार में अत्यधिक उन्नति हुई है। इसका अर्थ यह भी है कि इंडो-ब्रिटिश व्यापार हमारे कुल व्यापार के साथ क़दम मिलाने में असमर्थ रहा है, दूसरे शब्दों में, हम कह सकते हैं कि ग़ैर-ब्रिटिश देशों के साथ व्यापार-दर में वृद्धि हुई है। 19वीं सदी के मध्य में, विदेश व्यापार की प्रगति ब्रिटेन से हमारे व्यापार की तुलना में बिल्कुल बराबर थी।

इस लेख में हमारे ग्रेट ब्रिटेन से व्यापार सम्बन्धों की शुरुआत कब हुई, इसका हवाला देना असम्भव है, जिससे धीरे-धीरे उसने भारतीय विदेश व्यापार पर अपना एकाधिपत्य स्थापित कर लिया। धीरे-धीरे हमारे आयात व निर्यात में कुछ दिशा पविर्तन हुआ, चाहे वह ब्रिटेन से अन्य देशों के साथ हो या विशेष रूप से यूरोप के उपमहाद्वीप देशों में, संयुक्त राज्य अमेरिका, जापान आदि के साथ। निम्न आँकड़े तथ्यों की स्पष्ट जानकारी देते हैं।

भारतीय व्यापार में ब्रिटेन की प्रतिशत दर—

1875-76	–	62.2
1880-81	–	58.7
1890-91	–	50.9
1900-01	–	45.1
1905-06	–	42.9
1910-11	–	39.1
1915-16	–	47.4
1920-21	–	41.8
1925-26	–	32.1

युद्धकाल के दौरान इंडो-ब्रिटिश व्यापार में अस्थायी प्रगति हुई क्योंकि भारत से कच्चे माल के आयात में वृद्धि हुई।

ब्रिटेन की प्रतिशत-दर की गिरावट हमारे निर्यात व्यापार पर अधिक स्पष्ट रूप में दिखाई पड़ती है। यह सत्य है कि हमारे आयात में ग्रेट ब्रिटेन की दर सदैव अधिक रही है, किन्तु निर्यात में कम हुई है, इस गिरावट को आयात की तुलना में स्पष्टता से अनुभव किया जा सकता है जैसा कि निम्न आँकड़े भी बताते हैं–

भारत के आयात व निर्यात व्यापार में ब्रिटेन की प्रतिशत-दर–

	आयात	**निर्यात**
1875-76	83.0	48.3
1880-81	82.8	41.6
1890-91	76.4	32.7
1900-01	65.6	30.7
1905-06	68.5	28.1
1910-11	62.1	24.8
1915-16	60.4	38.1
1920-21	58.8	19.4
1925-26	50.9	21.0

हमारे आयात में कुल व्यापार का आधा ग्रेट ब्रिटेन से रहा है तथा उसका महत्त्वपूर्ण स्थान है, उसके बाद जापान का स्थान है जिसने 1925-26 में केवल 8 प्रतिशत व्यापार किया। किन्तु भारतीय सामान के उपभोक्ता के रूप में भी उसकी स्थिति यही रही है। जापान और संयुक्त राज्य अमेरिका लगभग बराबरी पर हैं,

ब्रिटेन, जापान और संयुक्त राज्य अमेरिका का निर्यात व्यापार क्रमशः इस प्रकार है—20.0, 15.0 तथा 10.4 वर्ष 1925-26 में।

II

भारत के विदेश व्यापार में संयुक्त राज्य की प्रतिशत-दर में आयी कमी के कारणों को खोजना कठिन कार्य नहीं है। इस देश के पूर्ण महत्त्व का कारण यह था कि इसने भारत के साथ सम्बन्धों से कई विशेष सुविधाएँ प्राप्त कीं।* इस देश में उसकी राजनीतिक सत्ता थी। हमारा पूरा व्यापार ब्रिटिश जहाज़ों पर निर्भर था, अधिकांश आयात व निर्यात संस्थाएँ ब्रिटेन की थीं, इसी प्रकार विनिमय बैंक तथा बीमा कम्पनियाँ भी ब्रिटेन के अधिकार में थीं। भारतीय रेल अंग्रेज़ों के धन से बनी थी तथा उसे ब्रिटेन की संस्थाएँ चला रही थीं जिन्होंने ब्रिटेन के वाणिज्य को बढ़ावा दिया।** कुछ कृषि उद्योग (ब्रिटिश राशि से निर्मित) भी इसी दृष्टि से विकसित किये गये कि वे ब्रिटिश बाज़ार को चाय, कॉफ़ी आदि उपलब्ध करा सकें।

सरकार की कृषि नीति भी उन चीज़ों को उगाने का प्रोत्साहन देने की थी जिनसे अंग्रेज़ों को कच्चा माल उपलब्ध हो सके और वे उसे ब्रिटेन में आयात कर सकें। इन वस्तुओं में जूट, कपास, गेहूँ, तिल, तिलहन आदि शामिल थे। दूसरी ओर ब्रिटेन एक प्रमुख औद्योगिक देश था जो भारत में बने-बनाये माल की आपूर्ति करता था जिनमें से कुछ (सूती वस्त्र) भारत सरकार द्वारा शुल्क विधान के अन्तर्गत प्रोत्साहित किये गये थे और उन उद्योगों पर रोक लगायी गयी थी जो हमारे आयात के मार्ग में रुकावट उत्पन्न कर सकते थे।

ब्रिटेन का हमारे विदेश व्यापार पर प्रभुत्व दो कारणों के परिणामस्वरूप था। पहला तो यह कि भारत राजनीतिक व आर्थिक रूप से उस देश के नियन्त्रण में था, दूसरा यह कि पूरे विश्व में ग्रेट ब्रिटेन औद्योगीकरण में सर्वोपरि था।

परिणामस्वरूप, विश्व के सभी मुख्य देशों से सीधे व्यापार सम्बन्ध स्थापित हुए, तथा धीरे-धीरे व्यापार सम्बन्धों में अन्य देशों के साथ सम्बन्धों में आयी प्रगाढ़ता के कारण ब्रिटेन की आबादी कम होनी शुरू हो गये। इसमें दोराय नहीं कि ब्रिटिश सरकार द्वारा उन्मुक्त व्यापार नीति अपनाये जाने की वजह से ही ग़ैर-ब्रिटिश देशों से व्यापार सम्बन्ध बढ़े। विशेष कारणों का खुलासा इस

---

* डॉ. एस. जी. पनांदिकर का लेख 'इकोनॉमिक कॉन्सीक्वेंस ऑफ़ दि वार फॉर इंडिया', पृ. 66-67 तथा प्रो. आर. एम. जोशी का 'लेख इंडियन एक्सपोर्ट ट्रेड', पृ. 160-161 तथा 164।

** रेलवे के विकास से ब्रिटेन के आयात में वृद्धि हुई, क्योंकि रेलवे निर्माण हेतु सारा सामान वहीं से ख़रीदा गया।

तथ्य से होता है कि 19वीं सदी के पूर्वार्द्ध में केवल ब्रिटेन ही मुख्य औद्योगिक देश था जिसकी वजह से जर्मनी, संयुक्त राज्य अमेरिका, जापान आदि देशों में औद्योगिक विकास बने-बनाये माल का हुआ जो कि वहाँ से ग्रेट ब्रिटेन के ख़र्च पर आयात किया जाता था।

दूसरी ओर, औद्योगिक रूप से विकसित देशों को भारत में कच्चे माल का अपार भण्डार उपलब्ध था जिससे उनके सामान बनाने की कम्पनियों को कच्चा माल मिलता था। किन्तु ब्रिटेन के हाथों से भारतीय बाज़ार को अपने क़ब्ज़े में लेने की जो प्रतियोगिता थी वह उनकी अपनी आवश्यकताओं के सामान हेतु न्यूनतम थी। अन्य देशों से आयात प्रगति पर हो रहे संघर्ष पर ब्रिटेन का कड़ा प्रतिबन्ध था क्योंकि भारत किसी भी ऐसे देश को माल बेचने को स्वतन्त्र था जो उसे उचित दाम दे सकता था। इसलिए ग़ैर-ब्रिटिश देशों के लिए यह आसान हो गया कि वे ब्रिटेन से अपने बने-बनाये माल का आयात करने की अपेक्षा भारतीय सामान का इस्तेमाल शुरू कर दें।

अतः ग़ैर-ब्रिटिश देशों की आर्थिक उन्नति तथा उनके साथ व्यापारिक सम्बन्ध स्थापित होने से हमारा व्यापार धीरे-धीरे इन देशों से बढ़ता चला गया।

III

उपर्युक्त विवरण से यह नहीं मान लिया जाना चाहिए कि वास्तव में ही इंडो-ब्रिटिश व्यापार में गिरावट आयी। दूसरी ओर ग्रेट ब्रिटेन के आँकड़े दर्शाते हैं कि किसी अन्य देश की अपेक्षा उसने भारत से अधिक व्यापार किया है। जैसा कि निम्न आँकड़े भी बताते हैं

इंडो-ब्रिटिश व्यापार-मूल्य लाख रुपयों में

	ब्रिटेन को निर्यात	ब्रिटेन को आयात	कुल राशि
1875-76	2809	3228	6037
1880-81	3105	4403	7508
1890-91	3227	5502	8779
1900-01	3205	5310	9516
1905-06	4070	7685	11755
1910-11	5224	8311	13533
1915-16	7600	8352	15952
1920-21	5297	20460	25757
1925-26	8097	11532	19629

इस प्रकार वर्ष 1875-76 से 1925-26 में ब्रिटेन के साथ हमारे व्यापार में लगभग 136 करोड़ रुपये की वृद्धि हुई है जो किसी अन्य देश की तुलना में सर्वाधिक है। जो प्रतिशत-दर में कमी आयी उसका मुख्य कारण यह था कि अन्य देशों से व्यापार के मुकाबले में ब्रिटेन स्वयं अपनी क्षमता को बढ़ा नहीं पा रहा था। इसका स्पष्टीकरण हमें निम्न आँकड़ों से मिल जाता है।

	कुल भारतीय व्यापार	**इंडो-ब्रिटिश व्यापार**
1875-76	100	100
1880-81	131	124
1890-91	177	145
1900-01	194	141
1905-06	282	194
1910-11	354	224
1915-16	348	264
1920-21	634	426
1925-26	630	325

जैसा कि पहले ही देखा जा चुका है कि भारत के आयात व्यापार में ग्रेट ब्रिटेन का प्रभुत्व रहा है। इसकी झलक इसमें भी मिलती है कि हमारे कुल आयात की दर ब्रिटेन की आयात-दर के बराबर है। उस देश के किसी भी दशा में उतार या चढ़ाव जैसा असर हमारे आयात पर भी दिखाई देता है। ऐसा निर्यात के क्षेत्र में नहीं है, जिसमें कुछ विशेष वर्षों में विपरीत परिणाम भी सामने आये हैं। इसका कारण यह है कि हमारे कुल आयात का प्रतिशत ब्रिटेन के आयात से कहीं अधिक है। किन्तु भारत के आयात व्यापार पर उस देश का ऐसा प्रभुत्व रहा है कि हमारे अन्य देशों से विकसित सम्बन्धों का कोई प्रभाव नहीं रहा। प्रत्येक वर्ष हमारा आयात व्यापार ग्रेट ब्रिटेन में व्यापार के समकक्ष ही रहा है।

ग्रेट ब्रिटेन से हमारे आयात व्यापार की मुख्य वस्तु सूती वस्त्र हैं। लन्दन विश्व का सबसे बड़ा सूती वस्त्र बनाने वाला देश है। भारत उसका सबसे बड़ा उपभोक्ता देश है। सूती वस्त्रों के आयात में भारत का पहला स्थान है। यह सूती वस्त्र ही भारत के ब्रिटेन से आयात का 50 प्रतिशत हैं।

अन्य महत्त्वपूर्ण वस्तुएँ हैं—धातुएँ, मशीनरी, मिलवर्क, रेलवे प्लांट तथा रोलिंग स्टॉक। पिछले वर्ष प्रत्येक वस्तु का आयात दस करोड़ रुपये से अधिक का रहा है। इनके अलावा कई अन्य छोटी-मोटी वस्तुएँ भी हैं। अधिकांशतः ब्रिटेन में बने

सूती वस्त्रों तथा धातुओं का ही आयात होता है। इंडो-ब्रिटिश व्यापार की प्रगति भी मुख्यतः इन्हीं वस्तुओं पर निर्भर है।

इस तथ्य के बावजूद कि ब्रिटेन से निर्यात की तुलना में आयात की दर अधिक है, और इनमें प्रगति भी धीमी रही है, एक और तुलनात्मक मुद्दे पर ध्यान देना आवश्यक है। आयात किये गये सामान में सूती-वस्त्रों की मात्रा अधिक है जबकि निर्यात किये गये सामान में ऐसी कोई विशेष वस्तु नहीं है। बल्कि इसके विपरीत जबकि आयात किये गये मुख्य सामान की स्थिति ज्यों-की-त्यों बनी रही है। वहाँ निर्यात किये गये सामान में बहुत परिवर्तन आया है।

प्रारम्भिक दिनों में निर्यात किये गये सामान में कपास का पहला स्थान था। 1884-85 से निर्यातित सामान में जूट पहले स्थान पर है क्योंकि डडी में जूट निर्यात उद्योग से इसको प्रोत्साहन मिला है और इसका पर्याप्त विकास हुआ है। इसके बाद चाय ने, जिसने चीन को पीछे धकेलकर ब्रिटिश बाज़ार में अपना आधिपत्य जमाया है। यह नया विकास पहली बार 1890-91 में सम्भव हुआ। इस प्रकार 1890-91 में चाय, अनाज, कच्चा जूट व कपास पहले चार स्थानों पर रहे। इन सभी का निर्यात लागत 4 से 5 करोड़ के मध्य रही है।

तब से कपास के निर्यात में गिरावट आयी जो 1889-90 में केवल 21 लाख रुपये रह गया किन्तु अन्य तीनों वस्तुओं में निरन्तर वृद्धि हुई और आगामी पाँच वर्षों में यही चीज़ें एक-दूसरे का स्थान लेती रही हैं। सदी के अन्त में चाय निश्चय ही सर्वोच्च स्थान पर रही बाक़ी चीज़ें भी अपना स्थान बनाये रही हैं। अनाज और जूट की अपेक्षा चाय के अधिक मात्रा में निर्यात होने के निम्न कारण हैं–

भारत घनी आबादी वाला देश है, यहाँ फसल की कमी रहती है, सूखा पड़ता है, इसलिए अनाज का निर्यात किसी सीमा तक ही सम्भव है इसलिए इसमें उतार-चढ़ाव आता रहता है। जूट के क्षेत्र में भारत में जूट उद्योगों की स्थापना के कारण ब्रिटेन के निर्यात पर स्वतः प्रतिबन्ध लग गया। चाय पर ऐसा कोई प्रभाव नहीं पड़ा। भारत में इसका प्रयोग बहुत कम मात्रा में था और किसी अन्य देश से भी इसकी माँग नहीं की जा रही थी, इस उद्योग को इसी उद्देश्य से स्थापित किया गया था कि यह ब्रिटेन की माँग को पूरा करेगा, वही भारतीय चाय का एकमात्र बाज़ार था, किसी अन्य देश को चाय का निर्यात न्यूनतम था। यदि चाय निर्यात न होती तो ब्रिटेन के साथ निर्यात-दर में और भी गिरावट दिखाई देती।

IV

इंडो-ब्रिटिश व्यापार के विकास के उपर्युक्त अध्ययन से स्पष्ट हो जाता है कि आयात व निर्यात किये गये सामान की द्विपक्षीय प्रतियोगिता रही है।

आयात की मुख्य वस्तुएँ सूती वस्त्र, धातुओं से बना सामान है जिनकी प्रतियोगिता देश में बने और आयातित सामान से थी। स्वदेश में निर्मित सामान तथा जापान में निर्मित सामान की प्रतियोगिता के कारण ब्रिटेन पर इसका प्रभाव पड़ा। पिछले वर्षों में इंग्लैंड के बने सूती वस्त्रों के आयात में भी बहुत गिरावट आयी है। प्रारम्भ में धातु व धातुओं से बने सामान के क्षेत्र में ब्रिटेन का कोई प्रतिद्वन्द्वी नहीं था किन्तु इस सदी के अन्त में बेल्जियम और जर्मनी इसके प्रतिद्वन्द्वी के रूप में तेज़ी से उभरे हैं। बल्कि इस सदी के प्रारम्भ में तो धातुओं, विशेष रूप से लोहा और इस्पात से बने सामान के क्षेत्र में तो बेल्जियम और जर्मनी ने ब्रिटेन को बिल्कुल पछाड़ दिया है। बाद में संयुक्त राज्य अमेरिका भी इनमें शामिल हो गया। भारत में भी लोहा और इस्पात उद्योग का विकास हुआ जो बचाव पद्धति के अन्तर्गत अपना सिर उठा रहा था। आयात के क्षेत्र में जूट, पशुओं की खालें, तथा बीज की माँग औपनिवेशिक देशों से बढ़ी। इस प्रकार ब्रिटेन से ग़ैर-ब्रिटिश देशों की ओर व्यापारिक झुकाव बढ़ा। दूसरी ओर—कॉफ़ी, कपास और चाय निर्यात में विदेशों से प्रतियोगिता थी कि कौन ब्रिटिश मार्केट को अधिक-से-अधिक सप्लाई करता है अतः निर्यात घटा। तीसरी प्रकार की वस्तुएँ थीं अनाज और ऊन, जिसके घरेलू उत्पादन से तथा विदेशी प्रतियोगिता से निर्यात में कमी आयी। यह देखा जा सकता है कि चाय के अतिरिक्त अन्य सभी वस्तुओं का निर्यात ब्रिटेन से हटकर अन्य देशों की तरफ़ झुका। ग्रेट ब्रिटेन को कपास और जूट के सामान का निर्यात नहीं किया गया क्योंकि अन्य देश बहुत थे जो उससे कच्चे माल के रूप में जूट, तिलहन, पशुओं की खालें आदि ख़रीदने लगे थे।

V

इंडो-ब्रिटिश व्यापार के विकास के सम्बन्ध में जो एक और महत्त्वपूर्ण बात है वह यह है कि ग्रेट ब्रिटेन के विदेश व्यापार के साथ यह क़दम मिलाकर चला है। इसका अर्थ है कि जब भारत विदेश व्यापार में ब्रिटेन की प्रभुता समाप्त हो रही थी तब भारत ग्रेट ब्रिटेन में अपनी प्रभुता स्थापित किये रहा। पिछले युद्ध के प्रारम्भ होने तक, भारत अपनी महत्ता प्राप्त कर रहा था, ब्रिटेन के कुल व्यापार की तुलना में इंडो-ब्रिटिश व्यापार की दर अधिक थी। तब से भारत की स्थिति में हल्की-सी गिरावट

आयी जिससे ब्रिटेन के विदेश व्यापार में भारत की तुलना में कुछ तीव्रता आयी। कुल मिलाकर ब्रिटेन का भारत के साथ व्यापार लगभग समान ही रहा जबकि भारतीय व्यापार में उसकी दर गिरावट पर थी। अतः यह जानना महत्त्वपूर्ण है कि ब्रिटिश व्यापार की भारत में क्या सम्भावनाएँ थीं जबकि ब्रिटेन के भारत के साथ व्यापार में अन्य देशों की तुलना में सुधार था।

यह अन्तर ध्यान आकर्षित करने वाला है। निम्न विवरण इस पर पर्याप्त प्रकाश डालता है—

		ब्रिटेन से कुल व्यापार	**इंडो-ब्रिटिश व्यापार**
सामान्य	1875-79	100	100
सामान्य	1885-89	104	144
सामान्य	1895-99	121	141
सामान्य	1905-09	178	210
सामान्य	1910-13	208	265
सामान्य	1914-18	301	270
वर्ष	1920	585	428
वर्ष	1921	322	327
वर्ष	1925	388	326

ब्रिटेन के कुल व्यापार में यदि हम भारतीय व्यापार का प्रतिशत देखें तो स्पष्ट होता है कि जो स्थिति भारत के व्यापार में ब्रिटेन की है वह स्थिति भारत की नहीं है। ब्रिटेन के कुल व्यापार में इंडो-ब्रिटिश व्यापार की स्थिति न्यूनतम है। यह सत्य है कि ब्रिटिश सामान के उपभोक्ता के रूप में भारत का पहला स्थान है, किन्तु यह कुल व्यापार का 50 प्रतिशत है, इसलिए ब्रिटेन के कुल निर्यात का 12 प्रतिशत भी नहीं है। भारतीय सामान के उपभोक्ता के रूप में ब्रिटेन की भी यही स्थिति है। अतः जब हमारे 1924-25 के विदेश व्यापार में ब्रिटेन का प्रतिशत 25.5 है तो ब्रिटेन के व्यापार में 1924 में भारत का प्रतिशत मात्र 5.7 है।

ग्रेट ब्रिटेन के व्यापार में भारतीय स्थिति को स्पष्ट करने के लिए निम्न आँकड़ों पर ध्यान दिया जाना चाहिए।

वर्ष 1924 : मूल्य दस लाख पाउंड में

	ब्रिटेन से निर्यात		ब्रिटेन से आयात
भारत	90.6	अमेरिका	222.6
आस्ट्रिया	60.7	अर्जेंटीना	75.2
अमेरिका	53.8	भारत	65.1
जर्मनी	42.6	कनाडा	62.7

वर्ष 1924 में कुल मिलाकर ब्रिटेन के व्यापार में भारत का प्रतिशत 8 था जबकि भारतीय व्यापार में ब्रिटेन का प्रतिशत 36 था।

VI

यह देखा गया है कि हमारे विदेश व्यापार में ब्रिटेन का प्रतिशत आयात की अपेक्षा निर्यात में कम था।

युद्ध समाप्ति के बाद एक महत्त्वपूर्ण परिवर्तन आया। भारत के निर्यात की स्थिति तो युद्ध पूर्व की थी जबकि ब्रिटेन से आयात में गिरावट आयी। 1920-21 से 1925-26 तक के समय के मध्य हमारे व्यापार में ब्रिटेन का प्रतिशत 58.8 से गिरकर 50.9 रह गया जबकि हमारा प्रतिशत 19.4 से बढ़कर 21.0 हो गया। यही स्थिति ब्रिटेन के साथ व्यापार में भी देखने को मिलती है।

ब्रिटेन के आयात-निर्यात व्यापार में भारत का प्रतिशत

	निर्यात	आयात
1910	10.69	5.53
1913	13.38	5.48
1922	12.80	4.25
1923	11.24	5.75
1925	11.12	5.76

1922 से पूर्व ब्रिटेन के निर्यात व्यापार में भारत की स्थिति महत्त्वपूर्ण थी जबकि आयात में वह अपनी स्थिति से नीचे आ रहा था। विकास विपरीत दिशा में हो रहा था। इंडो-ब्रिटिश व्यापार में आ रहे इन परिवर्तन के कारणों की जाँच करने पर कुछ महत्त्वपूर्ण सत्य सामने आते हैं जिनकी वजह से भारतीय बाज़ार में ब्रिटेन की स्थिति इतनी सुदृढ़ थी।

युद्ध के दौरान, भारत में ब्रिटिश सामान के आयात पर स्वतः प्रतिबन्ध लग गया था तथा जापान, अमेरिका जैसे देशों ने इस स्थिति का पूरा लाभ उठाते

हुए अपना सामान यहाँ बेचना प्रारम्भ किया। परिणामस्वरूप जब ब्रिटेन अपनी सामान्य स्थिति में आया तो उसे पता चला कि उसका बाज़ार दो महत्त्वपूर्ण देशों के अधिकार में आ गया है जिन्हें वहाँ से भगाना कठिन कार्य था। जापान केवल भारत में ही नहीं बल्कि अन्य देशों में भी एक प्रतिद्वन्द्वी के रूप में उभर रहा था। उसने सूती वस्त्रों का भी निर्माण शुरू कर दिया जो अब तक हम ब्रिटेन से ही ख़रीदते थे। उस पर भी आयात शुल्क बढ़ने से तथा निर्यात शुल्क समाप्त कर देने की वजह से भारतीय उत्पादनों को अत्यधिक लाभ पहुँचा। जिससे वे आज तक वंचित थे। अतः युद्धपूर्व समय के ब्रिटिश से आयातित सूती वस्त्रों को गहरा धक्का लगा, क्योंकि देश में भी उत्पादन प्रारम्भ हो गया था और जापान से भी सामान आने लगा था। दूसरी ओर जर्मनी और बेल्जियम युद्ध के दौरान भारत के साथ व्यापार के समाप्त होने के बावजूद भी भारतीय बाज़ार पर अपना प्रभुत्व बनाने में सफल रहे जबकि ब्रिटेन ऐसा नहीं कर पाया। फिर ब्रिटेन कुछ वस्तुओं में उन देशों का मुकाबला करने में असमर्थ था। भारत में नयी उद्योग इकाइयों के कारण भी ब्रिटिश आयात पर प्रभाव पड़ा। उदाहरण के लिए, आयरन एंड स्टील कम्पनी की स्थापना से। अतः स्पष्ट है कि युद्धपूर्व काल में ही ब्रिटिश आयात पर स्वदेश और विदेश से प्रतिद्वन्द्विता का असर शुरू हो गया था।

भारत से निर्यात के मामले में स्थिति ऐसी नहीं थी। युद्ध के दौरान पड़े प्रभाव से इसके विकास में प्रगति हुई। औपनिवेशिक प्रभुसत्ता की नीति तथा भारतीय सामान पर ब्रिटेन में लगाये गये शुल्क के परिणामस्वरूप भी हमारे उस देश के साथ निर्यात में कुछ प्रगति हुई।

युद्ध बाद के समय में ब्रिटेन को भेजे गये सामान में अधिक प्रगति हुई जबकि वहाँ से ख़रीदे माल में कमी आयी जबकि अब तक स्थिति इसके विपरीत रही थी।

VII

उपर्युक्त अध्ययन के आधार पर इंडो-ब्रिटिश व्यापार के भविष्य के बारे में कुछ मुख्य निष्कर्षों पर पहुँचा जा सकता है। यह सत्य है कि हमने वर्तमान प्रगति पर उतना ध्यान नहीं दिया जितना कि दिया जाना चाहिए था, पिछले चार वर्षों से अध्ययन भी नहीं किया और न ही हमने स्वदेशी आन्दोलन के अपने व्यापार पर पड़ने वाले प्रभावों का निरीक्षण ही किया। आधी शताब्दी के ऐतिहासिक परिदृश्य से, हमारे विचार में, पिछले कुछ असामान्य वर्षों में हुई घटनाओं का मार्गनिर्देश मिल सकता है।

इस तथ्य के मद्देनज़र कि हाल ही में ब्रिटेन को निर्यात व्यापार में अत्यधिक प्रतिद्वन्द्विता का सामना करना पड़ रहा है, भारत से भी और अन्य देशों से भी,

और कुछ देश तो भारत को उसकी आवश्यकताओं का पक्का सामान उपलब्ध कराने में अधिक सक्षम हैं। हम ब्रिटेन के साथ अपने व्यापार को यदि बिल्कुल नीचे भी नहीं ला पाते तो कम-से-कम कुछ सुधार की आशा तो कर ही सकते हैं।

भारत से निर्यात होने वाले सामान के प्रतिशत में हम भविष्य में कुछ सुधार की आशा कर सकते हैं। विशेष रूप से इसलिए क्योंकि साम्राज्य से आयात किये गये सामान को ब्रिटेन द्वारा प्रोत्साहित किया जा रहा है और ऐसे योजनाबद्ध तरीक़े से प्रयत्न किया जा रहा है कि औपनिवेशिक सामान की खपत अधिकाधिक हो। किन्तु भविष्य अधिक उज्ज्वल नहीं है। कनाडा और आस्ट्रेलिया जैसे देश जिनके पास बृहद् कृषि संसाधन हैं, वे ब्रिटेन के साथ निर्यात के क्षेत्र में काफ़ी प्रगति कर रहे हैं। यह भी सम्भव है कि निकट भविष्य में भारत से निर्यात होने वाले सामान की जगह ब्रिटेन इन देशों का सामान ले लें। गेहूँ के क्षेत्र में तो इन देशों ने ब्रिटिश बाज़ार से भारत को लगभग बाहर ही कर दिया है।

हमें इस बात को भी नहीं भूलना चाहिए कि इंडो-ब्रिटिश व्यापार की कुल राशि इतनी अधिक है कि भारत जैसे ग़रीब देश के पास इसे अधिक विस्तार दे पाने की सम्भावनाएँ नहीं हैं। अब जबकि ब्रिटिश सामान की प्रतिद्वन्द्विता भारतीय सामान व अन्य देशों में बने सामान से है तो भारत में आयात होने वाले सामान पर भी अन्य देशों की अपेक्षा प्रतिबन्ध लगेगा ही। इससे अन्य देशों का माल ब्रिटेन में ज़्यादा बिकेगा तथा भारतीय माल की अपेक्षा ग़ैर-ब्रिटिश देशों के सामान की खपत बढ़ेगी ही।

मन्त्री पद स्वीकारने में भलाई व बुराई

भारतीय राष्ट्रीय कांग्रेस की सर्वोच्च समिति ने कांग्रेस सदस्यों को यह अनुमति देने का निर्णय कर लिया है कि जिन राज्यों में कांग्रेस पार्टी बहुमत में है वहाँ वे मन्त्रालयों का कार्यभार सँभालने की स्वीकृति दे सकते हैं। इससे हमारे सम्मुख आने वाले ख़तरों के प्रति हम जागरूक रहेंगे। यद्यपि ब्रिटिश साम्राज्य के अधीन भारत के 11 राज्यों में से केवल 6 में ही कांग्रेसी मन्त्रीमण्डल स्थापित हो पायेगा (वे 6 राज्य हैं संयुक्त प्रान्त, बिहार, उड़ीसा, मद्रास प्रेज़ीडेंसी, केन्द्रीय प्रान्त तथा बम्बई प्रेज़ीडेंसी)। इसमें शक नहीं कि कुछ समय के लिए कांग्रेस कार्यकर्ताओं व जनता की नज़र मन्त्रियों के कार्य तथा प्रान्तीय विधानसभा पर लगी रहेगी। वैधानिक कार्रवाई रोज़मर्रा का कार्यकलाप बन जायेगी और अवज्ञा आन्दोलन जैसे असंवैधानिक कार्य, जो फ़िलहाल राजनीतिक हथियार बने हुए थे, कुछ देर

के लिए पार्श्व में चले जायेंगे। निश्चय ही लोगों की मानसिकता में परिवर्तन आयेगा और कुछ कांग्रेसियों में कुर्सी की लालसा भी जाग्रत होगी। विद्रोही मानसिकता जिसने पिछले कुछ वर्षों में जन्म लिया है एक बार फिर दब जायेगी और आत्मतुष्टि व जड़ता धीरे-धीरे घर करने लगेगी। ये कुछ सम्भावनाएँ हैं जो आजकल स्पष्ट दिखाई दे रही हैं।

मैं उन लोगों में से नहीं हूँ जिनका यह मानना है कि मन्त्रिपद स्वीकारना सिद्धान्ततः बुरा है। विधानसभाओं में सम्मिलित होना या मन्त्री पद स्वीकारने का अर्थ ब्रिटिश राज के प्रति वफ़ादारी की क़सम खाना है। किन्तु मैंने ऐसे सभी क़दमों को केवल संवैधानिक क्रिया ही माना है। 1922 और 1925 में जिन दिनों विधान सभाओं में कांग्रेस के प्रवेश की चर्चा गरम थी तब इसका विरोध करने वालों का तर्क यही था कि ऐसा करने से ब्रिटिश राज के प्रति वफ़ादारी की कसम खानी होगी, किन्तु मुझे उनका यह तर्क कभी उचित प्रतीत नहीं हुआ। मैं नैतिक रूप से इसमें कोई बुराई नहीं देखता कि श्री डी. वलेरा ब्रिटिश राज की वफ़ादारी की क़सम खाकर डेल में प्रवेश ले और फिर उस क़सम को तोड़ दें। यहाँ प्रश्न सिद्धान्त का नहीं बल्कि नैतिकता का है और मेरे विचार से यही यथार्थ भी है।

निगम प्रशासन में अनुभव के आधार पर मैं कह सकता हूँ कि प्रशासनिक क्षेत्र में सफलता पाने के लिए छोटी-छोटी बातों पर अधिकार प्राप्त करना आवश्यक है। प्रशासन का कार्य सही ढंग से निपटाने के बाद किसी के पास इतना समय नहीं बचता कि वह अन्य मुख्य मुद्दों को सुलझाने में सक्षम रहे। बहुत कम ऐसे लोग देखने में आते हैं जो प्रशासन कार्यों की छोटी-से-छोटी बात पर ध्यान दें और इसके साथ-साथ मूलभूत समस्याओं पर भी विचार कर सकें। मुझे याद है जब 1924 में मैं कलकत्ता नगर निगम का मुख्य अधिशासी अधिकारी था, तब मैं कांग्रेस से बिल्कुल कट गया था और पूरी तरह नगर निगम प्रशासन के कार्यों में लिप्त हो गया था। किन्तु मैं इस कार्य में जानबूझकर कूदा था, क्योंकि मुझे पूर्ण विश्वास था कि कांग्रेस की गतिविधियों को अंजाम देने वाले उत्साहित व्यक्तियों की कमी नहीं है।

मेरा सदा यही विचार रहा है कि स्वतन्त्रता के लिए संघर्ष करने वाले व्यक्ति ही युद्ध के बाद के पुनर्निर्माण कार्य को भी करेंगे। हमारा काम पूरा हो गया की भावना से ग्रस्त होकर वे अपने कन्धे ज़िम्मेदारी से झटक नहीं लेंगे। अतः जैसे ही राजनीतिक पार्टी की विजय होती है, तो उसे प्रशासनिक एवं सामाजिक पुनर्निर्माण के कार्य में जी-जान से जुटना होगा और यह सिद्ध करना होगा कि यदि उसमें विध्वंस की शक्ति है तो निर्माण करने की भी शक्ति है।

किन्तु इससे पहले कि पार्टी इस ज़िम्मेदारी को सँभाले, उसे यह निर्णय करना होगा कि बहुत दिन से प्रतीक्षित घड़ी आ गयी है और स्वतन्त्रता संग्राम जीता जा चुका है। विषय पर वापस आयें, जो प्रश्न हमें उद्वेलित कर रहा है वह यह है कि क्या भारत सरकार के एक्ट 1935 में वह प्रावधान है जिसके लिए हम इतने दिनों से संघर्षरत थे। फ़िलहाल केन्द्रीय सरकार की बात छोड़ भी दें तो क्या प्रान्तों में हमें पूर्ण आधिपत्य प्राप्त हो सकेगा? निस्सन्देह उत्तर नकारात्मक ही है।

निस्सन्देह यह तर्क दिया जायेगा कि राजनीतिक एवं सैन्यबल के क्षेत्र में हमें अनुकूल प्वाइंट को अपने नियन्त्रण में लेना है और अपनी स्थिति को इतना सुदृढ़ करना है कि हम लक्ष्य की ओर बढ़ सकें। सच है, किन्तु क्या हम पूर्णतः आश्वस्त हैं कि मन्त्रिपद पाने का प्रयत्न करने से, जिसके कि हम योग्य हैं, हम प्रशासन के कार्य में खो नहीं जायेंगे और विद्रोही मानसिकता, जो कि राजनीतिक प्रगति की शुरुआत है, को पुनर्जीवित रखेंगे। कांग्रेस स्पष्ट रूप से दुविधा की स्थिति में है। स्वतन्त्रता पाने के लिए संघर्ष को ज़िन्दा रखने की दृष्टि से वह अपने सभी प्रमुख नेताओं को मन्त्रालय में नहीं शामिल होने दे सकती। दूसरी ओर यदि सभी प्रमुख कांग्रेसी विभिन्न प्रान्तों के मन्त्री बन जाते हैं तो हम संविधान द्वारा प्रदत्त अधिकार और प्रभाव का पूरा उपयोग नहीं कर पायेंगे। वर्ष 1925-30 में भारतीय विधानमण्डल के अध्यक्ष रहे स्वर्गीय वी. जे. पटेल जैसे लोगों की गिनती बहुत कम है, जो महान कार्य को भी लेकर चलें, संसदीय परम्परा भी क़ायम कर सकें और ट्रेजरी बेंच के सदस्यों को भी यथास्थान रख सकें। सामान्य व्यक्ति निश्चित रूप से असफल हो जाता। स्वर्गीय वी. जे. पटेल के साथ षण्मुखम चटर्जी तथा अब्दुर्रहीम आदि भी उसी कड़ी के लोग थे।

मन्त्रिपद स्वीकार करने के समर्थकों द्वारा यह तर्क दिया जा सकता है बल्कि दिया जायेगा कि किसी भी राजनीतिक दल के लिए प्रशासनिक अनुभव अति उपयोगी है और नया संविधान हमें यह अनुभव पाने का लाभ दे रहा है। किन्तु इस तर्क का खण्डन किया जा सकता है। प्रशासन का अनुभव किसी संगठन के अनुभव के समान ही है, बल्कि संगठन का अनुभव अधिक उपयोगी सिद्ध हो सकता है जबकि प्रशासनिक अनुभव एक बाधा बन सकता है। यूरोप युद्ध के बाद सभी युगों और जलवायु में महान प्रशासक तुलनात्मक रूप में अल्पायु और कम अनुभवी थे, जब उन्होंने अपने पूर्वजों से कार्यभार सँभाला। हमें लेनिन, स्टालिन, हिटलर, मुसोलिनी और कमाल पाशा जैसे प्रशासकों को देखना चाहिए। तथ्य तो यह है कि क्रान्ति (हिंसक अथवा अहिंसक) के पश्चात नये प्रशासन को सिद्धान्तों और तकनीक की आवश्यकता होती है जो पहले से भिन्न होती हैं,

तभी नयी परिस्थितियों का मुकाबला किया जा सकता है। इसके लिए हिम्मत, दूरदृष्टि और संसाधनों की आवश्यकता रहती है। क्या अनुभवी प्रशासक सोवियत संघ की पंचवर्षीय योजना, तुर्की के लिए नये गणराज्य की स्थापना, इटली में नये साम्राज्य की स्थापना और आतंक और धोखाधड़ी में से नये ईरान की स्थापना कर पाये?

इसमें सन्देह नहीं कि शक्ति और प्रतिक्रिया का केन्द्रीय स्तम्भ अभी भी ब्रिटिश सरकार के हाथ में है और केवल बाहरी स्तम्भ अर्थात प्रान्तीय सरकारें हमारे नियन्त्रण में आयी हैं और वे भी पूरी तरह नहीं। इन परिस्थितियों में क्या हम मुख्य मुद्दों से हटकर अपना उत्साह खोये बिना अपने पूर्ण स्वतन्त्रता के संघर्ष को जारी रख सकते हैं जबकि हमारे कुछ महत्त्वपूर्ण लोग अपने आपको प्रशासन के दायित्व में खो देना चाहते हैं। इस प्रश्न का पूर्वनिर्धारित उत्तर अधिक महत्त्वपूर्ण नहीं है और समय आने पर घटने वाली घटनाएँ ही हमारे प्रश्नों के उत्तर हमें देंगी। यदि पार्टी के मन्त्री पद के पक्षधरों के विश्वास का प्रश्न है, हमें भविष्य में आने वाली कठिनाइयों, जिनका उल्लेख पहले पैराग्राफ़ में किया गया है, के लिए स्वयं को पूरी तरह चेतन कर लेना चाहिए। मेरा उद्देश्य उस प्रश्न को पुनः उठाना नहीं है जिसे कांग्रेस के सर्वोच्च अधिशासी ने हमेशा के लिए ख़त्म कर दिया है, किन्तु उन बाधाओं का उल्लेख करना है जो हमारे मार्ग में आयेंगी। ये बाधाएँ इसलिए भी उत्पन्न होंगी क्योंकि हम नये संविधान के अन्तर्गत भारत की स्वतन्त्रता के लिए संघर्षरत रहेंगे।

मुख्य समस्याएँ जो भारतीय राजनीतिज्ञों के सम्मुख आयेंगी वे हैं—निर्धनता, बेराज़गारी, बीमारी और अशिक्षा। इन समस्याओं का समाधान वही राष्ट्रीय सरकार कर पायेगी जिसके पास पर्याप्त संसाधन होंगे। जब हम इन समस्याओं को हल करने की इच्छा रखेंगे तो हमें संगठनों और धन की आवश्यकता पड़ेगी। क्या प्रान्तीय सरकारों के कांग्रेस मन्त्री राष्ट्र निर्माण के कार्य को बड़े पैमाने पर करने के लिए आवश्यक संगठन और राशि उपलब्ध करा पायेंगे? संगठनों के सम्बन्ध में कहा जा सकता है कि सभी उच्च सेवाएँ ब्रिटिश सरकार के नियन्त्रण में हैं जिनकी परम्परा अलग रही है और जिन्हें हमेशा अपने वेतन, परिलब्धियों और पेंशन की चिन्ता रहेगी। जो मन्त्रियों के अधिकार क्षेत्र के बाहर संविधान के नियन्त्रण में है। ऐसे ही अधिकारी कांग्रेस मन्त्रियों द्वारा प्रतिपादित नयी नीतियों पर कार्य करेंगे? यदि वे ऐसा नहीं करेंगे तो मन्त्रियों का भविष्य क्या होगा? सद्भावनाओं के रहते वे क्या इन प्रतिरोधी अधिकारीगणों से सफलतापूर्वक संघर्ष करने में सक्षम होंगे? उनके लिए उच्च सेवाओं के अधिकारीगणों में परिवर्तन लाना असम्भव होगा क्योंकि वे उस कोटि के लोग होंगे जिन्हें मन्त्री कुछ कह नहीं सकते।

अतः मन्त्रियों को केवल हाथ-पर-हाथ धरे देखना होगा कि क्या हो रहा है? क्योंकि उनकी प्रतिरोधी नीतियों के कारण व उनके कार्यों में बाधाएँ उत्पन्न करेंगे। इसके अलावा कई प्रान्तों में कांग्रेस सरकार की स्थिति बिल्कुल विपरीत होगी, क्योंकि ब्रिटिश अधिकारी वहाँ कार्यरत होंगे।

आर्थिक समस्या अधिक जटिल समस्या है। कांग्रेस पार्टी कुछ बातों के लिए वचनबद्ध है, जिसके कारण सरकारी राजस्व में कमी आयेगी और बड़े पैमाने पर राष्ट्र निर्माण के कार्य में बाधा उत्पन्न होगी। भूमि किराये में कमी लाने से और उत्पादन कर में कटौती लाने की नीति लागू करने से मन्त्रालय को बजट घाटे का सामना भी करना पड़ सकता है। किसी अन्य देश में वित्तमन्त्री तत्काल व्यय में कटौती लागू कर सकता है। भारतीय प्रान्तों में उच्च अधिकारियों के वतन आदि में कटौती सम्भव नहीं और शेष कर्मचारियों को वैसे ही इतना कम वेतन मिलता है कि उसमें कटौती सम्भव ही नहीं। परिणामस्वरूप इस क्षेत्र से नौकरी से निष्कासित करने का तो प्रश्न ही नहीं उठता। सेना, रेलवे, डाक और तार, सीमा शुल्क आदि संघीय विषय हैं, अतः किसी प्रकार की कटौती अथवा आय में वृद्धि जैसी बात इनमें से किसी भी विभाग में आसानी से सम्भव नहीं हो पायेगी। मुद्रास्फीति के द्वारा किसी भी प्रान्त की सरकार अधिक धन नहीं बना सकती। भारत में सोना पर्याप्त मात्रा में उपलब्ध है। अतः यह सम्भव है—क्योंकि करेंसी भी संघ के नियन्त्रण में है। इन परिस्थितियों में प्रान्तीय सरकारों के पास केवल एक ही विकल्प बचेगा वह यह कि वह राष्ट्र निर्माण की गतिविधियों के लिए उधार ले। किन्तु क्या प्रान्तीय विधान सभा के कहने पर गवर्नर उसकी स्वीकृति देगा और क्या प्रतिक्रियावादी केन्द्रीय सरकार यह राशि उधार देगी, जिसके लिए संवैधानिक स्वीकृति आवश्यक है। यदि यह सम्भव हुआ तो कांग्रेसी मन्त्रियों के पास निराशा के अतिरिक्त कुछ शेष नहीं रहेगा।

उपर्युक्त परिस्थितियों के चलते आइए हम विचार करके देखें कि कांग्रेसी मन्त्री क्या उपाय कर सकते हैं—पहला, वे राजनीतिक बन्दियों को मुक्त कर सकते हैं और दमनकारी नियमों तथा अधिनियमों को अधिक उन्मुक्त बना सकते हैं ताकि लोगों को अधिक स्वतन्त्रता मिल सके। दूसरा—वे प्रान्तीय प्रशासन में नयी आत्मा फूँक सकते हैं और सरकारी सेवकों, विशेषकर पुलिस के लिए नये कीर्तिमान बना सकते हैं। इससे वे वर्तमान सरकारी अधिकारियों से अधिक कार्य ले सकते हैं और प्रशासनिक वर्ग में उन्नति ला सकते हैं। तीसरा—वे कांग्रेस की गतिविधियों को यथाशक्ति सरकारी सहयोग देकर उसके प्रति सृजनात्मक कार्य कर सकते हैं। चौथा—वे घरेलू उद्योगों को गति दे सकते हैं, विशेष रूप से खादी (हथकरघा कपड़े)

सरकारी भण्डारों में विदेशी सामान की अपेक्षा घरेलू उत्पादन को ख़रीदने पर बल दे सकते हैं। पाँचवाँ—वे ऐसे परोपकारी विधान बना सकते हैं विशेष रूप से समाज कल्याण तथा जनस्वास्थ्य जैसे मुद्दों पर, जहाँ अधिक व्यय करने की आवश्यकता भी न पड़े। छठा—प्रान्तों में ऐसी संस्थाओं को संरक्षण दे सकते हैं जिनसे राष्ट्रीयता का विस्तार हो और प्रतिक्रियावादी ताक़तें स्वयं ही कमज़ोर पड़ जायें। सातवाँ—लोगों की सम्पत्ति सम्बन्धी प्रान्तों में गहन सर्वेक्षण कराकर अनुभव लगवा सकते हैं कि वे कितना कर दे सकते हैं। इस प्रकार बेरोज़गारी को भी कम कर सकते हैं। आठवाँ—कुछ विभागों के व्यय को सीमित कर सकते हैं। नौवाँ—केन्द्र में फ़ेडरेशन से लोगों को परिचित कराने के लिए अपने पद का इस्तेमाल कर सकते हैं। और अन्तिम रूप में वे अपने उदाहरणों द्वारा अन्य प्रान्तों के ग़ैर-कांग्रेसी मन्त्रिमंडल को प्रभावित कर सकते हैं।

लेकिन ये सब छोटे-मोटे सुधार हैं। कुछ समय के लिए इस प्रकार वे लोगों को सन्तुष्ट कर सकते हैं किन्तु अधिक लम्बे समय तक नहीं। एक वर्ष बीतते-न-बीतते मुख्य समस्याएँ—ग़रीबी, बेरोज़गारी, बीमारी, अशिक्षा आदि पुनः गम्भीर रूप में उठ खड़ी होंगी और तत्काल इनकी ओर ध्यान देना आवश्यक हो जायेगा। केन्द्र में प्रतिक्रियावादी सरकार के रहते और प्रान्तों में अल्पराशि के कारण क्या कांग्रेसी मन्त्री इनका मुकाबला कर पायेंगे। ग़रीबी और बेरोज़गारी का मुकाबला तो कृषि का विकास करके या राष्ट्रीय उद्योगों को पुनर्जीवित करके किया भी जा सकेगा। इसके साथ-साथ बैंकिंग या ऋण सुविधाओं का विकास करके भी इनका हल खोजा सकता है। इस सबके लिए अधिक धन की आवश्यकता पड़ेगी। बीमारी के क्षेत्र में एक ओर तो इलाज़ और बचाव के तरीक़े अपनाने के लिए अत्यधिक धन की आवश्यकता होगी और दूसरी ओर खेलों व शारीरिक व्यायाम को भी बढ़ावा देना होगा। निरक्षरता को दूर करने के लिए निःशुल्क और ज़रूरी प्राथमिक शिक्षा युवा वर्ग और प्रौढ़ वर्ग को उपलब्ध करानी होगी यह सब तभी सम्भव हो पायेगा जब मन्त्रियों के पास अत्यधिक राशि हो।

ये मुख्य समस्याएँ, जिनका समाधान अभी तक कई प्रमुख देश भी नहीं कर पाये, भारत में तभी सफलतापूर्वक हल हो पायेंगी जबकि दिल्ली में लोकप्रिय सरकार की सत्ता हो तथा केन्द्रीय प्रान्त की सरकारों में गहन तालमेल हो। मेरा दृढ़ विश्वास है कि भारत जैसे पिछड़े और कंगाल देश को इस ज्वार-भाटे का मुकाबला करना होगा और इसके मूल आदेशों व उपलब्ध राशि से ही काम चलाना होगा। अतः मैं निकट भविष्य में आने वाले समय की कल्पना कर सकता हूँ। जब कांग्रेसी मन्त्री अपने छोटे-मोटे कार्यों को पर्याप्त अनुपात में पूरा कर लेंगे तो

उन्हें यह महसूस होने लगेगा कि आगे प्रगति तब तक नहीं की जा सकती जब तक कि दिल्ली में लोकप्रिय सरकार क़ायम न हो और देश के लोगों के हाथ में पूर्णरूप से सत्ता न आ जाये।

किन्तु हमें यह सोचकर ही नहीं बैठ जाना चाहिए कि इस स्थिति के आने तक कांग्रेस के मन्त्री सुख की साँस ले पायेंगे। मैंने पहले भी दो कठिनाइयों का ज़िक्र किया है जो उनके सरकारी पद के दौरान उनके मार्ग में रोड़े अटकाती रहेंगी। वे कठिनाइयाँ हैं—धन की उपलब्धता और उच्च सेवाधिकारियों के अधिकार। पहली समस्या अधिक व्याख्या नहीं चाहती किन्तु दूसरी समस्या का मैं विस्तृत उल्लेख करना चाहूँगा। भारतीय चिकित्सा सेवा, एक उदाहरण लें। पुरानी योजना के अन्तर्गत भारतीय चिकित्सा सेवा में 386 ब्रितानी और 263 भारतीय थे। नयी योजना के तहत अंग्रेज़ों की संख्या तो वही रहेगी लेकिन भारतीयों की संख्या घटकर 198 हो जायेगी तथा 58 अधिकारी शॉर्ट सर्विस कमीशन में रहेंगे। भविष्य में भारतीय चिकित्सा अधिकारी के मूल वेतन में कटौती होगी लेकिन अंग्रेज़ अधिकारियों को परदेशीय भत्ता दिया जायेगा जिससे उनका वेतन बढ़ जायेगा जबकि भारतीयों के साथ ऐसा नहीं होगा। अतः इस नयी योजना के अन्तर्गत भारतीय चिकित्सा अधिकारियों की स्थिति अंग्रेज़ चिकित्सा अधिकारियों की तुलना में दयनीय हो जायेगी। इससे भी ज़्यादा दुखद स्थिति यह होगी कि देश के कुछ मुख्य ज़िलों व देश के मुख्य मेडिकल कॉलेजों में पद अंग्रेज़ों के लिए सुरक्षित कर दिये जायेंगे। यद्यपि कांग्रेसी मन्त्री इस स्थिति के ज़िम्मेदार नहीं होंगे, और कुछ जागरूक लोग उनकी असमर्थता को स्वीकारेंगे भी, लेकिन जनसामान्य का व्यक्ति अवश्य ही प्रान्तीय सरकारों को उच्च सेवाओं के भारतीयकरण में असफल रहने का तथा भारतीयों के वेतन कम करने का दोषी ठहरायेगा। छह प्रान्तों के कांग्रेसी मन्त्री अनियन्त्रित दशा में रहेंगे यद्यपि वे भारतीय चिकित्सा अधिकारियों के वरिष्ठ अधिकारी होंगे किन्तु वे उन लोगों के एक भी विशेषाधिकार को छू नहीं सकेंगे। ऐसी स्थिति ही अन्य सेवाओं के उच्चाधिकारियों की भी रहेगी।

यदि छह प्रान्तों में कांग्रेस मन्त्रिमण्डल के सामने ये स्थितियाँ उपस्थित होंगी तो आसानी से यह अन्दाज़ा लगाया जा सकता है कि अन्य पाँच प्रान्तों की स्थिति क्या होगी जहाँ के मन्त्रियों की रीढ़ ही नहीं है और जिनका एकमात्र उद्देश्य पद पर आसीन रहने का है। बंगाल में उदाहरण के तौर पर मन्त्रालय की उपलब्धियाँ, बल्कि पिछले चार माह की कोई उपलब्धि नहीं, भविष्य की सूचक है। अभी तक वे लोकप्रिय मन्त्रालय के कार्यक्रम के पहले मुद्दे अर्थात राजनीतिक बन्दियों की रिहाई को सुलझाने का साहस तक नहीं जुटा पायी है।

फिर ऐसे मन्त्रिमण्डल से जूट की समस्या जैसी कठिन समस्या को सुलझाने की आशा कैसे की जा सकती है, जिसके सन्तोषजनक समाधान पर कम-से-कम तीन या चार करोड़ लोगों की समृद्धि निर्भर है।

मुझे ध्यान है जब फ़रवरी, 1936 में मैं डब्लिन में था तो कृषि एवं उद्योग मन्त्री से बातचीत के दौरान मैंने इन जैसी समस्याओं, अर्थात आयरिश स्वतन्त्र राज्य में गन्ने की खेती, चीनी मिलों की आवश्यकताओं से इसके सम्बन्ध तथा देश में चीनी उत्पादनों के बाज़ारीकरण आदि, पर चर्चा की थी। तब मैंने यह महसूस किया था कि बंगाल की जूट समस्या का समाधान कितना आसान है, यदि दिल्ली और बंगाल में राष्ट्रीय एवं लोकतान्त्रिक सरकार की सत्ता हो। मेरा विश्वास है कि बंगाल में यदि लोकप्रिय सरकार की सत्ता हो तो वह संविधान के भीतर रहकर ही जूट समस्या का समाधान कर सकती है बशर्ते कि वह अपने निजी स्वार्थों का त्याग कर दे, हालाँकि जूट उत्पादकों को देने के लिए अतिरिक्त राशि की कमी के कारण वह स्वयं को असमर्थ महसूस करेगी। कुछ भी हो इतना तो पक्का है कि वर्तमान प्रतिक्रियावादी मन्त्रिमण्डल से कोई आशा नहीं क्योंकि इसके पास गुण और साहस दोनों की ही कमी है।

तो क्या हम इस निर्णय पर पहुँचे कि मन्त्रीपद स्वीकारने से कोई ठोस लाभ होने वाला नहीं है। यद्यपि अन्य कांग्रेसियों की भाँति मुझे यह आशा नहीं है कि कांग्रेसी मन्त्रिमण्डलों के माध्यम से अधिक लाभ होगा, फिर भी मुझे विश्वास है कि मन्त्रिपद स्वीकारने की नीति का प्रयोग हम भारत की स्वतन्त्रता के उद्देश्य पूर्ति के लिए तो कर ही सकते हैं। किन्तु इसकी प्रतिपूर्ति के लिए हमें पूर्ण रूप से जागरूक रहना है तथा कांग्रेस को लिबरलीग की चमक-दमक से बचाना है। कांग्रेस में ऐसे लोगों का अभाव नहीं कि यदि उन्हें उनकी मर्ज़ी पर छोड़ दें, तो वे संविधानवाद के अधिक सुखद मार्ग को ही चुनेंगे।

मन्त्रिपद की स्वीकृति देने का सबसे बड़ा लाभ यह होगा कि लोगों को यह विश्वास हो जायेगा कि ब्रिटिश सरकार की उत्तराधिकारी कांग्रेस ही होगी और देर-सवेर पूरा शासकीय तन्त्र कांग्रेस पार्टी के नियन्त्रण में आ जायेगा। इसके नैतिक परिणाम सुखद होंगे और यह किसी भी उस भौतिक उपलब्धि से अधिक है जो हमें हमारे कांग्रेसी मन्त्रियों द्वारा स्वतः ही प्राप्त हो जायेगा। दूसरे, कमज़ोर हृदय कांग्रेसियों के लिए सत्ता का सुख उनके भविष्य के कार्यकलापों के लिए प्रेरक सिद्ध होगा तथा त्याग की भावना से उनमें अधिक आत्मविश्वास पैदा होगा। तीसरे, इससे कांग्रेस प्रान्तीय सरकारों के माध्यम से फ़ेडरेशन का विरोध करने में सक्षम हो सकेगी और इस विरोध के परिणामस्वरूप फ़ेडरल योजना पूर्णतः ध्वस्त हो जायेगी और कांग्रेस को इसका श्रेय मिलेगा।

और अन्तिम लाभ यह होगा कि मन्त्री पद स्वीकारने से मन्त्रिगण भारत और विश्व को, अपने प्रशासनिक अनुभव के आधार पर, यह दिखा देंगे कि 1935 के संविधान के आधार पर, यह सामाजिक पुनरुत्थान असम्भव है। इस अनुभव का मनोवैज्ञानिक प्रभाव यह होगा कि कांग्रेस व देश अन्तिम रूप से दिल्ली व व्हाइटहॉल के स्तम्भ पर आक्रमण करने को तैयार हो जायेगा।

व्यक्तिगत रूप से यदि मन्त्रिपद स्वीकारने से उपर्युक्त चौतरफ़ा लाभ मिला तो मैं बहुत सन्तुष्ट होऊँगा। जो लोग इस मन्त्रिपद स्वीकारने की नीति के पक्ष में नहीं हैं किन्तु मजबूरी में इसे स्वीकारते हैं, वे हमारे देशवासियों को कांग्रेस के दस वर्षीय कार्यक्रम के विरुद्ध चेतायेंगे, जो कार्य कुछ कांग्रेसी नेताओं ने शुरू किया था और वे संविधानवाद को चुपचाप स्वीकारने के लिए बाध्य थे।

यह सुखद अनुभव है कि कांग्रेस के शीर्ष नेताओं महात्मा गाँधी, पण्डित जवाहरलाल नेहरू, सरदार वल्लभभाई पटेल, बाबू राजेन्द्र प्रसाद तथा अन्य कई—ने स्वयं को मन्त्रिपद व विधान सभा से अलग रखा है। यह तो पक्की बात है कि कांग्रेस स्वयं को संसदीय कार्रवाई में इतना नहीं उलझायेगी कि वह पूर्णरूप से संवैधानिक संस्था बनकर रह जाये। (मैं यहाँ संवैधानिक शब्द का प्रयोग सीमित दायरे में कर रहा हूँ।) ये नेता देखेंगे कि कांग्रेसी मन्त्री अपने-अपने स्थान पर रह कर कांग्रेस हाईकमान के निर्देशानुसार कार्य करें। कुछ अवधि के लिए कार्यमुक्त होने के बावजूद भी महात्मा गाँधी इतने चौकन्ने हैं कि प्रत्येक घटना पर नज़र रखते हैं और आवश्यकता पड़ने पर सभी को बता देंगे कि समय आने पर वे फिर सामने आ सकते हैं और कांग्रेस को संवैधानिक गतिविधियों को स्थगित करने का आदेश भी दे सकते हैं। वे सत्याग्रह का झण्डा पुनः लहरा सकते हैं ताकि कांग्रेस अपने पूर्ण स्वराज के सपने को पूरा करने का अन्तिम युद्ध छेड़ सके।

कलकत्ता*

कलकत्ता द्वारा भूतपूर्व मेयर का अभिवादन सुभाष चन्द्र बोस का जनसम्मान

मित्रो,

आपके इस प्यार और सम्मान के प्रदर्शन से मैं बहुत आनन्द का अनुभव कर रहा हूँ। मैं समझ नहीं पा रहा कि आपका आभार किन शब्दों में व्यक्त

*6 अप्रैल, 1937, कलकत्ता में आयोजित जनसम्मान के दौरान दिया अभिभाषण, 'द कलकत्ता म्यूनिसिपल गजट' में प्रकाशित।

करूँ और यदि इस समय वाणी मेरा साथ न दे तो वह मेरी ग़लती नहीं होगी। आपने मेरे राजनीतिक जीवन की उपलब्धियों और कष्टों का ज़िक्र किया है किन्तु मुझे कोई खेद नहीं होगा यदि मैं स्पष्ट शब्दों में आपको बता सकूँ कि मेरे पास सकारात्मक उपलब्धि के नाम पर कुछ भी नहीं है। किन्तु मैं एक सेनानी हूँ जो सदा चलायमान रहता है। हमारा लक्ष्य हमसे अभी बहुत दूर है, मार्ग काँटों से परिपूर्ण है, हमारे मार्ग में फूल नहीं बिछे हैं। इस लम्बे मार्ग में कई बाधाओं का मैंने सामना किया है। किन्तु ऐसा हमारी राष्ट्रीय सेना में से किसके साथ नहीं हुआ, और फिर उन लोगों की तुलना में, जिन्होंने अपना सर्वस्व दान कर दिया, मेरे कष्ट बहुत कम हैं।

17 मार्च को जब अचानक मुझे रिहा किया गया तो तत्काल मेरा ध्यान उन लोगों की ओर गया जो बिना किसी वजह के कई वर्षों से कारागार में हैं या उन पर अनेकों प्रकार के प्रतिबन्ध लगाये गये हैं। मैंने उनके समान दुख भोगे हैं और उनके परिवारजनों व निकट सम्बन्धियों के आँसू देखे हैं। मेरा कष्ट इन अनुभवों से और भी बढ़ा कि मेरे साथ वाले केबिन के एक क़ैदी ने कलकत्ता मेडिकल कॉलेज में दम तोड़ा जहाँ हमारी सतर्क पुलिस उपस्थित थी और उसकी मृत देह को, तब तक जब तक कि पवित्र नदी के किनारे उसका अन्तिम संस्कार नहीं कर दिया गया, ले जाते देखना एक कटु अनुभव था। इसलिए आप समझ सकते हैं कि मेरे मन पर इतना बोझ क्यों है और मैं आपके हृदयों को उन असहाय लोगों के लिए सहानुभूति से भर देना चाहता हूँ जो हृदयहीन राज्य के शिकार हैं।

लगभग पाँच-साढ़े पाँच वर्ष के अन्तराल के बाद आज पुनः मैं आपके सामने उपस्थित हूँ सिर पर नीला आकाश है। पिछली बार जब मैं यहाँ खड़ा हुआ तब से लेकर अब तक हुगली नदी में बहुत-सा पानी प्रवाहित हो चुका है, हमारे इस देश में बहुत-सी अच्छी-बुरी घटनाएँ घट चुकी हैं। आज मैं पुरानी यादों के झंझावात से घिरा हूँ, वे यादें सुखद भी हैं और दुखद भी जो मेरे मस्तिष्क के सामने से गुज़र रही हैं। सबसे दुखद बात यह है कि इस देश ने कई, देशप्रिय जतीन्द्र मोहन सेनगुप्ता, अध्यक्ष वी. जे. पटेल, डॉ. एम. ए. अंसारी, श्री वीरेन्द्र नाथ ससमाल जैसे नेता खो दिये जो आज हमारे बीच नहीं हैं। वे इस जीवन को छोड़ गये किन्तु हमें एक प्रेरणा और सन्देश दे गये हैं, और अब हमें उनके इस कार्य को फलीभूत करना है। देश के इस भू-भाग में आप सभी लोगों को देशप्रिय सेनगुप्ता की कमी अत्यधिक खल रही होगी। उनके नेतृत्व के बिना बंगाल आज एक नेतृत्वहीन प्रान्त बन गया है और इस रिक्त स्थान की पूर्ति करने के लिए आप सबको अपने संसाधन और पूर्ण शक्ति लगा देनी होगी।

देश के अनेक भागों व बंगाल के अनेक घरों में अधिकारी वर्ग की दमनकारी नीतियों के कारण बहुत हताशा व निराशा व्याप्त है। मैंने अनुभव किया है कि पिछले पाँच वर्षों के दौरान कृषकों व श्रमिकों की दशा और भी दयनीय हुई है। इसी वजह से आज प्रदर्शन व हड़तालें हो रही हैं, उदाहरणार्थ–बंगाल में जूट श्रमिकों की हड़ताल में लगभग 80,000 लोग शामिल हैं। आर्थिक शोषण के शिकार इन मज़दूरों की अहिंसक लड़ाई में मैं उनके साथ हूँ। यह संघर्ष उनकी मूलभूत आवश्यकताओं काम और रोटी के लिए है।

इसमें बिल्कुल भी अतिशयोक्ति नहीं है कि अपनी गिरफ़्तारी, देशनिकाले व बन्दी रहने के बाद आज आप लोगों के सम्मुख आने पर मुझे बिल्कुल राजनीतिज्ञ रिप वैन विंकल जैसा अनुभव हो रहा है। पुराने सूत्रों को एकत्र करने की दृष्टि से आपको मुझे कुछ समय देना होगा तभी मैं भविष्य के प्रति कुछ निष्कर्ष ले सकूँगा। फिर आप मेरे स्वास्थ्य से भी परिचित हैं, मुझे अपने काम पर लौटने से पूर्व कुछ समय चाहिए ताकि मैं अपनी पुरानी शक्ति पुनः प्राप्त कर सकूँ। आप मेरे इस बात से भी सहमत होंगे कि इससे पहले कि मैं भविष्य की योजना बनाऊँ मुझे सामान्य मुद्दों पर तथा वर्तमान स्थिति पर महात्मा गाँधी से आवश्यक बात कर लेनी चाहिए जिनकी ओर आज भी हमारा देश देख रहा है कि वे नेतृत्व की बागडोर सँभालें, हमारे अध्यक्ष पण्डित जवाहरलाल नेहरू व अन्य नेताओं से भी वार्तालाप करना आवश्यक है। अतः आज के ज्वलन्त प्रश्नों पर अपनी राय ज़ाहिर करने के लिए मुझे अभी समय अनुकूल नहीं लगता।

पिछले छह वर्षों के दौरान, जो मेरे लिए अनुभवों से भरे थे, मैंने बहुत कुछ सीखा है। मैं वर्तमान सरकार का आभारी हूँ कि उसने मुझे ज़बर्दस्ती ऐसे-ऐसे स्थानों पर रखा जहाँ मैं सामान्यतः जाना पसन्द न करता, और जहाँ से मुझे बहुत-सा ज्ञान प्राप्त हुआ। सबसे बड़ा ख़ज़ाना जो आज मेरे पास है वह है अन्तरराष्ट्रीय मुद्दों पर मेरी अन्तर्दृष्टि तथा आधुनिक यूरोप के निर्माता व्यक्तियों से सम्पर्क। परिणामस्वरूप आज मैं महसूस करता हूँ कि मानवीय मुद्दों पर और भारत की समस्याओं पर मैं सही ढंग से व सही दिशा में सोचने के योग्य हो गया हूँ।

भारत की किसी भी विशेष समस्या के विषय में कुछ विचार ऐसे अवश्य होने चाहिए जो उसका मूल आधार बन सकें। हमें यह स्वीकारना चाहिए कि पूरा विश्व एक है तथा भारत का भविष्य शेष आधुनिक विश्व से सम्बन्ध रखने में ही सुरक्षित है। इसलिए भारतीय आन्दोलन की नीति और युद्धनीति निर्धारित करने से पूर्व पूरे विश्व की आज और कल की स्थिति का आकलन कर लेना बहुत ज़रूरी है। दूसरे, साम्राज्यवाद जिस रूप में भी हो, दूसरे लोगों की आज़ादी

का साधन है और आधुनिक विश्व की शान्ति का दाता है। पश्चिमी यूरोप में लोकतन्त्र के रूप में और केन्द्रीय यूरोप में कट्टरवादी तानाशाही के रूप में किन्तु आज़ादी और शान्ति के प्रेमी होने के नाते हमें इसका डटकर विरोध ही करना है।

तीसरे, पूरे विश्व के लिए भारत एक राष्ट्र ही है, अतः यदि हमें अपने लोगों का समर्थन पाना है तो हमें, विभिन्न प्रान्तों व विभिन्न सम्प्रदायों के लोगों को, एक झण्डे तले एकत्र होना होगा। विभाजन की प्रवृत्ति, चाहे वह प्रान्तीयतावाद हो या साम्प्रदायिकतावाद को अभिशाप माना जाना चाहिए तथा प्रत्येक जाति व धर्म के स्वतन्त्रताप्रेमियों को बृहद् सामाजिक-आर्थिक कार्यक्रम के लिए कार्य करना होगा ताकि साम्प्रदायिकता व प्रान्तीयता से ऊपर उठा जा सके।

चौथे, हमारी युद्धनीति ऐसी होनी चाहिए जिसके तहत हम श्रमिकों, कृषकों व मध्यम वर्ग की साम्राज्यवाद विरोधी शक्ति को बढ़ा सकें। देश की सभी ग़ैर-साम्राज्यवादी ताक़तों को भारतीय राष्ट्रीय कांग्रेस के अन्तर्गत एकत्र किया जाये ताकि आज की मुख्य आवश्यकता अर्थात हमारी भूखी और गुलाम जनता को आर्थिक स्वतन्त्रता दिलाई जा सके। हमारे संघर्ष अहिंसक और असहयोगपूर्ण हों।

यद्यपि मैं आज अपनी भविष्य की कार्ययोजना की घोषणा करने की स्थिति में नहीं हूँ, फिर भी आप सबको स्पष्ट रूप में बताना चाहूँगा कि भविष्य में मैं अपना समय और शक्ति भारत की समस्याओं के समाधान हेतु लगाना चाहता हूँ। हमारी मुक्ति चाहे राजनीतिक क्षेत्र में हो या सामाजिक क्षेत्र में, उस संघर्ष पर निर्भर रहेगी, जो भारत विदेशी अधिकार और साम्राज्यवादी दमन के विरुद्ध करेगा। हमारा कार्य किसी अन्य प्रदेश अथवा प्रान्त की अवहेलना कर किसी एक विशेष प्रान्त पर अधिक ध्यान देना नहीं है। अखिल भारतीय मुद्दों पर कार्य करते हुए मैं बंगाल के मामलों पर अधिक ध्यान दे सकता हूँ, किन्तु मैं वैसा करूँगा या नहीं यह कुछ विशेष स्थितियों पर निर्भर करेगा। सर्वप्रथम विभिन्न गुटों के श्रमिकों को व्यर्थ के झगड़ों से बचना होगा और पूर्ववर्ती बेकार के मतभेदों को भुलाकर एकजुट होना होगा। बंगाल को एक सामान्य सामाजिक, आर्थिक कार्यक्रम के आधार पर एकत्र होना होगा जिससे कि न केवल कांग्रेसी गुट एक होंगे बल्कि हिन्दू और मुसलमान भी एक हो जायेंगं। यह एकजुटता हमारे पूर्ववर्ती गुटों के मतभेदों की लाश पर खड़ी होंगी। दूसरे, बंगाल को भारतीय राष्ट्रीय कांग्रेस के नेतृत्व को ही मानना होगा और किसी भी सिद्धान्त या विधि के कारण वर्गीकरण नहीं होगा। तीसरे, बंगाल में कांग्रेस के कार्य को ठीक प्रकार कार्यरूप देने के लिए पर्याप्त धन जुटाना होगा। चौथे, कलकत्ता निगम के प्रति कांग्रेस की नीति। हावड़ा नगर निगम तथा अन्य लोक कार्यालयों का कांग्रेस के

तत्त्वाधान में पिछले पाँच या छह वर्षों में पुनः निरीक्षण किया जाना चाहिए। मैं बंगाल कांग्रेस कमेटी का कार्य करूँगा अथवा नहीं यह मेरे राजनीति में सक्रिय रूप से लौटने के बाद ही तय होगा। इस बीच मैं अपने सभी साथियों और मित्रों से कहता हूँ कि यदि वे प्रान्तीय मामलों में मेरा सहयोग चाहते हैं तो उन्हें बंगाल में कांग्रेस के कार्यक्रम व मशीनरी के पुनर्निर्माण का कार्य करना होगा, जिस पर मैं पर्याप्त प्रकाश डाल चुका हूँ।

साथियो, आज की शाम आप लोगों ने मेरे प्रति जो स्नेह और आदर प्रदर्शित किया उसके लिए मैं एक बार फिर आप लोगों का हृदय से आभारी हूँ। यह एक अद्वितीय घटना है जो मुझे सदा याद रहेगी और कठिनाइयों व मुश्किलों के दौरान मुझे प्रेरणा देती रहेगी। मैं आपको इसके बदले में कुछ नहीं दे सकता, केवल यही दृढ़ निश्चय दोहरा सकता हूँ कि मैं अपनी मातृभूमि के राजनीतिक व आर्थिक विकास के लिए मेरे पास जो कुछ भी है, वह सब न्योछावर कर दूँगा। मेरे देशवासियों की सद्‌भावनाएँ और आशीर्वाद व्यर्थ नहीं जा सकते, अतः मुझे आशा है कि कुछ माह के अन्तराल के बाद मुझमें इतनी शक्ति आ जायेगी कि मैं पुनः राजनीति के क्षेत्र में सक्रिय हो सकूँगा। अब मैं आपकी आज्ञा चाहूँगा कि मैं लम्बी अवधि के लिए आराम करने की दृष्टि से कलकत्ता से दूर चला जाऊँगा। अपनी वापसी पर मैं भारत की तत्कालीन समस्याओं पर और अपने भविष्य की कार्य योजना पर प्रकाश डालूँगा। आज जो कुछ मैंने कहा या अपना मत स्पष्ट किया उसे समझने के पश्चात अब आप लोगों को निर्णय लेना है कि क्या आप मेरी चिरप्रतीक्षित सहयोग की इच्छा को पूर्ण करेंगे।

परिवर्तनशील आदर्शवाद की कमी*

भूतपूर्व मेयर सुभाष चन्द्र बोस के निगम के मामले पर व्यक्त विचार

"शर्म से मेरी गर्दन झुक जाती है।"

आपने मेरी सहायता माँगी है। यदि यह सम्भव होता तो मैं अवश्य करता। किन्तु मुझे अपनी असमर्थता का अहसास है। आपको मेरे प्रभाव के विषय में ग़लत धारणा है। यदि लोगों से मुझे सहयोग प्राप्त है तो इसका यह अभिप्राय नहीं कि निगम की चारदीवारी में भी मुझे सहयोग मिलेगा। अन्यथा पिछले कुछ वर्षों में जो घटनाएँ घटीं वे न घटतीं। सन् 1924 में देशबन्धु के नेतृत्व में कांग्रेसी इस दृष्टि

* 'द कलकत्ता म्यूनिसिपल गजट में' 14 अगस्त, 1957 में प्रकाशित पत्र का मसौदा।

से निगम में नहीं आये थे कि वे उच्चाधिकारियों का वेतन बढ़ायेंगे और शेष लोगों को वर्तमान वेतन पर ही रहने देंगे। पिछले कुछ वर्षों में भाई-भतीजावाद इतना अधिक बढ़ा है कि शर्म से मेरी गर्दन झुक जाती है। यह सब उस संस्था में हो रहा है जहाँ कांग्रेस का प्रभाव रहा है या होना चाहिए था। कुछ माह पूर्व जब मुख्य अधिशासी अधिकारी ने अवकाश माँगा तो उसके साथ जो असाधारण व्यवहार हुआ वह दर्शनीय है। ग़रीब श्रमिकों की वेतन वृद्धि की माँग के विरोध में ये लोग जो तर्क दे रहे हैं वह अधिकारी वर्ग का ही कृत्य है। मानव के रूप में न्याय की इच्छा तथा कांग्रेसी के रूप में मेरी आत्मा इसके विरुद्ध विद्रोह करती है किन्तु फ़िलहाल मैं असमर्थ हूँ।

अपनी रिहाई के समय से ही मैं निगम की आन्तरिक कार्य व्यवस्था के लिए चिन्तित हूँ। मुझ तक पहुँचने वाली अफ़वाहों या रिपोर्टों का यदि न्यूनतम प्रतिशत भी सत्य है तो जनता के लिए यह निराशाजनक स्थिति है। मुझे यह देखकर प्रसन्नता है कि वर्तमान मेयर के नियन्त्रण में बुराई का एक कोना ख़त्म हुआ है जिसने निगम के विभागों की कार्यक्षमता को घेर रखा था। किन्तु मुझे आशा है कि अभी जितना अन्धकार शेष है वह भी धीरे-धीरे छँट जायेगा।

एक कांग्रेस कार्यकर्ता के रूप में, जो कुछ भी निगम के अन्दर चल रहा है, उसके प्रति मैं भी काफ़ी हद तक ज़िम्मेदार हूँ, इस बात से मैं पूर्ण सहमत हूँ। निर्धन कार्यकर्ताओं के प्रति जो अन्याय हुआ है उसके साथ-साथ अन्य कई बातों के लिए भी यह ज़िम्मेदारी हमारी ठहरती है। निकट भविष्य में हमें इस समस्या का समाधान खोजना होगा। मैं आपको अभी यह नहीं बता सकता कि जब मैं वापस लौटूँगा तक किस प्रकार कार्य करूँगा। हाँ इतना अवश्य कह सकता हूँ कि यदि बंगाल की राजनीति में मुझे कार्य करना है तो कलकत्ता निगम की आगीन स्टेबल्स बिल्कुल साफ़ करने होंगे अन्यथा कांग्रेस पार्टी को नगर निगम के कार्यों के प्रति अपनी ज़िम्मेदारी से हाथ खींच लेने होंगे।

मेरे विचार से कलकत्ता नगर निगम में जो कुछ भी चल रहा है वह बंगाल के जनजीवन का आईना है। हमारे लोगों में एक निष्क्रियता आ गयी है। जो आदर्शवादी शक्ति हमारे पास है वह या तो जेल में बन्द है या फिर नज़रबन्द है। जो लोग बाहर हैं वे बेकार समय गँवा रहे हैं। इसीलिए चारों ओर छोटी-छोटी बातों के लिए झगड़े हो रहे हैं। असली और गम्भीर समस्याओं की ओर किसी का भी ध्यान नहीं है। इस दलदल से प्रान्त को बाहर निकालने के लिए नैतिक उत्थान की आवश्यकता है, आदर्शवाद की आँधी द्वारा, तभी क्षुद्र, व्यर्थ और प्रतिक्रियावाद से छुटकारा मिलेगा। तभी हमारे दिलों में, जीवन में विश्वास, निष्पक्षता और

निःस्वार्थ सेवाभाव उत्पन्न होगा। मेरा विश्वास है कि इस पागलपन के दौरे के बाद हम लोगों में जागरूकता की किरण उदित होगी।

भारतीय वास्तुकला और कलकत्ता नगर निगम*

श्री सुभाष चन्द्र बोस के विचार

आपके पत्रों के उत्तर देने में हुई देरी के लिए मुझे खेद है, जिसका मुख्य कारण यह था कि मैं आपके उद्देश्यों की प्रतिपूर्ति में स्वयं को असहाय महसूस करता हूँ। भारतीय वास्तुशिल्प के पुनरुत्थान के विषय में मेरे विचारों से आप भलीभाँति अवगत हैं। मेरा मानना है कि यह हमारी राष्ट्रीय परम्परा का एक महत्त्वपूर्ण तत्त्व है। कला और वास्तुशिल्प हमारे राष्ट्र की आत्मा के प्रतीक हैं। लोगों की आत्मा जाग्रत होती है तो वह स्वाभाविक रूप से सामने भी आती है। इस दृढ़ विचार की वजह से ही मुझे आपके कार्यों में दिलचस्पी थी। आपने जिस अनन्त उत्साह और जोश के साथ हृदय में विचारे इस कार्य को सम्पन्न करने की ठानी है उसकी मैं हृदय से प्रशंसा करता हूँ और यह प्रार्थना करता हूँ कि आपके मार्ग में कितनी ही कठिनाइयाँ या रुकावटें क्यों न आयें, आपकी आशा की एक भी किरण कम न हो, यही किरण आपकी सफलता का रहस्य है।

आपके पत्र के विषय में मुझे यह कहना है कि कलकत्ता नगर निगम के लिए यह सम्भव है कि वह भारतीय वास्तुशिल्प को आगे बढ़ा सके। मैं यह स्पष्ट करना चाहूँगा कि यदि मेरा इस संस्था पर थोड़ा भी नियन्त्रण होता तो मैं अवश्य ही आपके विचारों को क्रिया रूप देता। आप स्वीकार करें या नहीं किन्तु सत्य यही है कि इस संस्था पर मेरा रत्तीभर भी नियन्त्रण नहीं है। आपको यह बात आश्चर्यजनक लग सकती है कि संस्था में कांग्रेस का प्रभुत्व है किन्तु मेरा इस पर कोई नियन्त्रण नहीं है। किन्तु यही सत्य है।

मुझे नहीं मालूम कि क्या वैधानिक कठिनाइयों के कारण, भारतीय वास्तुकला के लिए एक स्थान निश्चित कर पाना सम्भव होगा अथवा नहीं, क्योंकि निगम किसी को भी एक विशेष प्रकार की वास्तुशिला के लिए बाध्य नहीं कर सकता। वैसे भी नगर निगम परोक्ष रूप में भारतीय शिल्प को प्रोत्साहित नहीं कर सकता। यह तो सम्भव हो सकता है कि भारतीय वास्तुकला का एक विभाग हो जो लोगों को यह राय दे सके कि उन्हें किस प्रकार का वास्तुशिल्प अपनाना चाहिए।

* 'द कलकत्ता म्यूनिसिपल गजट में' के 28 अगस्त, 1937 अंक में प्रकाशित पत्र।

इस विभाग के पास के उपयोग लोगों में आने वाली पुस्तकें, डिज़ाइन आदि हो, तथा यह विभाग लोगों भारतीय वास्तुशिल्प को लोकप्रिय बनाने के लिए प्रचार का कार्य करे। कलकत्ता के लोगों में भारतीय वास्तुशिल्प को लोकप्रिय बनाने के लिए प्रदर्शनियों का आयोजन भी किया जा सकता है। और यदि कलकत्ता एक उदाहरण पेश करता है तो अन्य शहर भी उसके नक़्शेक़दम पर चलेंगे।

किन्तु बात तो यह है कि मेरी बात सुनेगा कौन, लोग क्षुद्र झगड़ों में, महत्त्वहीन बातों में उलझे हैं और महत्त्वपूर्ण समस्याओं पर ध्यान नहीं दे रहे हैं। परिणामस्वरूप मुझे कोई भी आशा नहीं है। आप कह सकते हैं कि इस प्रकार निगम में कांग्रेस पार्टी की उपस्थिति का क्या लाभ है। शायद आपकी राय ठीक हो, और यही बात जब से मैं मुक्त हुआ हूँ, तभी से मेरे मस्तिष्क को भी आन्दोलित कर रही है। अपने सामान्य कार्यक्रम पर वापस आने के पश्चात मैं क्या करूँगा, कुछ कह नहीं सकता। किन्तु इस समस्या का समाधान तो देर-सवेर करना ही है। तब तक मैं आपको अपनी शुभकामनाएँ प्रेषित करता हूँ तथा यह प्रार्थना करता हूँ कि आप कभी निराश न हों।

यूरोप आज और कल*

आधुनिक राजनीति में विभिन्न देशों को दो वर्गों में विभक्त करने की परम्परा है—उनके पास क्या है और क्या नहीं है। जिनके पास कुछ है उनमें ग्रेट ब्रिटेन, फ्रांस आदि हैं जिन्हें वार्सिलेस, ट्रायनन तथा न्यूवेली सन्धि से लाभ हुआ और अन्ततः फिर युद्ध से भी लाभान्वित हुए। दूसरी ओर वे देश हैं जिन्हें इन सन्धियों से हानि हुई और जिनकी कुछ-न-कुछ शिकायतें बनी हुई हैं। यूरोप में ग्रेट ब्रिटेन, फ्रांस तथा आस्ट्रो-हंगेरियन साम्राज्य से बने नये राज्य आदि लाभान्वित राज्यों में हैं। दूसरी ओर जर्मनी, इटली, हंगरी, आस्ट्रिया और बुल्गारिया ऐसे राज्य हैं जिन्हें हानि पहुँची है। पिछले युद्ध के दौरान यद्यपि रूस ने अपना बहुत-सा क्षेत्र खो दिया था, किन्तु अब वह यथास्थिति बनाये रखने को राज़ी है इसलिए उसे भी लाभान्वित देशों में गिना जायेगा। इटली ने यद्यपि आस्ट्रो-हंगेरियन साम्राज्य के क्षेत्र पर युद्ध के दौरान क़ब्ज़ा कर लिया था किन्तु फिर भी वह हानिग्रस्त क्षेत्र माना जाता है, क्योंकि उसे युद्ध के परिणामस्वरूप बहुत-सा लाभ होने की आशा थी। 1915 में लन्दन में हुए गुप्त समझौते के अनुसार इटली को मित्र

* मॉडर्न रिव्यू के सितम्बर 1937 के अंक में प्रकाशित तथा सुभाष चन्द्र बोस द्वारा लिखित 'थ्रू कांग्रेस आइज़' में पुनर्प्रकाशित (किताबिस्तान, इलाहाबाद तथा लन्दन, 1938)।

राष्ट्रों में मिला लिया गया था और उसे विश्वास दिलाया गया था कि दाल्मेशियन कोस्ट जैसे बहुत-से क्षेत्र उसे दिये जायेंगे लेकिन जो बाद में पीस कॉन्फ्रेंस द्वारा युगोस्लाविया को सौंप दिये गये। (जिन्हें शान्ति समझौते में सर्ब, क्रोट्स और स्लोवस राज्य कहा गया)

हानिग्रस्त क्षेत्रों में से बुल्गारिया सबसे शान्त राज्य था। अपने निकटवर्ती देशों को वह अपना क्षेत्र गँवा बैठा। 1912 के बल्कान युद्ध में और फिर विश्वयुद्ध में उसके बहुत से क्षेत्र पर रोमांनिया, ग्रीक, सर्बिया और फिर युगोस्लाविया का क़ब्ज़ा हो गया। इन विरोधी ताक़तों से घिरे रहने के कारण उसने अपनी हानि पर चुपचाप सन्तोष कर लिया और सुखद भविष्य की आशा करता रहा। जहाँ तक प्रचार का सम्बन्ध है हंगरी आर्थिक क्रियाशील रहा। उसके प्रचारक पूरे यूरोप में घूमे और बड़ी शक्तियों के बीच अपनी सीमाओं के पुनर्विचार का मुद्दा पेश किया। सैन्यशक्ति की दृष्टि से हंगरी आज बहुत महत्त्वपूर्ण देश नहीं है और उसके आधे से अधिक क्षेत्र और जनसंख्या पर आज चेकोस्लोवाकिया, युगोस्लाविया (पूर्व में साइबेरिया) तथा रोमानिया का अधिकार है।

अभी तक सोवियत रूप को ही सबसे अधिक शक्तिशाली राज्य माना जा रहा था जो पूरे विश्व को विद्रोह के लिए प्रोत्साहित करता था। किन्तु आज वह स्थिति नहीं है। लेनिन की मृत्यु और ट्राट्स्की के पतन के पश्चात स्टालिन के दिशा-निर्देश के अधीन रूस आज अपनी सीमाओं में रहकर समाजवाद का प्रचार करने में ही दिलचस्पी ले रहा है। जर्मनी के पुनरुत्थान के परिणामस्वरूप भी इस आस्था को बल मिला है, इसीलिए रूस अब लीग ऑफ़ नेशंस का सदस्य बन गया है जिस पर कि पूँजीपतियों का आधिपत्य है और जो आज एक नारे—'सबकी सुरक्षा और शान्ति' के तहत एकजुट हैं तथा यूरोप में यथास्थिति को अस्थिर न होने देने के प्रति प्रयासरत हैं। आज यूरोप में सबसे ख़तरनाक दो शक्तियाँ हैं फासिस्ट इटली और नाज़ी जर्मनी। इनके विरुद्ध हैं—ब्रिटेन, फ्रांस और सोवियत रूस। यूरोप के इस शतरंज के बोर्ड पर निरन्तर चालें चली जा रही हैं जिससे परिदृश्य लगातार परिवर्तित हो रहा है।

विश्वयुद्ध के पहले शक्ति-सन्तुलन के माध्यम से यथास्थिति बनाई गयी थी। यथास्थिति के समर्थकों का आपसी समझौता था और जो उनके साथ मिलने को तैयार नहीं थे उनके विरोध में वे एकजुट हो जाते थे। 1919 में लीग ऑफ़ नेशंस की स्थापना इसी उद्देश्य से हुई थी कि इस गुप्त समझौते का अन्त किया जा सके और विश्व को विरोधी शक्तियों के गुटों में विभाजित करने वाली शक्तियों को, जो कि युद्ध की सम्भावना को क़ायम रखे हैं, ख़त्म किया जा सके।

इसके स्थान पर नयी तकनीक प्रस्तुत की गयी जिसमें सभी राष्ट्र लीग के सदस्य होंगे। और 'सामूहिक सुरक्षा तथा शान्ति' के प्रति ज़िम्मेदार भी होंगे। किन्तु लीग ऑफ़ नेशंस तथा उसकी नयी तकनीक दोनों ही असफल हो गयी क्योंकि ऐसे कुछ राष्ट्र हैं जो यथास्थिति क़ायम रखने में रुचि नहीं रखते। इनमें से जापान और जर्मनी तो अब लीग ऑफ़ नेशंस के सदस्य भी नहीं हैं और अन्तरराष्ट्रीय राजनीति का सबसे महत्त्वपूर्ण पक्ष अमेरिका तो कभी इसका सदस्य बना हो नहीं।

यूरोप की वर्तमान हलचलों के पीछे क्या अर्थ है। इसे समझने के लिए हमें कट्टरवादी इटली और नाज़ी जर्मनी के उद्देश्यों को समझना होगा। 1922 से जब से मुसोलिनी सत्ता में आया है तभी से इटली विस्तार की सोच रहा है। रोमन सत्ता की पुनर्स्थापना का विचार कर रही है। किन्तु जनवरी, 1935 तक इटली को स्वयं यह मालूम नहीं था कि उसकी विस्तार की नीति क्या होनी चाहिए। उसे युगोस्लाविया से शिकायत है, जिसने उससे दाल्मेशियन कोस्ट छीन लिया। फ्रांस के प्रति उसे गुस्सा था कि उसने सेवाय और नाइम जैसे इटली के क्षेत्रों पर क़ब्ज़ा कर रखा था तथा उत्तरी अफ्रीका में ट्यूनीशिया में जहाँ अधिकांश आबादी इटलीवासियों की थी तथा भौगोलिक रूप से कोर्सिका पर फ्रांस ने क़ब्ज़ा जमा रखा था। वह ब्रिटेन के भी विरुद्ध थी, क्योंकि उसने इटली के माल्टा क्षेत्र पर क़ब्ज़ा कर रखा था तथा फ्रांस के साथ मिलकर मध्यसागर को ब्रिटिश झील बना रखा था।

इटली और फ्रांस के मध्य स्थिति बेहद नाज़ुक थी जिसके कारण फ्रांस व इटली की सीमाओं पर कड़ी नज़र रखी जा रही थी। 1933 में अचानक नाज़ीवाद विशाल रूप से उभरा और यूरोप का दृश्य ही बदल कर रख दिया। फ्रांस सहायता और वर्तमान ख़तरे से बचाव के लिए इंग्लैंड की ओर दौड़ा। किन्तु ब्रिटेन ने कोई आश्वासन नहीं दिया शायद उसके अन्तर में यह विचार पनप रहा था कि इस उपद्वीप में फ्रांस के आधिपत्य पर रोक लगनी चाहिए। शायद वह अन्तरराष्ट्रीय विषयों में अपनी परम्परागत नीति का अनुपालन कर रहा था। जो भी हो फ्रांस को निराशा ही मिली और नाराज़गी में वह इटली और रूस की ओर मुड़ा। फ्रांस इटली की सीमाओं से अपनी सेना को हटाकर जर्मनी के विरुद्ध लगाना चाहता था तथा जर्मनी के पश्चिमी फ़लाक पर समझौता करना चाहता था। अतः परिणामस्वरूप लावल-मुसोलिनी और सोवियत-फ्रेंको समझौता हुआ।

जनवरी, 1935 के लावल-मुसोलिनी समझौते से इटली को भविष्य में विस्तार योजना का निर्देश मिला। इटली ने फ्रांस से अपने मतभेद दूर कर यूरोप से अपने

क्षेत्र विस्तार का विचार त्याग दिया। इसके बदले में फ्रांस ने उसे अफ्रीका में उन्मुक्त कर दिया। फलतः एबीसीनिया पर अनावश्यक और बलात अधिकार हुआ।

एबीसीनिया पर विजय पा लेने के पश्चात मुसोलिनी ने एक भाषण में यह कहा कि अब इटली एक सन्तुष्ट शक्ति बन चुका है। एबीसीनिया के अधिग्रहण से ब्रिटेन को लगा कि अफ्रीका में उसके अधीन क्षेत्र पर घुसपैठ की गयी है। अतः मुसोलिनी के भाषण के परिणामस्वरूप एंग्लो-इटालियन सम्बन्धों पर पुनर्विचार करना आवश्यक हुआ। फिर भी वह आशा फलीभूत नहीं हुई। यद्यपि ब्रिटेन ने पहले इटली को एबीसीनिया के प्रश्न पर चेतावनी दी, किन्तु बाद में मुसोलिनी की अकड़ और ऐंठ के आगे घुटने टेक दिये फिर भी वह अपने अपमान को भूल न पाया। मध्यसागर तथा पूर्वोत्तर क्षेत्रों में हुए अपमान को पूरा करने की दृष्टि से ब्रिटेन ने मध्यसागरीय क्षेत्र में अपनी नौसेना और वायुसेना को सुदृढ़ करना प्रारम्भ किया। सर सैम्युअल होर मध्यसागरीय क्षेत्र के निरीक्षण के लिए गये और जाकर उन्होंने सार्वजनिक रूप से यह घोषणा की कि ब्रिटेन उस क्षेत्र से पीछे नहीं हटेगा। एंथनी एडन जैसे अन्य मन्त्रियों ने भी यह घोषणा की कि भूमध्य सागर ब्रिटेन की जीवनरेखा है वह एक शॉर्टकट नहीं बल्कि मुख्य मार्ग है।

मध्यसागर में अपनी स्थिति को बनाये रखने व उसे सुदृढ़ करने के ब्रिटेन के निर्णय से इटली कुपित हो गया क्योंकि इटली का भी यही विचार था कि वह मध्यसागरीय क्षेत्र में अपनी नौसेना और वायुसेना को सुदृढ़ करेगा जो केवल ब्रिटेन के सौजन्य से ही सम्भव था। अतः यह स्पष्ट हो जाता है कि एंग्लो-इटालियन विवाद इल ड्यूस के आक्षेप के कारण उत्पन्न नहीं हुआ था और न ही यह सुगमता से समाप्त होने वाला था। इस विवाद का अन्त भी सम्भव है जब यह सुनिश्चित हो जाये कि मध्यसागर पर किसका प्रभुत्व रहेगा या फिर कोई शक्ति स्वेच्छा से स्वयं को वापस खींच ले या फिर दोनों शक्तियों में से किसी एक शक्ति की हार हो जाये। नेविल चेम्बरलेन और मुसोलिनी के मध्य चाहे जितना भ्रातृत्व भाव का पत्र-व्यवहार हो जाये और दोनों देशों के राजदूत व विदेश मन्त्री जितना चाहे हाथ मिला लें, फिर भी राजनीतिक द्वन्द्व तो बना रहेगा जब तक कि कारण का समूल नाश नहीं होगा।

मध्यसागर में ब्रिटेन की पुनः दिलचस्पी के उत्तर में इटली ने स्पेनिश सिविल युद्ध में हस्तक्षेप प्रारम्भ किया है। यह सोचना और सुझाव देना कि इटली को फ्रांस से सहानुभूति है या वह उसके कट्टरवाद के सिद्धान्त का पक्षधर है या कम्युनिज़्म का विरोधी है, निरर्थक है। राजनीतिक सहानुभूति सम्भव हो तब भी वह फ्रांस पर अपना धन और ख़ून केवल इसीलिए लुटा रहा है क्योंकि इसके

पीछे युद्धनीति कार्य कर रही है। यही स्थिति जर्मनी की भी है। जो इस बात को नहीं समझते, वे स्पेनिश गृहयुद्ध को ही नहीं समझ पाये।

पुनर्शस्त्रीकरण में उन्नति करने के बावजूद भी ब्रिटेन के मुकाबले में इटली कुछ भी नहीं। एबीसीनिया युद्ध के पश्चात ब्रिटेन के शस्त्रीकरण के परिणामस्वरूप इटली की स्थिति कमज़ोर हुई है। जिब्राल्टर और स्वेज़ पर नियन्त्रण होने की वजह से, यदि इटली से युद्ध हुआ तो ब्रिटेन इटली की सेना को वहीं रोक देगा तथा आर्थिक अवरोध भी पैदा कर सकता है जो बाद में काफ़ी ख़तरनाक सिद्ध हो सकता है। इटली कच्चे माल का अर्थात कोयला, लोहा, तेल, रूई, कपास आदि का आयात करता है और उसका दो तिहाई समुद्री व्यापार अटलांटिक के द्वारा होता है जबकि 80 प्रतिशत निर्यात मध्यसागर के मार्ग से होता है। उसकी तटीय रेखा लम्बी और संवेदनशील है तथा वह अफ्रीकी क्षेत्रों लीबिया, एरिटीरिया तथा एबीसीनिया आदि से सम्बन्ध तभी स्थापित कर पायेगा जबकि भूमध्य सागर पर उसका नियन्त्रण हो। इन सब कारणों की वजह से यदि ब्रिटेन आर्थिक अवरोध पैदा कर दे और अपने नौसेना केन्द्रों माल्टा और साइप्रस से आक्रमण कर दे तो इटली के लिए बहुत मुश्किल पैदा हो जायेगी। यहाँ तक कि वह इटली को समाप्त भी कर सकता है। बदले में वह भी मध्य सागर के मार्ग से होने वाले ब्रिटिश व्यापार पर आक्रमण तो कर सकती है किन्तु न तो वह ब्रिटेन पर आक्रमण कर सकता है और न ही ब्रिटेन के कच्चे माल व भोजन के स्रोत को छू सकता है जो कि मध्यसागर क्षेत्र से बाहर है। अतः युद्ध के क्षेत्र में ही भलाई है।

जब तक स्पेन ब्रिटेन के प्रति मैत्री भाव रखता है अथवा निष्पक्ष रहता है तब तक इटली को अपनी असहायता पर ही चुप बैठना होगा। केवल स्पेन की सहायता से ही वह इस कठिन स्थिति से उबर सकता है। स्पेन पर नियन्त्रण कर लेने पर ही वह ब्रिटेन के विरुद्ध संघर्ष कर सकता है। वह जिब्राल्टर को नष्ट कर ब्रिटेन के दोनों मार्ग मध्यसागर व केप मार्ग को बन्द कर सकता है। इसके अतिरिक्त वह स्पेन के थल मार्गों को अवरुद्ध कर अटलांटिक की ओर से निर्यात कर सकता है इसका प्रदर्शन एबीसीनिया में ब्रिटेन के विरुद्ध युद्ध में हो चुका है, अतः स्पेन पर नियन्त्रण होने से या स्पेन की भूमि पर अपने पैर जमा लेने से उसकी स्थिति बदल सकती है, और वह अपनी दुर्बल स्थिति की तुलना में अधिक शक्तिशाली हो सकता है, यदि भविष्य में युद्ध हो तो।

इस प्रकार स्पेन में इटली ग्रेट ब्रिटेन से ही युद्धरत है। वह फ्रांस की इसीलिए सहायता कर रहा है ताकि स्पेन के क्षेत्र पर पैर जमा सके।

इन युद्ध नीतिगत तथ्यों पर विचार करने के पश्चात इस पर आश्चर्य नहीं करना चाहिए कि इटली फ्रांस की सफलता में इतनी रुचि क्यों दिखा रहा है। बल्कि आश्चर्यजनक बात तो यह है कि इंग्लैंड में कुछ ऐसे लोग हैं जो फ्रांस से सहानुभूति रखते हैं। ब्रिटेन के सुप्रसिद्ध युद्धनीतिज्ञ का 'यूरोप इन आर्म्स' में कहना है कि—

"युद्धनीति के मुताबिक ख़तरा (ब्रिटेन के पक्ष में) निश्चित है तथा यह जानना कठिन है कि कुछ ब्रिटेन के देशभक्त लोग इतने उत्सुक क्यों हैं कि वे विद्रोहियों की सफलता की कामना कर रहे हैं।"

सम्भवतः यह राजनीतिक पूर्वाग्रह (यानी कि समाजवादी व कम्युनिस्टों के प्रति घृणा) के कारण है जिसमें निजी लाभ भी नगण्य हो जाता है।

जो कुछ भी मैंने कहा उसका आशय यह है कि कुल मिलाकर इटली एक सन्तुष्ट शक्ति है वह भूमध्यसागर में ब्रिटेन के प्रभुत्व की विरोधी है और वह सोचता है कि आने वाले दिनों में मध्यसागर रोमन झील बन जायेगी। किन्तु वह ग्रेट ब्रिटेन से किसी भी क़ीमत पर युद्ध नहीं करेगा। स्पेनिश गृहयुद्ध में उसका हस्तक्षेप उसकी दृष्टि में उचित है क्योंकि वह अच्छी तरह जानता है कि फ़िलहाल बड़ी शक्तियाँ किसी अन्तरराष्ट्रीय युद्ध के लिए तैयार नहीं हैं। मुसोलिनी इतना बड़ा कूटनीतिज्ञ है कि वह अपनी या अपने देश की स्थिति को भविष्य में दाँव पर लगाना नहीं चाहता। अतः हम इतना तो निश्चित रूप से कह सकते हैं कि यूरोप की शान्ति भंग करने में इटली मुख्य भूमिका नहीं निभायेगा और तब तक युद्ध में भी नहीं कूदेगा जब तक कि विजय के प्रति पूर्ण आश्वस्त नहीं होता।

किन्तु हिटलर के अधीन जर्मनी के विषय में निश्चित रूप से कुछ कहना कठिन है, यद्यपि जर्मन आर्मी के रीकश्वेर की नीति शान्त और सँभलने की है। नाज़ी जर्मनी वह सपने देख रहा है जो केवल युद्ध द्वारा ही पूर्ण हो सकते हैं। जर्मनी की आर्थिक दशा इतनी ख़राब हो चुकी है कि विचारकों का मत है कि वह शीघ्र ही घरेलू निराशा को दूर करने के लिए बाहर युद्ध प्रारम्भ करेगा। जर्मनी के भविष्य के क़दम को समझने के लिए हमें अधिक गहन अध्ययन करना पड़ेगा।

विश्वयुद्ध के बाद से पूरे द्वीप पर फ्रांस का आधिपत्य रहा है। जर्मनी को दबाने के बाद भी असन्तुष्ट रहने पर फ्रांस ने अपने चारों ओर मैत्री का हाथ बढ़ाकर एक राजनीतिक चारदीवारी खड़ी कर ली है। पोलैंड, चेकोस्लोवाकिया, युगोस्लाविया तथा रोमानिया पर क़ब्ज़ा कर लिया है। इसके पश्चात उसने तुर्की से

अपने सम्बन्ध मैत्रीपूर्ण बनाये जो पहले जर्मनी के प्रभाव में था। जर्मनी असहाय होकर देखता रहा जबकि उसे सभ्य विश्व से राजनीतिक रूप में अलग-थलग किया जाता रहा। इसके प्रत्युत्तर में उसने केवल सोवियत रूस से रेपैलो सन्धि की।

युद्ध बाद के यूरोप में फ्रांस के आधिपत्य से जर्मनी को धक्का लगा क्योंकि 1870 से फ्रैंको- पर्शियन युद्ध के बाद पूरे क्षेत्र में उसी का आधिपत्य था जिससे फ्रांस की हार हुई थी। तभी से जर्मनी विभिन्न दिशाओं में अपना विस्तार कर रहा था। यूरोप से बाहर वह औपनिवेशिक विस्तार में लगा था। व्यापार के क्षेत्र में वह ग्रेट ब्रिटेन और अमरीका के मुकाबले में आ खड़ा हुआ था। शक्तिशाली नौसेना का विस्तार भी उसने किया जिसे ब्रिटेन सदैव आशंका की दृष्टि से देखता था। आस्ट्रिया, बुल्गारिया और तुर्की को भी वह अपने प्रभाव क्षेत्र में ले आया। बर्लिन-बगदाद रेल सेवा की योजना बनाई थी जो ब्रिटेन के पूर्वोत्तर अधिकार के लिए एक धक्का माना जा रहा था। किन्तु युद्ध ने इन उपलब्धियों को बर्बाद करके रख दिया और एक दशक तक जर्मनी को निराशा के अधिकार में खो जाना पड़ा जबकि उसके विचारकों ने दार्शनिक भाव में यह कहा कि पश्चिम का पतन होगा और स्पेंगलर ने अपनी 'डेरअंटरग्रैंग डेस एबेंडलैंड्स' लिखी। इसके पश्चात राष्ट्रीय समाजवाद अथवा नाज़ी पार्टी के द्वारा एक नयी चेतना जाग्रत हुई।

नाज़ी पार्टी के राजनीतिक मत को एक वाक्य में 'ड्राग नाश ओस्टन' अर्थात 'ट्राइव टू दि ईस्ट'। इस मत का प्रतिपादन सर्वप्रथम मूलर वैन डेन ब्रूक ने अपनी पुस्तक 'दि थर्ड अम्पायर' में किया था। वह 1933 में हिटलर के अधीन थर्ड रीक की स्थापना को नहीं देख पाया क्योंकि 1925 में निराशा के एक दौर में उसने आत्महत्या कर ली थी। उसी के मत को हिटलर ने आगे बढ़ाया और अपनी पुस्तक 'मीन काम्फ' (मेरा संघर्ष) में उसकी चर्चा की, जो उसने 1923 में जेल में लिखी थी। इस मत का निष्कर्ष यह था कि जर्मनी को नौसेना या औपनिवेशिक शक्ति बनने का विचार त्याग देना चाहिए। उसे उपमहाद्वीपीय शक्ति ही बने रहना चाहिए और उसे अपना विस्तार पूर्व दिशा में उपद्वीप में ही करना चाहिए। युद्ध पूर्व की जर्मनी ने औपनिवेशिक विस्तार का प्रत्यत्न कर सबसे बड़ी भूल की थी। जिसके परिणामस्वरूप उसका ब्रिटेन से विवाद शुरू हुआ।

हिटलर द्वारा प्रतिपादित नाज़ियों का नया सामाजिक दर्शन यह था कि जर्मन जाति को शुद्ध किया जाये और उसको मज़बूत बनाया जाये जिसमें उसे यहूदियों के प्रभाव से मुक्त कराना आवश्यक था। नाज़ियों की विदेश नीति थी 'ब्लड एंड सोल' जिसमें उनका आशय था कि वे जर्मनभाषी लोगों को एकत्र करें और

जर्मन जाति के लिए पूर्वोत्तर क्षेत्र में जगह बनाई जाये। व्यावहारिक राजनीति में उपर्युक्त उद्देश्यों का अर्थ था।

1. आस्ट्रिया

2. मेमल, जो वह लिथुआनिया से हार चुका था,

3. डेंजिग, जो लीग ऑफ़ नेशंस के अन्तर्गत एक स्वतन्त्र शहर बना दिया गया था,

4. चेकोस्लोवाकिया का जर्मन भाषी प्रान्त, जिसकी जनसंख्या 35 लाख थी,

5. पोलिश कॉरिडार व सिलेसियन, जो वह पौलैंड से हार चुका था,

6. सोवियत यूक्रेन की अनाज उत्पादक भूमि,

7. तथा स्विट्ज़रलैंड इटली के टायरोल तथा अन्य सीमावर्ती क्षेत्रों के जर्मनभाषी क्षेत्रों पर आधिपत्य जमाना था।

मार्च, 1935 में जर्मनी ने वर्सेल्स सन्धि को मानने से इनकार कर दिया और मार्च, 1936 में रीनलैंड पर क़ब्ज़ा कर लिया और जब वह बिना किसी द्वन्द्व के एंकुलस पहुँच गया तो यूरोप के राजनीतिज्ञों की सब गणनाएँ व्यर्थ हो गयीं। इन परिस्थितियों में उसके शस्त्रीकरण का केवल एक ही अर्थ था और वह यह था कि वह युद्ध की तैयारी कर रहा है। जर्मनी का शस्त्रीकरण अन्तरराष्ट्रीय निरस्त्रीकरण के ताबूत की आख़िरी कील साबित हुई और घबरा कर सभी ने शस्त्रीकरण प्रारम्भ कर दिया। जब चारों ओर विश्व में युद्ध की इतनी तैयारियाँ हो रही हैं तो किसी भी दिन कोई भी घटना अन्तरराष्ट्रीय संघर्ष का कारण बन सकती है।

अब यह हमें सोचना है कि जर्मनी अपना लक्ष्य प्राप्त करने के लिए किस हद तक जा सकता है। किस स्थिति में वह किससे युद्ध शुरू करेगा?

राजनीतिक भविष्यवाणी करना दुरूह कार्य है किन्तु एक बात तो निश्चित है, जर्मनी अपनी पिछली हार से सीखे पाठ को भूला नहीं है? वह हार सेना की हार नहीं थी बल्कि आर्थिक हार थी। ब्रिटिश नौसेना ने ही समर्पण के लिए विवश किया था इसलिए इतना निश्चित है कि जर्मनी को यदि यह मालूम होगा कि ब्रिटेन उसके विरुद्ध युद्ध करेगा तो वह कभी इस युद्ध में नहीं पड़ेगा। सन् 1914 में जर्मनी ने इतनी मूर्खता से काम लिया कि वह अन्तिम समय तक यह नहीं समझ पायी कि ब्रिटेन बल्जियम और फ्रांस की ओर से भी आक्रमण कर सकता है। अधिकांश इतिहासकारों का यह मानना है कि यदि ब्रिटेन जर्मनी को अपनी योजनाओं का थोड़ा-सा भी अहसास करा देता तो वह कभी भी आस्ट्रो-सर्बियन विवाद में न पड़ता और इस प्रकार विश्वयुद्ध रुक सकता था। कम-से-कम स्थगित तो हो ही सकता था।

यद्यपि हिटलर ने अपनी पुस्तक 'मीन काम्फ' में फ्रांस से अन्तिम निर्णय करने की बात की है किन्तु जब से नाज़ियों ने सत्ता सँभाली है तब से जर्मनी की विदेश नीति में काफ़ी परिवर्तन आया है। अब जर्मनी फ्रांस से अल्सक लोरेन तथा बेल्जियम से यूपन माल्मडी वापस लेने का इच्छुक नहीं दीखता। दूसरे शब्दों में, हम कह सकते हैं कि जर्मनी अब पश्चिमी यूरोप में अपनी सीमाओं के पुनर्निर्धारण की माँग करने का इच्छुक भी नहीं है। इसका कारण तलाशना कठिन नहीं, जर्मनी को मालूम है कि फ्रांस, बेल्जियम तथा हालैंड पर आक्रमण का अर्थ है कि ब्रिटेन भी युद्ध में कूद पड़ेगा और इस प्रकार पिछले युद्ध की पुनरावृत्ति ही होगी। इसलिए जर्मनी लगातार पश्चिम समझौते की बात कर रहा है ताकि यथास्थिति क़ायम रखी जा सके। ब्रिटिश राजनीतिज्ञों को यह बात लुभा रही है क्योंकि इससे ब्रिटेन के विरुद्ध सभी द्वन्द्वों का सदा के लिए अन्त होने की आशा है। इस योजना से जर्मनी अन्तरराष्ट्रीय क्षेत्र में एक लाभ उठाना चाहता है अतः उसकी यह माँग है कि ब्रिटेन और फ्रांस केन्द्रीय व पूर्वी यूरोप में अपने हितों को छोड़ दें ताकि जर्मनी मुक्त रूप से इस भाग का नक़्शा निर्धारित कर सके।

जर्मनी अब तीन दिशाओं में तैयारी कर रहा है। पहला, वह हर प्रकार पुनर्शस्त्रीकरण कर रहा है, दूसरे, वह भोजन तथा अन्य मूलभूत कच्चे माल के क्षेत्र में स्वयं को आत्मनिर्भर करने का प्रयास कर रहा है। (भविष्य में आर्थिक अवरोध की तैयारी के लिए।) यह कार्य पिछले वर्ष जर्मनी की चार वर्षीय योजना के अन्तर्गत प्रारम्भ हुआ था। तीसरे, वह पश्चिमी शक्तियों को इसके लिए तैयार करने में लगा है कि यदि केन्द्रीय पूर्वी यूरोप में युद्ध शुरू होता है तो वे तटस्थ रहेंगे। जब तक ये सब तैयारियाँ पूर्ण नहीं हो जातीं तब तक इस बात में शंका ही है कि जर्मनी युद्ध शुरू करेगा।

तटस्थता के प्रति ब्रिटेन पर विजय पाने की दृष्टि से जर्मनी ने उस देश से बृहद् रूप में प्रचार कार्य छेड़ा और इसमें वह पर्याप्त सफलता भी पा चुका है। इस कोशिश में जर्मनी ने कम्युनिज़्म का दुरुपयोग भी किया। इससे ब्रिटेन के धनाढ्य वर्ग और मध्य वर्ग के मध्य पनप रही घृणा को और उभरने में सहायता मिली। फ्रेंको-सोवियत समझौता हुआ और नाज़ियों ने इस बात पर बल दिया कि फ्रांस और ब्रिटेन की मैत्री का अर्थ उस पूर्वी यूरोपीय युद्ध से है जिसमें सोवियत रूस की ओर से युद्ध होगा यद्यपि ब्रिटेन को उस क्षेत्र में कोई रुचि नहीं थी। इसके साथ-साथ नाज़ियों ने यह क़सम खायी कि वे भूमि के उस भाग को कोई हानि नहीं पहुँचायेंगे जिसमें ब्रिटेन की कोई रुचि होगी। इस प्रयत्न का परिणाम यह हुआ कि ब्रिटेन में नाज़ी समर्थक एक गुट बन गया जो लन्दन शहर के हाउस

ऑफ़ लॉर्ड्स में उनका पक्षधर बना। इसमें सत्तापक्ष के लोग भी थे यद्यपि वे उनके प्रति अन्य कारणों से आकर्षित हुए थे। सामान्यतः यह माना जाता है कि बैंक ऑफ़ इंग्लैंड का गवर्नर मोंटागू नारमैन, प्रधान नेविल चेंबरलेन तथा विदेश विभाग का भूतपूर्व अधिकारी सर राबर्ट वैनिसीटार्ट आदि सब नाज़ियों के पक्षधर थे।

इस विषय में कुछ भी कहना जल्दबाज़ी होगी कि ब्रिटेन की विदेश नीति सीधी रेखा में चलेगी या इधर-उधर भटकती रहेगी जैसा कि अभी तक करती रही है। इस समय ब्रिटेन की जनता की राय बिल्कुल उलझन भरी है। एक तो जैसा कि ऊपर चर्चा थी नाज़ी पक्ष के लोग हैं जो पश्चिमी समझौता करना चाहते हैं और केन्द्रीय तथा पूर्वी यूरोप में कोई वादा करना नहीं चाहते। दूसरे, जर्मन विरोधी कट्टरवादी गुट के लोग हैं जो विंस्टन चर्चिल के नेतृत्व में हैं और नाज़ीवाद के विरोधी हैं और जिनका मत है कि यदि जर्मनी यूरोप में एक बार सर्वोच्च शक्ति बन गया तो वह विदेश में ब्रिटेन को चेतावनी देने में सक्षम हो सकता है। इसके पक्ष में उनका कहना है कि ब्रिटेन को फ्रांस से डरने की आवश्यकता नहीं है और यूरोप से बाहर ब्रिटेन और फ्रांस के सम्बन्ध और रुचियाँ एक समान हैं। तीसरे, वहाँ ऐसे समाजवादी और कम्युनिस्ट लोग हैं, जो आदर्श के धरातल पर जर्मन विरोधी हैं और सामान्य रूप से फ्रेंच के पक्षधर हैं।

इस असमंजस की स्थिति में ब्रिटिश विदेश कार्यालय एक निश्चित नीति अपना रहा है, वह नीति है फ्रांस को केन्द्रीय व पूर्वी यूरोप में अपना हस्तक्षेप रोकने के लिए बाध्य करना। वैनिसीटार्ट की नीति, जिसका अनुपालन अब लॉर्ड हालीफैक्स भी कर रहे हैं, वह यह है कि जर्मनी को यूरोपीय औपनिवेशिक शक्ति बना कर रखा जाये। इसलिए ब्रिटेन ने जर्मनी के पुनर्शस्त्रीकरण को चुपचाप स्वीकार कर लिया और 1935, जून में जर्मनी से नौसैनिक समझौता भी किया। मार्च, 1936 में जर्मनी सेना द्वारा रीनलैंड पर क़ब्ज़े की बात को भुलाने की फ्रांस को सलाह दी और फ्रांस को यह भी कहा कि वह स्पेनिश सरकार की सहायता न करे हालाँकि वह अन्तरराष्ट्रीय नियमानुसार ऐसा करने को स्वतन्त्र थी। इसके अतिरिक्त जो लोग राजनीतिक रहस्यों से वाक़िफ़ हैं उनका मानना है कि 1933 में ब्रिटिश विदेश विभाग ने पोलैंड को नाज़ी सरकार से समझौता करने के लिए प्रोत्साहित भी किया।

(जर्मनी-पोलिश असंघर्ष समझौता अगले वर्ष सम्पन्न हुआ।) उसने बेल्जियम को उत्साहित किया कि वह फ्रांस से किया समझौता तोड़ दे और तटस्थ हो जाये, युगोस्लाविया को इटली व जर्मनी से मैत्री करने को उकसाया। इसके अलावा उसने चेकोस्लोवाकिया में नाज़ी पक्षधर हेनलीन पार्टी को उकसाया कि वह समझौता

रद्द कर दे जिसमें लिटल एटेंटे (चेकोस्लोवाकिया, युगोस्लाविया तथा रोमानिया) और बल्कान एटेंटे (युगोस्लाविया, रोमानिया, ग्रीक एवं तुर्की) को समाप्त कर दे जो कि फ्रांस के प्रभुत्व में हैं।

उपर्युक्त तथ्यों के आधार पर इस निष्कर्ष पर पहुँचना ग़लत नहीं होगा कि ब्रिटेन का विदेश विभाग कम-से-कम यूरोप में तो चुपचाप फ्रांस का विरोध कर रहा था और इस महाद्वीप में फ्रांस का प्रभुत्व व्हाइट हॉल को अच्छा नहीं लग रहा था। शायद इसी वजह से फ्रांसीसी राजनीतिज्ञ ग्रेट ब्रिटेन से बहुत नाराज़ थे और लावल की विदेश नीति को ब्रिटेन विरोधी कहा जा सकता है। किन्तु फ्रांसीसी राजनीतिज्ञों ने अन्धाधुन्ध ब्रिटेन के विदेश विभाग की नीति का अनुपालन किया और उनका मानना था कि फ्रांस और ब्रिटेन को हर हाल में एक-दूसरे का साथ देना चाहिए।

फ़िलहाल जर्मनी का विदेश विभाग आक्रामक भूमिका निभा रहा है जबकि फ्रांस उसकी गतिविधियों का जवाब देने में व्यस्त है। ब्रिटेन से बाहर बेल्जियम में नाज़ी पूर्णतः सफल हैं। बेल्जियम में एक नाज़ी पक्षधर गुट (द रैक्स्टि) उभरा है और जिसने बेल्जियम के फ्लेमिश भाषी लोगों में पर्याप्त प्रचार किया है। बेल्जियम सरकार ने फ्रांस से किये समझौते को तोड़ दिया है और भविष्य में यदि कभी केन्द्रीय या पूर्वी यूरोप में युद्ध छिड़ा तो वह तटस्थ रहेगा। 1933 से जब से नाज़ी सत्ता में आये हैं तब से सोवियत रूस के साथ हुआ रापालो समझौता व्यर्थ हो चुका है किन्तु जर्मनी को सान्त्वना देने के उद्देश्य से नाज़ी सरकार ने पोलैंड के साथ असंघर्ष समझौता कर लिया है। इस समझौते से पोलैंड में फ्रांस का प्रभुत्व कम हुआ है। पिछले वर्ष फ्रांस ने पोलैंड में अपने प्रभुत्व को क़ायम करने का बहुत प्रयास किया। इस सन्दर्भ में दोनों ओर से कई यात्राएँ भी हुईं। किन्तु यह स्पष्ट है कि अब पुनः फ्रेंको-पोलिश समझौता सम्भव नहीं है तथा भविष्य में पोलैंड स्वतन्त्र विदेश नीति अपनायेगा। वह नीति है कि यदि फ्रांस व जर्मनी का या रूस व जर्मनी का संघर्ष हुआ तो पोलैंड तटस्थ रहेगा।

उपर्युक्त गतिविधियों के अलावा, जर्मनी, फ्रांस को कमज़ोर करने में अति व्यस्त है और इसके लिए वह लिटिल एटेंटे और बल्कान एटेंटे को रद्द कर स्पेन के क्षेत्र में अपने पैर जमाने में लगा है। कई समझौतों व मैत्रीपूर्ण सम्बन्धों के कारण फ्रांस की स्थिति काफ़ी सुदृढ़ है और जब तक यह स्थिति रहती है तब तक वह केन्द्र व पूर्वी यूरोप में हस्तक्षेप करना बन्द नहीं करेगा। वह भी सोवियत विदेश मन्त्री लितिविनोव की भाँति इसी बात पर बल देगा कि शान्ति अति आवश्यक है अतः सबकी सुरक्षा की दृष्टि से यूरोप एकजुट होना चाहिए जो कि

लीग ऑफ़ नेशंस के अन्तर्गत सभी देशों में एकत्र होने से सम्भव है। यदि इसमें असफल रहते हैं तो पश्चिमी समझौते के अतिरिक्त एक अन्य समझौता होना चाहिए जिसमें केन्द्रीय पूर्वी यूरोप की शान्ति की गारंटी सुनिश्चित हो। इसके लिए जर्मनी तैयार नहीं और न ही तैयार होगा।

फ्रांस ने चेकोस्लोवाकिया और सोवियत रूस के साथ सैन्य समझौता कर स्वयं को सुरक्षित कर लिया है। दोनों देशों का आपस में सैन्य समझौता पहले ही था। परिणामस्वरूप किसी भी प्रकार की अन्तरराष्ट्रीय आपदा में ये तीनों देश एक होंगे। चेकोस्लोवाकिया का भी अन्य लिटिल एटेंटे के देशों युगोस्लाविया और रोमानिया से आपसी समझौता है और युगोस्लाविया और रोमानिया का बल्कान एटेंटे के देशों ग्रीक व तुर्की से समझौता है। जर्मनी को आशा है कि युगोस्लाविया और रोमानिया को मना लेने से वह केन्द्रीय यूरोप में चेकोस्लोवाकिया को अलग-थलग करने में सफल हो जायेगा। क्योंकि चेकोस्लोवाकिया तक रूसी मदद पहुँचाने के मार्ग रोमानिया या पोलैंड द्वारा होकर ही हैं। असंघर्ष समझौते के कारण जर्मनी के लिए पोलैंड की ओर से वैसे भी ख़तरा नहीं है। ब्रिटेन के द्वारा वह फ्रांस को विश्वास दिलाना चाहता है कि सोवियत रूस अधिक महत्त्वपूर्ण नहीं है। अतः फ्रांस को फ्रेंको-सोवियत समझौते के सैनिक मुद्दे पर अधिक विचार करना आवश्यक नहीं है। हाल ही में रूस के आठ सेना जनरलों की हत्या से धनिक वर्ग को शक्ति मिली है और वे लोग यह दुष्प्रचार कर रहे हैं कि सोवियत सैनिक शक्ति में अनुशासनहीनता है और युद्ध की स्थिति में उस पर विश्वास नहीं किया जा सकता। अन्तिम रूप से जर्मनी का यह प्रयास है कि वह अपने स्पेनिश क्षेत्र में अपने पैर जमा ले ताकि जब कभी भविष्य में फ्रांस से युद्ध हो तो वह उत्तरी अफ्रीका से उसके संचार को अवरुद्ध कर उसकी पीठ में छुरा भोंक सके। क्योंकि वहीं से हमेशा फ्रांस को सेना और सामग्री प्राप्त हुई है। जब-जब भी यूरोप में युद्ध हुआ है जर्मनी को आशा है कि ब्रिटेन के विदेश विभाग द्वारा दबाव डलवाकर वह फ्रांस को कमज़ोर कर सकेगा और अन्ततः पश्चिमी समझौते के लिए तैयार कर लेगा और जर्मनी को केन्द्रीय व पूर्वी यूरोप में निश्चिन्तता प्राप्त हो जायेगी। यदि फ्रांस इसके लिए तैयार नहीं होता और अन्ततः रूस की ओर से जर्मनी के विरुद्ध युद्ध करता है तो वह स्वयं को 1914 की ही भाँति असहाय महसूस करेगा।

किन्तु क्या फ्रांस जर्मनी की योजनाएँ सफल होने देगा? निस्सन्देह नहीं। ब्रिटेन के लिए यह बात महत्त्वहीन है कि फ्रांस या जर्मनी में से किस देश का महाद्वीप पर प्रभुत्व रहता है, क्योंकि उसकी रुचि यूरोप से बाहर है।

किन्तु ब्रिटेन की भाँति फ्रांस यूरोप पर किसका स्वामित्व हो इस विचार को त्याग नहीं सकता क्योंकि वह औपनिवेशिक शक्ति के साथ-साथ उपमहाद्वीपीय शक्ति भी है। फ्रांस केवल शक्ति और सम्मान के लिए संघर्षरत नहीं है बल्कि अपनी सुरक्षा के प्रति भी सचेत है। वह 1870 की दुखद हार को भुला नहीं पाया है। उसकी जनसंख्या कम है और जर्मनी की तुलना में दो तिहाई है, और वहाँ की जनसंख्या अभी भी बढ़ोतरी पर है। परिणामतः फ्रांस को जर्मनी के आक्रमण का भय है किन्तु ब्रिटेन के साथ ऐसा नहीं है जब तक कि एंग्लो-जर्मन जलसेना समझौते के तहत जर्मनी जलसेना निर्धारित सीमाओं से परे रहती है। कुल मिलाकर फ्रांस में जर्मनी के उद्देश्यों व लक्ष्यों के प्रति एक अविश्वास व्याप्त है जिसकी चर्चा हिटलर की पुस्तक 'माई स्टोरी' में भी हुई है। लेखक ने स्पष्ट रूप में लिखा है कि फ्रांस के दक्षिणपन्थी जर्मनी से घृणा करते हैं और वामपन्थी हिटलर से घृणा करते हैं। इन परिस्थितियों में इस बात पर विश्वास करना कठिन है कि फ्रांस अपनी मैत्री केन्द्रीय या पूर्वी यूरोप से समाप्त करेगा, कम-से-कम तब तक जब तक कि नाज़ी पार्टी सत्ता में रहती है।

स्पेनिश गृहयुद्ध का मुद्दा तुला पर लटका है और अभी यह बताना कठिन है कि जर्मन राजनीति वहाँ कितनी सफल हो पाती है। किन्तु केन्द्रीय और पूर्वी यूरोप से तो वह काफ़ी आगे बढ़ चुकी है। रोमानिया में राजा और उसका पूरा मन्त्रीमण्डल जर्मनी के पक्ष में है और वहाँ के भूतपूर्व विदेश मन्त्री फ्रेंकोफिले का प्रभाव काफ़ी कम हो चुका है। वहाँ आयरन गार्ड नाम की एंटी सीमीटिक प्रोन्नाजी पार्टी है जिसका नेतृत्व गोडरीनू कर रहे हैं और जो पूर्ण रूप से सरकार के साथ हैं। युगोस्लाविया में प्रधानमन्त्री स्टोयडिनोविच नाज़ी पक्ष में हैं, उनकी सरकार भी नाज़ी पक्षधर है। जबकि राजसी परिवार ब्रिटेन के प्रभाव में है। यूनान के प्रधान जनरल मैटाक्सास, जो स्वयं को तानाशाह मानते हैं, निस्सन्देह जर्मनी के प्रभाव में हैं। जर्मनी के लिए ग्रीक का बहुत महत्त्व है क्योंकि रूसी सेना काले सागर से डार्डनेल के मार्ग से मध्यसागर के प्रवेश करेगी और उस पर ग्रेसियन उपद्वीप के सैन्य ठिकाने से आक्रमण किया जा सकता है। फिर हंगरी और बुल्गारिया जैसे शान्त प्रदेशों द्वारा भी जर्मनी को सहायता देने की आशा है, यदि उन्हें अपने राष्ट्रों की शिकायतों के हल खोजने के आसार नज़र आये तो। अतः स्पष्ट है कि जर्मनी ने फ्रांस पर बल्कान पेनिनसुला द्वारा आधिपत्य जमा लिया है अब केवल व्यापारिक जाल फैला रहा है।

किन्तु अन्तरराष्ट्रीय राजनीति में अन्ति मरूप से कुछ भी कहना असम्भव है। फ्रांस जर्मनी के पदचिह्नों पर चल रहा है। यह कहना कठिन है कि ग्रीक

में मैटाक्सास की सरकार और युगोस्लाविया में स्टोयडिनोविच की सरकारें कब तक चलती हैं। रोमानिया में फ्रांस की पक्षधर पार्टी, यद्यपि अभी वह सत्ता में नहीं है, को नकारा नहीं जा सकता और बल्कान का विचार भी परिवर्तित होता रहता है। जर्मनी स्वयं पर दया करता है क्योंकि आधुनिक यूरोप के एक महान राजनीतिज्ञ चेकोस्लोवाकिया के राष्ट्रपति एडवर्ड बेनेम हैं।

दिन-प्रतिदिन दृश्य परिवर्तित होता रहता है और राजनीतिक भविष्यवाणी करना कठिन कार्य है। एक बात निश्चित है यदि युद्ध होता है तो उसका कारण केवल यह होगा कि केन्द्रीय व पूर्वी यूरोप में यथास्थिति को जर्मनी ने चेतावनी दी है। किन्तु क्या यह होगा? इसका उत्तर ब्रिटेन के पास है। जर्मनी 1914 की ग़लती को दोहराकर युद्ध में रत नहीं होगी यदि उसे यह मालूम होगा कि ब्रिटेन उसके विरुद्ध युद्ध करेगा। किन्तु 1914 की भाँति वह यह सोचकर कि ब्रिटेन इससे अलग रहेगा वह पुनः उस स्थिति में पड़ सकता है। यदि केन्द्रीय व पूर्वी यूरोप में फ्रांस और ब्रिटेन अपने आपको तटस्थ रखते हैं तो यूरोप में युद्ध प्रारम्भ होगा, क्योंकि सूर्य पूर्व से उगता है, और जर्मनी इसके लिए यदि तत्पर हो जाता है तो, यदि फ्रांस सोवियत रूस से मिल जाता है और ब्रिटेन तटस्थ रहता है। तब भी युद्ध होगा यद्यपि उसका निष्कर्ष सन्देहास्पद होगा।

यदि फ्रांस विजयी होता है तो वह जीत इटली और जर्मनी की होगी और मध्यसागर में ब्रिटिश आधिपत्य की समाप्ति हो जायेगी तथा फ्रांस के लिए आगामी वर्ष कठिनाइयों से युक्त होंगे। किन्तु रूसी प्रतिभा सदा ही रहस्य रही है। इसने यूरोपीय विजेता नेपोलियन को भी उलझन में डाले रखा है। क्या हिटलर को भी उलझायेगी?

डलहौजी

21 अगस्त, 1927

बिजय कुमार बासु

श्री बी. के. बासु की मृत्यु से हम सभी को गहरा सदमा लगा है। यद्यपि वे पिछले कुछ दिनों से काफ़ी अस्वस्थ चल रहे थे किन्तु किसी ने स्वप्न में भी यह नहीं सोचा था कि वह अचानक हमें यूँ छोड़कर चले जायेंगे।

श्री बासु कांग्रेसी नहीं थे। हमारी घनिष्ठता के बावजूद राजनीतिक रूप में हम लोग बिल्कुल अलग-थलग थे। और प्रायः जैसा कि इस देश में होता है, राजनीतिक मतभेद सामाजिक सम्बन्धों को भी प्रभावित करते हैं किन्तु मैं बिना

किसी झिझक के यह कह सकता हूँ कि उन्हें हर क्षेत्र में पर्याप्त इज़्ज़त प्राप्त थी। यह श्रद्धा केवल उनके तीखे व्यवहार या उनकी सदाशयता के कारण नहीं थी। उनका एक चरित्र था। सही या ग़लत उनके कुछ सिद्धान्त थे और मध्यमार्गी होने के नाते वे बहुत ईमानदार थे इसके अलावा वे बहुत योग्य भी थे। यही कारण था कि भारत सरकार समय-समय पर कलकत्ता नगर निगम में उनकी सेवाएँ लेती रहती थी। राज्य की कौंसिल में प्रान्तीय सरकार में तथा जेनेवा में भी उनकी सेवाएँ सरकार ने लीं। उनका निर्णय ठोस होता था और उनके विचार सबको समायोजित करने वाले थे। इसीलिए वे हर खेमे में अपने मित्र बना लेने में सक्षम थे। जब भी कोई निर्णय लेते तो पूर्णतः भरोसे के योग्य होते थे। नगर निगम में भी वे काफ़ी लोकप्रिय सिद्ध हुए। नहीं तो वह एक से अधिक बार मुख्यपौर व कलकत्ता के मेयर नहीं चुने जाते।

श्री बासु कठोर परिश्रमी थे। जो भी कार्य उन्होंने हाथ में लिया उसे उन्होंने यथाशक्तिपूर्ण किया। हम लोगों की हार्दिक इच्छा थी कि वे कांग्रेस में शामिल हों, क्योंकि यदि वे इसमें शामिल हो जाते तो पार्टी के लिए बहुमूल्य व्यक्ति सिद्ध होते। उनका कोई भी शत्रु नहीं था। किन्तु उनकी मृत्यु ने अनन्त लोगों को दुख पहुँचाया है।

इस सबके अलावा वे एक सज्जन पुरुष थे। आज विश्व को उन जैसे अनेकों सज्जनों की आवश्यकता है।

उनकी मृत्यु के समय में आइए हम लोग उनकी याद में मौन रहकर उन्हें श्रद्धांजलि दें। ईश्वर से प्रार्थना है कि वह उनकी आत्मा को शान्ति दे।

4 सितम्बर, 1937

पूर्वोत्तर में जापान की भूमिका*

यदा-कदा हम अपने दैनिक समाचार-पत्रों में यह पढ़ते हैं कि चीन और जापान में संघर्ष चल रहा है। कुछ लोग उन समाचारों पर एक निगाह डाल छोड़ देते हैं कि इतनी दूर घट रही घटनाओं का हम भारतवासियों से क्या लेना-देना। अन्य लोग रोज़मर्रा की घटनाओं की भाँति उन्हें पढ़ कर छोड़ देते हैं। किन्तु मुझे आश्चर्य होता है कि हममें से कितने कम लोगों को उन रिपोर्टों में रुचि है।

---

* मॉडर्न रिव्यू के अक्टूबर 1937 के अंक में प्रकाशित तथा सुभाष चन्द्र बोस द्वारा लिखित 'थ्रू कांग्रेस आइज़' में पुनर्प्रकाशित (किताबिस्तान, इलाहाबाद तथा लन्दन, 1938)।

जापनी जाति का यह उपद्वीप घनी आबादी का क्षेत्र है। लगभग सात करोड़ आबादी को उन्हें सँभालना है जिसके परिणामस्वरूप वहाँ अत्यधिक भीड़ है और भूमि पर बहुत बोझ हैं। किन्तु कठिनाई केवल इतनी ही नहीं है। एक वर्ग मील में 100 लोग चीन में रहते हैं और जापान में 313 लोग हैं। जापान में जन्मदर ब्रिटेन की तुलना में दोगुनी है। अतः जापान को अपने बच्चों के लिए अधिक भूमि और विकासशील उद्योगों के लिए अधिक कच्चे माल की तथा तैयार माल के लिए अधिक बाज़ार की आवश्यकता है। कोई भी राष्ट्र उसे ये तीनों वस्तुएँ उपहार में नहीं देगा, अतः वह शक्ति का प्रयोग करेगा। जापान के पास इस समस्या को हल करने का एक मार्ग यह भी है कि वह जनसंख्या पर नियन्त्रण करे। जन्मदर पर नियन्त्रण करे और अपने स्रोतों पर निर्भर करे। किन्तु यह हल उसे पसन्द नहीं है। संक्षेप में यह जापानी औपनिवेशिक विस्तार का रेसन डिटेर है।

चीन, रूस, ब्रिटेन और अमेरिका के विरोध में ही जापान का विस्तार होगा। यदि वह एशिया के मुख्य क्षेत्र में अपना विस्तार करने का प्रयास करेगा तो उसे चीन और रूस के गुस्से का सामना करना पड़ेगा। यदि वह दक्षिण की ओर अर्थात फिलीपींस उपमहाद्वीप और आस्ट्रेलिया की ओर अपना विस्तार करता' है तो अमेरिका अथवा ग्रेट ब्रिटेन से विवाद ठण्डा होने की सम्भावना है। जहाँ तक अन्दाज़ा लगाया जा सकता है उससे तो यह लगता है कि जापान पहले मार्ग का ही चुनाव करेगा और वह लेफ़्टिनेंट कमांडर इशीमारू द्वारा लिखी पुस्तक 'जापान मस्ट फाइट इंग्लैंड' में की गयी अपील पर ध्यान नहीं देगा जिसमें उन्होंने सुझाया है कि उसे चीन, रूस व अमेरिका से मैत्री रखनी चाहिए और इंग्लैंड से युद्ध करने की तैयारी करनी चाहिए। एशिया की मुख्यभूमि पर जहाँ जापान की दृष्टि जा सकती है वह या तो रूस की भूमि है या फिर चीन की। रूस से युद्ध जापान को भारी पड़ेगा, क्योंकि सोवियत सत्ता के अधीन रूस पूर्ण रूप से जागरूक हो चुका है। अब उसके पास प्रथम श्रेणी की सैन्यशक्ति है जो यूरोप में तथा पूर्वोत्तर तक फैली है।

अतः जापान को अपने विस्तार की इच्छा को सन्तुष्ट करने के लिए चीन पर ही बोझ डालना होगा। यद्यपि यह विस्तार चीन के बलबूते पर होगा फिर भी इसमें रूस का विरोध सहना ही पड़ेगा, कारण की व्याख्या नीचे की जायेगी। जहाँ तक ब्रिटेन का सवाल है वह एशियाई उपद्वीप में जापान के विस्तार से कितना भी नाखुश क्यों न हो, वह षड्यन्त्र करता रहेगा, वह जानता है कि दक्षिण क्षेत्र में विस्तार से जापान का उसके साथ विवाद निश्चित है। वर्तमान स्थिति में अमेरिका पूर्वोत्तर क्षेत्र में अपने लाभ के लिए जापान से युद्ध कदापि नहीं करेगा।

एशियाई देश होने के कारण तथा महाद्वीप के निकट होने से जापान के लिए यह स्वाभाविक ही है कि वह अपनी आवश्यकताओं की पूर्ति के लिए एशिया की मुख्य भूमि की ओर ताकेगा। यहाँ उसे सेलेस्टियल एंपायर की जगह अब वहाँ अनेकीकृत व अव्यवस्थित चीन दिखाई दे रहा है। वहाँ पर जापान की अपेक्षा प्राकृतिक सम्पदा भी अधिक है। अन्नत विस्तार, प्राकृतिक सम्पदाएँ तथा चीन की आन्तरिक दुर्बलता जापान को इस ओर आकर्षित करने के पर्याप्त कारण हैं।

दो एशियाई देशों का यह संघर्ष चालीस वर्ष पुराना है। पिछली सदी के अन्त में यह विवाद प्रारम्भ हुआ था। तब से लेकर अब तक जापान ने अपना प्रशासन तन्त्र आधुनिक कर लिया है, आधुनिक विधियाँ अपना ली हैं तथा उसके पास युद्ध के भी आधुनिकतम साधन उपलब्ध हैं। उसने यह देख लिया है कि यूरोपीय महान शक्तियाँ चीन का शोषण कर स्वयं को सुदृढ़ बना रही हैं तो फिर जापान, जो कि उसका निकटतम पड़ोसी है वह यह सब क्यों न करे और पूर्व की सम्पदा को पश्चिमी शक्तियों द्वारा खींच ले जाने पर रोक क्यों न लगाये? यह तर्क जापान को विस्तार करने के लिए प्रेरित करता है।

पिछले चालीस वर्षों में, जापान ने कोई ऐसा क्षण नहीं खोया है कि जबकि चीनी सरकार में सुविधाएँ प्राप्त न की हों, इस बीच वह धीरे-धीरे पाश्चात्य शोषण करने वाली शक्तियों के प्रभाव को कम करने में भी लगा रहा है। उसके सबसे बड़े शत्रु रूस, ब्रिटेन, अमेरिका और जर्मनी थे। 1904-05 के रूस-जापान युद्ध में उसने जारशाही सत्ता को मात दी थी। विश्वयुद्ध के दौरान उसने चीनी नक़्शे पर से जर्मनी को बिल्कुल हटाकर रख दिया था। किन्तु अभी तक वह ब्रिटेन और अमेरिका का मुकाबला नहीं कर पाया है। इस बीच रूस जो कि एक बार मात खा चुका है, पुनः सोवियत स्टेट के रूप में नयी सैन्यशक्ति के साथ उभरा है।

उन्नीसवीं सदी के अन्त से चीन का पृथक्करण प्रारम्भ हो गया था। ब्रिटेन, रूस, जर्मन जैसी यूरोपीय शक्तियों व अमेरिका ने चीन पर दबाव डाला और सन्धि बन्दरगाहों जैसे हांगकांग व शंघाई आदि प्राप्त किये जिससे चीन के क्षेत्र को हड़प लिया। पिछली सदी के अन्त से पहले, जापान पुनः उभरा और चीन के साथ उसने पाश्चात्य रणनीति अपनायी।

चीन के दक्षिण-पूर्वी क्षेत्र में स्थिति फोरमोसा उपद्वीप पर जापान ने 1904-05 के युद्ध में क़ब्ज़ा कर लिया था। उसी समय जापान ने चीनी पूर्वी रेलवे के क्वातुंग रेलवे पर भी क़ब्ज़ा किया जो मंचूरिया से गुज़रता था जिससे दक्षिणी मंचूरिया जापानी प्रभुत्व का क्षेत्र बन गया। 1910 में जापान ने कोरिया, जो कि पहले चीन के आधिपत्य में था, को भी हथिया लिया यह बात बहुत दिलचस्प है कि 1894

में चीन के साथ हुए युद्ध में जापान ने अपनी स्वतन्त्रता पर विशेष बल दिया। विश्वयुद्ध के दौरान जापान ने जर्मनी से युद्ध की घोषणा कर दी और तत्काल त्सिंगताओ तथा अन्य जर्मन अधिकार के क्षेत्रों शान्तुंग पेनिनसुला पर क़ब्ज़ा कर लिया। 1915 में जब उसने देखा कि सभी पाश्चात्य शक्तियाँ युद्ध में लिप्त हैं तो जापान ने चीन के सामने 21 माँगें रखीं तथा उससे अनेकों सुविधाएँ प्राप्त कर लीं। युद्ध के पश्चात जापान को भूतपूर्व जर्मन पैसिफिक उपमहाद्वीप स्वयं ही प्राप्त हो गया जिसकी सबसे अधिक महत्ता इसलिए थी कि वह यूनाइटेड स्टेट्स से लेकर –फिलीपींस उपमहाद्वीप का सीधा समुद्री मार्ग था।

फिर कुछ समय के लिए जापान के विस्तार कार्यक्रम में कुछ रुकावट आ गयी क्योंकि जापान चाहता था कि जो क्षेत्र उसने हथिया लिए हैं उन्हें पूरी तरह अपने नियन्त्रण में कर ले। 1931 में पुनः गतिविधियाँ शुरू हुईं जब उसने मंचुकुओ (मंचूरिया) पर, जो कि पहले चीन के आधिपत्य में था, क़ब्ज़ा कर लिया। बाद में इसे स्वतन्त्र राज्य का दर्जा दे दिया गया था जैसे 1895 में कोरिया को आज़ाद कर दिया गया था। 1941 से प्रारम्भ हुए इस विस्तार कार्यक्रम की स्पष्ट झलक आज के प्रसिद्ध बल्कि खूँखार 1928 के तनाका ज्ञापन में देखी जा सकती है जिसमें एशियाई भू–भाग पर जापान की भविष्य की विस्तार योजनाओं की साफ़-साफ़ चर्चा है। इस ऐतिहासिक सर्वेक्षण से एक बात तो स्पष्ट है कि हमारे इस ग्रह पर जापान का पैर फैलाने का निश्चय अटल है। बाह्य परिस्थितियाँ इस विस्तार कार्यक्रम को प्रभावित नहीं करेंगी ज़्यादा से ज़्यादा वे इसकी गति व दिशा का निर्धारण कर सकती हैं।

1931 के पश्चात जापान की आन्तरिक अर्थव्यवस्था के वैज्ञानिक परीक्षण से जापान की सैन्यशक्ति का स्पष्ट आकलन किया जा सकता है उसकी बढ़ती आबादी को देखते हुए उसे अधिक भूमि की आवश्यकता है, इस बात को आसानी से समझा जा सकता है क्योंकि उसकी वर्तमान जनसंख्या के लिए फ़िलहाल उसके पास जो भू-भाग है वह अपर्याप्त है। उसके औद्योगिक सिस्टम को देखने से पता लगता है कि उसे रूई, कपास, लुगदी, लोहा, तेल आदि सब कच्चा सामान बहुत दूर से मँगाना पड़ता है। औद्योगिक विकास व जनसंख्या विकास के साथ-साथ उसे भू-विकास की बहुत आवश्यकता है। इतनी जनसंख्या की आवश्यकताओं की पूर्ति के लिए उसे कच्चे सामान की नियमित सप्लाई की आवश्यकता है। उद्योगों के विस्तार के लिए नये बाज़ार की भी आवश्यकता है।

अतः ये सब आवश्यकताएँ पूरी कैसे हों? क्या चीन अपने वायदे के मुताबिक जापान के लिए भूमि त्याग देगा? क्या वह जापान को अपने कच्चे माल के संसाधनों

का व अपने बाज़ार का दुरुपयोग करने की छूट दे देगा? कदापि नहीं। राष्ट्रीय सम्मान व अपने हित मार्ग में आ जायेंगे। फिर यूरोपीय शक्ति और अमेरिका भी जापान को चीनी संसाधनों और बाज़ार पर आधिपत्य जमाने की अनुमति नहीं देंगे। वे अन्त तक चीन के लिए खुले बाज़ार की नीति का आग्रह करेंगे जिसके तहत सभी शक्तियाँ चीनी संसाधनों का इस्तेमाल करने को स्वतन्त्र हैं। अतः जापान को शक्ति के बल पर चीनी क्षेत्र पर क़ब्ज़ा करना होगा। यह काम वह चरणों में कर रहा है, धीरे-धीरे एक-एक कौर खा रहा है और उसे हज़म करने का समय भी लेता है। प्रत्येक आक्रमण निश्चित सीमाओं में, सुनियोजित ढंग से होता है जिससे जापान का क़ब्ज़ा बढ़ता है। नीतियाँ बड़ी हैं चाहे उन्हें भारत, एबीसीनिया में अथवा पूर्वोत्तर में मंचूरिया प्रान्त पर ही क्यों न देखे।

पूर्वोत्तर क्षेत्र में जापान की साम्राज्यवादी आवश्यकताओं और मार्गों की प्रतिपूर्ति केवल एक ही दशा में सम्भव है कि वह चीन पर अपना राजनीतिक प्रभुत्व स्थापित कर ले। इसके लिए उसे गोरी जाति को वहाँ से निकालना होगा और खुले मार्ग की नीति को रद्द करना होगा। समय-समय पर उसके राजनीतिज्ञ बहुत कुछ बोलते रहते हैं। जापान के प्रवक्ताओं ने प्रायः कहा है कि उसकी पूर्वोत्तर क्षेत्र में विशेष रुचि है, जिसकी तुलना अन्य पश्चात्य शक्तियों से नहीं की जा सकती, जापान वह अपनी सत्ता क़ायम करना चाहता है। आर्थिक उद्देश्यों के अतिरिक्त जापानी वहाँ अपनी सत्ता क़ायम करना चाहते हैं और इस प्रकार अविजित जाति के रूप में स्वयं को स्थापित करना चाहता है। बाहरी क्षेत्र में अपनी सत्ता क़ायम करने की योग्यता के कारण जापानी समाज के कट्टरवादियों की चढ़ बनी।

यदि चीन स्वयं को राजनीतिक और आर्थिक अधिराजत्व के लिए मना लेता है या जापान का संरक्षण प्राप्त कर लेता है तो सिनो-जापानी संघर्ष तत्काल समाप्त हो सकता है। इसी प्रयास में जापान के महानतम राजनीतिज्ञ हिरोता पिछले तीन वर्ष से लगे हैं। उनके भाषण सुलह-समझौते के भाषण हैं जिनमें निरन्तर सिनो-जापानी सहयोग की अपील की गयी है। इस सहयोग का उद्देश्य क्या है? निश्चय ही जापान को सुदृढ़ करना तथा चीन को धीरे-धीरे गुलाम बनाना। इस सत्य को नकारा नहीं जा सकता क्योंकि उनका नारा है–'कम्युनिज़्म के ख़िलाफ़ सहयोग द्वारा मिलकर बचाव।' यह नारा जापान के उद्देश्यों को ही जामा नहीं पहनाता बल्कि जापान, चीन या अन्य कहीं के भी समाजवाद विरोधी तत्त्वों को सुलह का मार्ग दिखाता है। अतः भारतीय समाचार-पत्रों ने 7 अगस्त, 1937 में हिरोता की विदेश नीति की निम्न व्याख्या की है–

"एम. हिरोता ने जापान द्वारा चीन की जो मुख्य सिफ़ारिश की है, कम्युनिज्म के ख़िलाफ़ सहयोग द्वारा आत्मरक्षा की चर्चा हाउस ऑफ़ रिप्रेजेंटेटिव्ज़ में की और कहा कि उन्हें विश्वास है कि सिनो-जापान का सहयोग तभी सम्भव है यदि चीन के उग्रवादी तत्त्वों, विशेष रूप से कम्युनिस्टों पर प्रभावी रूप से नियन्त्रण पाया जाये। उन्होंने आगे कहा कि वह उत्तरी चीन के विवाद को समाप्त करना चाहते हैं तथा साथ ही साथ सिनो-जापानी सम्बन्धों को मूल रूप से पुनर्स्थापित करना भी चाहते हैं।"

इसी प्रकार की भाषा में इसी प्रकार की अपील कुछ वर्ष पहले भी की गयी थी जब हिरोता जापान के विदेशमन्त्री बने थे।

क्या चीन इस माँग के आगे घुटने टेक देगा हालाँकि उससे उसे शान्ति ही प्राप्त होगी। मेरे विचार में तो नानकिंग केन्द्रीय सरकार के डिक्टेटर मार्शल च्यांग काई-शेक ने तो यही किया होता। हृदय से वे पूरी तरह कम्युनिस्ट विरोधी हैं तथा 1927 में (चीनी राष्ट्रीय पार्टी) के विभाजन के बाद से उन्होंने चीनी कम्युनिस्टों और उनके समर्थकों को समाप्त करने में कोई कसर नहीं उठा रखी। किन्तु मार्शल च्यांग का दो ओर से विरोध होता रहा है। चीन के पश्चिमी प्रान्त, जिसे चीनी सोवियत राज्य माना जाता है और जो नानकिंग सत्ता से स्वतन्त्र है, ने जापान के विरुद्ध संघर्ष जारी रखा है। इस विषय में चीनी जनता की राय भी उसके साथ है। दूसरे, पाश्चात्य शक्तियों की रुचि चीन में है तथा वे पूर्वोत्तर जातियों के सामने अपना सम्मान क़ायम रखना चाहते हैं, अतः वे लैटिन अमेरिका में (केन्द्रीयता दक्षिणी अमेरिका) किसी बाह्य सत्ता को हस्तक्षेप नहीं करने देना चाहते। चीन में जहाँ तक ब्रिटेन के हस्तक्षेप का प्रश्न है उस पर 19 अगस्त, 1937 के 'लन्दन टाइम्स' ने पर्याप्त प्रकाश डाला है–

"चीन में ब्रिटिश का निवेश पाँच करोड़ पाउंड है, जिसमें से बीस करोड़ पाउंड व्यापारिक निवेश है तथा पाँच करोड़ पाउंड सरकारी एहसान के रूप में है। अठारह पाउंड शंघाई में लगाये गये हैं और इसका एक बड़ा हिस्सा सेटलमेंट डिस्ट्रिक्ट अर्थात सूशोग्रीक के उत्तर में ख़र्च किया गया है। इसी ज़िले पर सबसे अधिक बमबारी हो रही है। यहीं पर, लोक उपयोगी कार्यालय तथा व्यापार कार्यालय आदि हैं।"

'दि टाइम्स' के लेखक ने आश्चर्य प्रकट किया है कि पहले इस क्षेत्र में ब्रिटिश सुपरिंटेंडेंट नियुक्त थे किन्तु अब इन पुलिस स्टेशनों को खाली करके वहाँ जापानी लोगों का जमाव हो रहा है। गोरी जातियों को इस सच्चाई का पता है कि चीन पर जापानी प्रभुत्व का अर्थ होगा चीन की समाप्ति तथा पूर्वोत्तरी क्षेत्र से उनका निष्कासन। प्रायः देश का भूगोल वहाँ की सैन्य रणनीति निर्धारित करती है, अतः यह आवश्यक है कि चीन के भूगोल की मुख्य बातों पर गौर किया जाये।

चीन की महत्त्वपूर्ण संचार की रेखाएँ वहाँ की तीन नदियाँ हैं, उत्तर में ह्वांग हो (पीली नदी), केन्द्र में यंग-त्से, दक्षिण में सी कियांग। सी कियांग में प्रवेश पर, ब्रिटिश बन्दरगाह हांगकांग का नियन्त्रण है, यांग-त्से पर शंघाई का जिस पर ब्रिटेन व अमरीका जैसी विदेशी शक्तियों का नियन्त्रण है। ह्वांग हो में प्रवेश पर जापान का नियन्त्रण है जो पहले कोरिया और फिर मंचूरिया के अधीन थी। चीन का एकमात्र व्यावहारिक मार्ग उत्तर से है। इस मार्ग के साथ-साथ मंगोल और माचुस भी चीन में प्रवेश कर गये और विश्वयुद्ध से पहले के वर्षों में रूस और जापान दोनों की नज़र उस पर थी। 1931 से जापान इस मार्ग पर क़ब्ज़ा करने के प्रयास में था ताकि साथ के शहरों पर भी उसका क़ब्ज़ा हो सके और जुलाई 1937 से वहाँ निरन्तर युद्ध चल रहा है। इस सम्बन्ध में यह बात ध्यान में रखनी चाहिए कि ऊँचे-ऊँचे पहाड़ मुख्य चीन को पश्चिमी क्षेत्र से अर्थात सी कियांग और चीन तुर्किस्तान से पृथक् करते हैं।

इसका परिणाम यह है कि चीन में प्रवेश का मार्ग उत्तर की ओर से है और इतिहास इस बात का गवाह है कि जिस शक्ति ने मंचूरिया पर नियन्त्रण रखा है उसकी चीन से स्थिति अधिक मज़बूत रही है।

1931 से लेकर अब तक की पूर्वोत्तर क्षेत्र में घटी घटनाओं को सही रूप में समझने के लिए जापानी रणनीति को भलीभाँति समझना अति आवश्यक है। चीन में शान्तिपूर्वक प्रवेश कर जापानी प्रभुत्व क्योंकि सम्भावित नहीं था इसलिए जापान ने चीन को सैन्यशक्ति द्वारा जीतने की योजना बनायी। जीत भी नहीं सके तो कम-से-कम सैनिक दबाव तो बना ही रहे। इस उद्देश्य की पूर्ति के लिए जापान को दो कार्य करने होंगे। पहला, चीनी एकता को भंग करना होगा और दूसरे किसी भी अन्य शक्ति को चीन की सहायता न कर देने सकना। इस उद्देश्य के लिए उसे चीन के उत्तरी मार्ग पर क़ब्ज़ा करना होगा जिसमें मंचुकुओ, मंगोलिया और उत्तरी चीन के हिस्से शामिल हैं। इन क्षेत्रों पर पूर्णतः नियन्त्रण कर रूसी साइबेरिया, को मुख्य चीन से काट देना है, (इसमें ह्वांग हो, यांग-त्से तथा सी कियांग नदियाँ हैं।) नक़्शे को देखने से पता चलेगा कि यदि जापान इस क्षेत्र पर क़ब्ज़ा कर लेता है तो रूस से युद्ध होने पर वह मंगोलिया से वहाँ घुस सकता है और बाइकल लेक पर ट्रांस-साइबेरियन रेवले को अवरुद्ध कर सकता है। और यदि रूस को बिल्कुल अलग-थलग कर दिया जाये तो, विपत्ति के समय में चीन की सहायता के लिए कोई अन्य देश नहीं आ सकता। हम देखेंगे कि 1931 से लेकर अब तक जापान इस कार्य में कितनी प्रगति कर पाया है।

यह बात ध्यान देने की है कि जापान अपनी योजनाएँ प्रकट नहीं करता है और आक्रमण करता रहता है और इस बात का पूरा ध्यान रखता है कि जब वह आक्रमण कार्य में लिप्त हो तब कोई अन्य देश आक्रमण न करे। इसके अलावा वह हर बार कोई-न-कोई कारण उत्पन्न कर देता है ताकि चीनी क्षेत्र पर क़ब्ज़ा क़ायम कर सके। पहला कारण 18 सितम्बर, 1931 में बना जब जापानी साम्राज्य की सेना के लेफ़्टिनेट कंवामाटो दक्षिण मंचूरिया रेलवे मार्ग पर सर्वेक्षण कर रहे थे। इसके अगले दिन ही मुकादेन रेलवे पर और मंचूरिया रेलवे मार्ग पर क़ब्ज़ा सम्भव हो गया। उस समय पूरा विश्व आर्थिक बदहाली के दौर से गुज़र रहा था और रूस अपनी पहली पंचवर्षीय योजना को लागू करने में व्यस्त था। अतः जापान को पूर्ण विश्वास था कि उसके इस क़दम का कहीं से भी विरोध नहीं होगा। लीग ऑफ़ नेशंस द्वारा भेजे गये लायटोन आयोग ने जापान के विरोध में अपनी रिपोर्ट दी और बाद में लीग सभा ने मंचूरिया पर जापानी क़ब्ज़े की भर्त्सना भी की। किन्तु जापान ने लीग पर ध्यान नहीं दिया और वह इस झंझट से उबर गया। इसके बाद 1933 में सोवियत यूनियन ने पूर्वी चीनी रेलवे को मंचुकुओ को बेच दिया तथा 1934 में रूसो-मंचुकुओ जलमार्ग समझौता सम्पन्न हुआ। यद्यपि मंचुकुओ को अन्य शक्तियों ने स्वतन्त्र रूप से स्वीकृति नहीं दी किन्तु कुछ शक्तियों ने उसे डी-फैक्टो के रूप में मान्यता दे दी।

मंचुकुओ एक विस्तृत क्षेत्र है जहाँ नयी बस्ती बसाने की बहुत-सी सम्भावनाएँ हैं हालाँकि वहाँ की जलवायु कठोर है किन्तु कोयले जैसे कच्चे माल की दृष्टि से अति उपयुक्त भी है। इसके अलावा यदि कभी सोवियत रूस से युद्ध छिड़ जाता है तो जापान के लिए यह भूमि अज्ञात स्थान में प्रवेश का द्वार भी सिद्ध हो सकती है। कई लोगों का विचार था कि मंचुकुओ के विकास में जापान को काफ़ी समय लगेगा तब तक पूर्वोत्तर क्षेत्र में शान्ति भी स्थापित हो जायेगी। किन्तु उनका विचार ग़लत था। आर्थिक व रण कौशल की दृष्टि से मंचुकुओं आत्मनिर्भर नहीं हो सकता। जापान को जिस कच्चे माल की आवश्यकता है वह थोड़ा-बहुत वहाँ उपलब्ध हो सकता है फिर वहाँ का बाज़ार भी जापान के लिए पर्याप्त नहीं है। रणनीति की दृष्टि से यह प्रान्त बहुत कमज़ोर है क्योंकि चारों ओर से विरोधियों से घिरा हुआ है। परिणामतः अपनी आर्थिक आवश्यकताओं की प्रतिपूर्ति के लिए और नये राज्य की सुरक्षा के लिए जापान को आक्रमण कार्यक्रम जारी रखना होगा।

1932 में शंघाई में एक और घटना घटी जिससे चीन और जापान में युद्ध आरम्भ हुआ। इसका परिणाम यह हुआ कि चीन को शंघाई के कुछ क्षेत्र से अपनी सेनाएँ हटाने के लिए बाध्य होना पड़ा और जापान की कुछ अन्य शर्तों

को भी मानना पड़ा। 1932 में शंघाई की रणनीति का महत्त्व स्पष्ट नहीं था किन्तु वर्तमान युद्ध (1937) ने इसे स्पष्ट कर दिया है।

1933 से राजा पू-यी के अधीन मंचुकुओ को समेकित किये जाने का कार्य पूर्ण हुआ और जापान आगे अपनी सीमाओं की वृद्धि के लिए युद्ध को पूर्ण तत्पर था। मंचुकुओं के बाहर उत्तरी चीन में युद्ध हुआ। जापानी सेनाओं ने जेहोल तथा चहार का कुछ हिस्सा अपने क़ब्ज़े में किया और पीपिंग (आजकल पीकिंग) के मुख्य द्वार की ओर बढ़ना शुरू किया। युद्ध में हार कर चीन को जापान के आगे घुटने टेकने पड़े और कुछ और हिस्से पर जापान का क़ब्ज़ा हुआ। 1933 में टंगकु सन्धि के तहत युद्ध का अन्त हुआ।

वर्ष 1934 घटनारहित वर्ष था किन्तु 1935 में पुनः विरोध शुरू हो गया। जैसा कि जापान हमेशा करता था। समझौते के भाषणों व शान्तिपूर्ण विदेश नीति के अन्तर्गत उसने पुनः आक्रमण प्रारम्भ किया। 23 जनवरी, 1935 में हिरोता ने एक भाषण में आक्रमण विरोधी नीति की तरफ़दारी करते हुए अच्छे पड़ोसी राज्य की नीति का हवाला दिया ताकि चीन पर अवैध क़ब्ज़ा कर सके। इस बार उन्होंने स्वतन्त्र उत्तरी चीन का नारा लगाया और नानकिंग (चीन की नयी राजधानी) की सरकार को कहा कि वह उत्तरी चीन में जापान की गतिविधियों के विरुद्ध हस्तक्षेप नहीं करे। किन्तु नानकिंग ने जापान की इस बात को पूरी तरह स्वीकार नहीं किया और उत्तरी चीन के लोग भी मंचूरियनों की भाँति अन्धाधुन्ध जापान के क़ब्ज़े में आने को तैयार नहीं थे जैसा कि मंचूरियनों ने 1931 में किया था। परिणाम यह हुआ कि जापान की योजनाएँ असफल हो गयीं। जब खुलेआम द्वन्द्व छिड़ा तो पता चला कि चीन ने एक और क्षेत्र गँवा दिया है।

1933 में जेहोल और चहार का कुछ हिस्सा मंचुकुओ ने अपने क़ब्ज़े में ले लिया और होपी प्रान्त में जिसकी राजधानी तुगको थी जो पीपिंग से 12 मील पूर्व में स्थित था, वहाँ से सैन्यशक्ति को हटा लिया गया। इस क्षेत्र का मालिक चीनी रीनेगेड, यिन-जू-केग था और यह क्षेत्र पूर्णतः जापानी अधिकार में था। (बाद में जापान की सहमति से यहाँ बड़े पैमाने पर तस्करी शुरू हुई ताकि चीनी राजस्व को हानि पहुँचाई जा सके।) होपी का शेष भाग (पीपिंग और टीनास्टिन) तथा चहार के कुछ भाग को मिलाकर एक अलग प्रशासनिक अनुभाग बना दिया गया जिसको राजनीतिक काउंसिल होपी-चहार कहा गया और जिसके मुखिया जनरल सुंग चेह युआन थे जो कि नानकिंग के बाहर सबसे शक्तिशाली नेता माने जाते थे। यह काउंसिल यद्यपि जापान का खुलेआम विरोध करने में हिचकिचाती थी किन्तु नानकिंग से भी इसके मधुर सम्बन्ध स्थापित नहीं हुए। फ़रवरी, 1936 में

टोक्यो में सैनिक विद्रोह हुआ जिससे जपानी सरकार व्यस्त हो गयी। किन्तु वह शान्त होकर नहीं रही। अन्तरराष्ट्रीय क्षेत्र में अपनी स्थिति को सुदृढ़ करने की दृष्टि से जापान ने जर्मनी के साथ 'जर्मन-जापनीज़ कॉमिंटर्न कैमिटर्न पैक्ट' नामक समझौता किया। साल के अन्त में नवम्बर, 1936 में यह प्रयास किया गया कि मंगोलिया को भी पीपिंग-पाउटो रेलवे के अन्तर्गत ला दिया जाये किन्तु जापान के मंगोल-मंचुकुओ मिशनरियों को जनरल फू-त्सोई ने सुआन प्रान्त से बहुत दूर रोके रखा, इस कार्य में उसने नानकिंग सेना की सहायता भी ली।

इतिहास के सभी विद्यार्थियों को स्पष्ट रूप से जान लेना चाहिए कि 1931 से ही जापान न केवल पूर्वोत्तर में लगातार आक्रामक रुख अपना रहा था बल्कि पूरे विश्व के मामले में ही उसका रुख आक्रामक था। यदि अन्तरराष्ट्रीय क्षेत्र में वह स्वयं को सुदृढ़ नहीं मानता तो वह चरुन के विरुद्ध कभी आक्रमण न करता। हम उसके लीग ऑफ़ नेशंस से स्वयं को हटा लेने की चर्चा पहले ही कर चुके हैं। जब उसने मंचूरिया पर क़ब्ज़ा किया था। इससे पहले उसने एंग्लो-जापानी समझौते को तोड़ा। शायद उसे पता था कि वह इसके बिना भी काफ़ी शक्तिशाली है।

वाशिंगटन के नौसेना समझौते में जापान ने युद्धपोतों के लिए ब्रिटेन, अमेरिका व स्वयं के लिए 5:5:3 का प्रतिशत निर्धारित किया। जब 1935 में इस सन्धि का उल्लंघन हुआ तो जापान ने बराबरी की बात उठायी किन्तु जब अन्य शक्तियाँ नहीं मानीं तो उसने यह सन्धि तोड़ दी। जब ब्रिटेन ने विश्व बाज़ार के विषय में जापान से आर्थिक समझ की बात की तो उसने किसी भी अन्य बाज़ार पर बात करने से मना कर दिया और केवल उन बाज़ारों पर चर्चा की जो ब्रिटेन के अधीन थे और दोनों देशों का 1935 का लन्दन सम्मेलन व्यर्थ सिद्ध हुआ। उपर्युक्त तथ्यों से स्पष्ट है कि 1937 की समाप्ति तक जापान नैतिक रूप से व अन्तरराष्ट्रीय रूप से पूर्वोत्तर में बड़े संघर्ष के लिए पूरी तरह तैयार था।

किन्तु कभी-कभी अच्छे-अच्छों को भी मात खानी पड़ती है। 1937 में मार्च से जुलाई के मध्य जापान ने पूरे विश्व को इस भ्रान्ति में डाल रखा था कि वह आर्थिक तंगी के दौर से गुज़र रहा है। अतः वह चीन के विरुद्ध आक्रमण के लिए तैयार नहीं है। कई अमेरिकी पत्रिकाओं में लेख छपे कि जब विश्व आर्थिक तंगी से उबर चुका है तब जापान की स्थिति इसके विपरीत है। इससे कच्चे माल की क़ीमतों में बहुत वृद्धि हुई। जापान को अधिक मूल्य पर ये वस्तुएँ ख़रीदनी पड़ी जिससे उसके उत्पादन की क़ीमतों में वृद्धि हुई और वह विश्व बाज़ार का मुकाबला करने में असमर्थ रहा। (इस बयान को वर्तमान समय में भारत में जापानी कपड़े की कम क़ीमतें ग़लत सिद्ध करती हैं।) अमेरिकी पत्रकारों ने तर्क दिया कि इस आर्थिक तंगी

की वजह से जापान का रुख चीन के प्रति नरम पड़ा है और वह उसकी ओर मैत्री का हाथ बढ़ा रहा है। एक और तर्क भी दिया गया कि इन्हीं कारणों से फ़िलहाल सेनाएँ भी उसके पक्ष में नहीं हैं तथा मध्यमार्गी जापान में आजकल उभर रहे हैं।

अब स्पष्ट है कि जापान की सदाशयता अपनी वास्तविक इच्छाओं को छिपाने का एक आवरण मात्र थी ताकि अपने शत्रुओं में सुरक्षा की भावना जाग्रत कर सके। कई कारणों से जापान ने इस समय चीन पर आक्रमण करना उचित समझा। इस समय अमेरिका, ब्रिटेन और रूस में से कोई भी जापान के विरुद्ध युद्ध को तैयार नहीं था। सभी लोग शस्त्रीकरण में व्यस्त थे अतः दो-तीन वर्ष बाद जापान के लिए कठिनाइयाँ पैदा हो सकती हैं। अतः जापान के सामने 'अभी या कभी नहीं' वाली स्थिति पैदा हो गयी। अतः वह आक्रमण की तैयारी कर चुका था और जब सब लोगों को यह विश्वास हो गया कि जापान शान्ति की बात कर रहा है तो उसने आक्रमण कर दिया। अतः 24 अप्रैल, 1937 में न्यूयार्क के सुप्रसिद्ध पत्र 'दि नेशन' ने लिखा था कि—1931 की अपेक्षा पूर्वोत्तर क्षेत्र में शान्ति की संभावनाएँ आजकल अधिक हैं। 26 जून को उसी अख़बार ने पुनः लिखा कि चीन के प्रति जापान आजकल शान्त है किन्तु उस पत्रकार को यह मालूम नहीं था कि यह तूफ़ान से पहले की शान्ति थी।

जापान की अन्य आक्रमणों की सामान्य तैयारी के साथ-साथ पूर्वोत्तरी क्षेत्र के संकट में अन्य बातों की हिस्सेदारी भी थी। सियान विद्रोह और दिसम्बर, 1936 में मार्शल च्यांग काई-शेक का अगवा किया जाना भी चीन की यूनाइटेड फ्रंट नीति के लिए ज़िम्मेदार थे। अब इस बात में शक की गुंजाइश नहीं रह गयी कि बन्धकों द्वारा च्यांग की रिहाई से पूर्व ही चीनी सोवियत व नानकिंग सरकार इस समझौते पर पहुँच गये थे कि वे जापान का मिलकर विरोध करेंगे। इसके परिणामस्वरूप वर्तमान इतिहास में पहली बार चीन का एकीकरण हुआ। चीनी सोवियत के लोग कम्युनिज़्म व अलगाववाद को छोड़कर नानकिंग सरकार से मिलने को तैयार हुए। च्यांग ने जापान के विरुद्ध एकीकृत चीन का नेतृत्व किया या कम्युनिस्ट नेता चाउ एन-लाई तथा च्यांग का अपना पुत्र ही उसके मुकाबले में थे। जापान यह सब जानता था अतः उसने आक्रमण कर दिया और चीन को समेकित होने का अवसर भी नहीं दिया। समय कई प्रकार से जापान के पक्ष में था। ब्रिटेन, रूस व अमेरिका पुनर्शस्त्रीकरण में व्यस्त थे अतः उनमें से किसी ने भी संघर्ष में भाग लेना उचित नहीं समझा। ब्रिटेन को अभी भी अपने सिंगापुर के सैन्यअड्डे को पूरा करने के लिए समय चाहिए था। अमेरिका द्वारा तटस्थता की नीति अपनाने से स्पष्ट है कि वह भी अन्तरराष्ट्रीय संघर्षों से दूर रहना चाहता है।

कट्टरवादी रिपोर्टों के अनुसार रूसी सेना भी असन्तोष से गुज़र रही थी। अतः 12 माह पूर्व की भाँति आज कोई भी संघर्ष में पड़ने को तैयार नहीं था। 4 जुलाई, 1937 में सोवियत सेनाओं द्वारा संघर्षरत स्थल से सेनाएँ हटा लेने के बाद सोवियत मंचुकुओ सीमा पर द्वन्द्व का अन्त हुआ। यह उपमहाद्वीप 1860 के चीन समझौते के बाद से रूस के नियन्त्रण में था, इससे भी स्पष्ट होता है कि रूसी सरकार भी युद्ध के लिए तैयार नहीं थी।

अमूर नदी के पास से रूसी सेनाओं के हटने के तीन दिन बाद पीपिंग के निकट एक ताज़ा घटना घटी और 8 जुलाई, 1937 को उत्तरी चीन पर आक्रमण हुआ।

कई कठिनाइयों को सहने के बाद व्यक्ति बुद्धिमान बन जाता है। अब सूचना प्राप्त पत्रकारों का कहना है कि जापान इस कार्य की तैयारी कई दिनों से करता आ रहा था। वह मंचुकुओ पर क़ब्ज़ा करके सन्तुष्ट नहीं है। जापानी शरणार्थियों के लिए यह स्थान बहुत ठण्डा है। जापान की आवश्यकता का कच्चा माल भी यहाँ अपेक्षाकृत कम उपलब्ध है। इसमें सन्देह नहीं कि जापान के व्यापार में बढ़ोतरी तो हुई है किन्तु प्रशासनिक व्यय अधिक है तथा मंचूरियाई उत्पादों के कारण जापानी बाज़ार को हानि भी हुई है। इसके बदले उत्तरी चीन में (शान्तुंग, होपी, चहार, शांसी तथा सूइयान के क्षेत्रों) मंचुकुओ की अपेक्षा अधिक आर्थिक लाभ दिखाई देता है। चहार, शांसी और दक्षिणी होपी में लोहे के भण्डार हैं। शांसी में कोयला भी उपलब्ध है। इसके अलावा पाँचों प्रान्तों में टिन, कॉपर, सोना और तेल फैला पड़ा है। पीली नदी की घाटी (ह्वांग हो) कपास के उत्पादक के लिए लाभदायक है, जिसे कि फ़िलहाल भारत या अमेरिका से चालीस करोड़ येन प्रतिवर्ष के मूल्य से प्राप्त किया जा रहा है। जापानी शरणार्थियों के लिए भी यहाँ की जलवायु उपयुक्त है और पशुपालन के लिए भी मंचुकुओ की अपेक्षा यह स्थान अच्छा है।

कुछ समय पूर्व ही जापानियों ने इस क्षेत्र के शोषण की योजना बना ली थी किन्तु जापान के धनिक जब तक यहाँ प्रवेश करने के इच्छुक नहीं थे जब तक कि यहाँ चीनी प्रभुत्व बना रहता है। इसलिए सम्पन्नता की सहायता के लिए सैन्यशक्ति का उपयोग हुआ।

वर्तमान आक्रमण के पीछे आर्थिक आवश्यकता के साथ-साथ मनोवैज्ञानिक तथ्य भी कार्यरत था। अमेरिकी पत्रकार कुछ हद तक ठीक थे, जब उन्होंने लिखा कि जापान आर्थिक तंगी के दौर से गुज़र रहा है किन्तु उनके निष्कर्ष पूर्णतः ग़लत थे। उन्होंने जो लिखा उसके विपरीत यह तथ्य भी ध्यान देने योग्य है कि आन्तरिक असन्तोष को छुपाने के लिए सरकार बाहर आक्रमण भी कर सकती है। (निकट भविष्य में जर्मनी को भी इसी प्रकार के असन्तोष का सामना करना होगा।)

जापान के सम्बन्ध में यह कहा जा सकता है कि हाल ही में उसे जिस आर्थिक तंगी का सामना करना पड़ा है उसका कारण व्यापार में सन्तुलन क़ायम न रख पाना भी है और युद्ध-मनोविज्ञान को आवश्यक मानना भी हो सकता है।

जापान द्वारा सूइयान (उत्तरी चीन का एक प्रान्त)। नवम्बर, 1936 के आक्रमण व हार से यह बात स्पष्ट हो गयी है कि मंगोलिया के मुख्य क्षेत्रों पर तब तक क़ब्ज़ा कर पाना सम्भव नहीं है जब तक कि पूरे उत्तरी चीन पर अधिकार न जमा लिया जाये। चहार और विशेष रूप से सूइयान पर नियन्त्रण किये बिना मंगोलिया को मंचुकुओ के नियन्त्रण से निकाल पाना असम्भव है।

जापान मंगोलिया में इतनी रुचि क्यों रखता है जबकि वह एक व्यर्थ का क्षेत्र है जिसकी आर्थिक दृष्टि से भी कोई महत्ता नहीं है? इसका कारण आर्थिक नहीं बल्कि रणकौशल का है। ऊपर चर्चा की जा चुकी है कि जापान एक बड़े क्षेत्र पर क़ब्ज़ा करना बाहता है जिसमें मंचुकुओ, उत्तरी चीन व मंगोलिया शामिल हैं। इस बीच रूसी राजनीति भी बेकार नहीं बैठी है और चीनी लोकतन्त्र के दो मुख्य प्रान्त रूसी प्रभाव में आ चुके हैं। वे प्रान्त हैं—मिकियांग (और चीनी तुर्किस्तान) तथा बाहरी मंगोलिया (मंगोलिया का ऊपरी भाग जो सोवियत रूस से जुड़ा है।) जापान की दृष्टि में सिनकियांग का अधिक महत्त्व नहीं है (यद्यपि भारत के निकट होने के कारण रूस के लिए इसका महत्त्व है।) किन्तु मंगोलिया का है। बाहरी मंगोलिया पर सोवियत रूस का नियन्त्रण होने से वह उत्तरी चीन में आसानी से प्रवेश पा सकता है। इस समस्या से बचने के लिए और रूस को चीन से हमेशा के लिए काट देने की दृष्टि से एक ही रास्ता है कि मंगोलिया पर क़ब्ज़ा कर लिया जाये। मंगोलिया (मंगोलिया के दक्षिणी क्षेत्र) और उत्तरी चीन पर आधिपत्य जमा लेने से पश्चिम से पूर्व तक एक दीवार खड़ी हो जायेगी जिससे रूसी साइबेरिया, मंगोलिया और चीन को अलग-थलग किया जा सकेगा। फ़िलहाल इस क्षेत्र पर क़ब्ज़ा करना ही जापान का मुख्य उद्देश्य है। एक बार इस प्रयत्न में सफल होने के बाद उसका प्रयास होगा कि इस क़ब्ज़ा किये गये क्षेत्र में रेलमार्ग का निर्माण किया जाये जो पूर्व से पश्चिम तक मिलता हो। यदि वह यहाँ अपनी स्थिति दृढ़ कर लेता है तो वह बाहरी मंगोलिया की ओर बढ़ने का प्रयत्न कर सकता है। तब क्या होगा इसकी भविष्यवाणी करना कठिन कार्य है। फ़िलहाल मंगोलिया रूसी प्रभाव का क्षेत्र है और रूसी सरकार ने स्पष्ट घोषणा की है कि इस क्षेत्र में जापान द्वारा की गयी कैसी भी घुसपैठ को कैसस बेला के समतुल्य समझा जायेगा।

किन्तु जापान ने भविष्य में मंगोलवासियों को अपने नेतृत्व में लेकर एकत्रित करने की आशा छोड़ी नहीं है। अतः जापानी एजेंट मंगोलवासियों के लिए मंचुकुओ

जैसे आदर्श की प्रायः चर्चा करते हैं। यदि इस योजना को लागू करने में सफलता मिली तो यह मंचुकुओ का ही सहयोगी होगा। इस प्रकार मंगोलवासियों को अपना राज्य तो मिल जायेगा जिसे गिलबर्टियन स्वायत्तता प्राप्त होगी किन्तु वह जापान के नियन्त्रण में रहेगा। पूर्वोत्तर क्षेत्र में मंगोलों की संख्या लगभग पचास लाख है। बीस लाख के लगभग मंचुकुओ हसीगान प्रान्त में रहते हैं और दस लाख बाहरी मंगोलिया में हैं। जिसे संयुक्त राज्य के आधे भाग के बराबर माना जा सकता है। किन्तु अधिकांश भाग रेगिस्तान है। दस लाख मंगोल आन्तरिक मंगोलिया में रहते हैं जबकि दस लाख के क़रीब सिनकियांग (चीनी तुर्किस्तान) तिब्बत और सोवियत रूस (बुरियाट गणराज्य) में हैं। मंगोलियन राजनीतिक काउंसिल की स्थापना होने से मैंगकुकुओ राज्य का पहला चरण तो लगभग शुरू हो चुका है। मंगोल नेता जो जापानी प्रभाव से ग्रस्त हैं उनमें ली शाउहसिन और प्रिंस तेह हैं।

किन्तु स्वायत्त मैंगकुकुओ अभी जापान के लिए भविष्य की परियोजना है, उत्तरी चीन उसका तत्काल लक्ष्य है।

मंचुकुओ पर क़ब्ज़ा होने से उत्तरी चीन में जापानी प्रभाव निरन्तर बढ़ रहा है और अब यह आशा की जा रही है कि अब बिना किसी बड़े संघर्ष के उत्तरी चीन के पाँच प्रान्तों में से किसी भी प्रान्त को वह अपने हाथों की कठपुतली नहीं बना पायेगा। किन्तु हाल ही में नानकिंग भू-क्षेत्र से काटोन प्रान्त पर क़ब्ज़े से तथा मार्शल च्याग और चीनी कम्युनिस्टों द्वारा दिसम्बर में किये गये समझौते ने जापान की आशाओं पर पानी फेर दिया। और सभी को आशा है कि चीन अपना उत्तरी क्षेत्र युद्ध के बिना नहीं छोड़ेगा।

जनवरी, 1937 से नानकिंग ने उत्तरी चीन के अधिकारी वर्ग पर अपना प्रभुत्व डालना प्रारम्भ किया हुआ है। वह जापान के सहयोग द्वारा पूर्वी होपी में तस्करी का विरोध करते हैं। उसने चीन की सहमति के बिना जापान द्वारा स्थापित तेन्स्तीन टोक्यो वायुमार्ग को स्थगित करने की हिम्मत दिखाई है। उत्तरी चहार में मंचुकुओ और मंगोली सेना ने छिटपुट विद्रोह भी किये हैं। अतः प्रायः जापान विरोधी घटनाएँ घटती रहती हैं, और वह जापानी माँगों के समक्ष घुटने भी टेक रहे। इस सबके अतिरिक्त नानकिंग और चीनी कम्युनिस्टों में एक समझौता हो गया है जिसके अन्तर्गत वे जापान के विरुद्ध लगभग 90,000 सैनिक सप्लाई करेंगे।

3 जुलाई, 1937 को जापान राजदूत शिंगेरू कावागो ने नानकिंग से बातचीत प्रारम्भ की। जापान ने अपने को सीमित करते हुए यह प्रस्ताव पेश किया कि उत्तरी चीन से जापानी राजनीतिक नियन्त्रण हटा लिया जाये जब तक कि नानकिंग मंचुकुओ डी जूरे को स्वीकार कर जापान के साथ आर्थिक सहयोग स्थापित करने

को तत्पर न हो जाये। नानकिंग ने इस प्रस्ताव को अस्वीकार कर दिया और इसके बदले उसके द्वारा दी गयी पेशकश जापानी आवश्यकताओं के मुताबिक पूर्ण नहीं थी। किसी प्रमाण की आवश्यकता शेष नहीं रह गयी थी कि नये चीन का अस्तित्व अब सामने आ गया है, जिससे शीघ्र ही उत्तरी राज्यों में उसके प्रभुत्व की आशा बँधती है। इसलिए जापान ने बिना देरी किये आक्रमण कर दिया और लुकोचियो में, जो पीपिंग (पीकिंग) से 18 मील पश्चिम में स्थित है, एक और घटना घटी जब रातोन्रात जापानी सेनाओं ने चीनी ट्वेंटी-नाइंथ आर्मी से युद्ध छेड़ा।

इस घटना के वैधानिक अध्ययन से स्पष्ट है कि जापान ग़लती पर था। हालाँकि 1901 के बाक्सर समझौते के मुताबिक उन्हें अपनी सेवाएँ पीपिंग लीगेशन तक तथा पीपिंग-त्येनत्सीन रेलमार्ग के कुछ भागों तक देने की छूट प्राप्त थी ताकि वे समुद्र मार्ग से संचार सुविधा प्राप्त कर सकें। इस उद्देश्य से इस सन्धि को लागू भी किया गया था। संघर्ष के तत्काल बाद जापानी सरकार ने निम्न माँगें सामने रख दीं–

1. पश्चिमी पीकिंग के क्षेत्र में ट्वेंटी-नाइंथ आर्मी को वापिस बुला दिया जाये।
2. इस संघर्ष के ज़िम्मेदार चीनियों को सज़ा दी जाये।
3. उत्तरी चीन में जापान विरोधी हर प्रकार की गतिविधि पर नियन्त्रण किया जाये।
4. संचार के लिए तत्काल क़दम उठाये जायें।

यह रिपोर्ट मिली है कि 19 जुलाई को होपी-चहार राजनीतिक काउंसिल ने इन माँगों को मान लिया और जिन शर्तों पर यह समझौता हुआ उसे 23 जुलाई के तोक्यो से प्रकाशित भी किया गया। चीनी सोच रहे थे कि इस क्षेत्र में चीन व जापान दोनों ही की ओर से युद्ध समाप्त कर दिया जायेगा और यह पूरी सम्भावना है कि नानकिंग भी आख़िरकार इस समझौते को स्वीकार कर ही लेगा। किन्तु जब जापानी सेनाओं ने उस क्षेत्र को खाली नहीं किया तो अधीनस्थ अधिकारियों तथा चीनी सेनाओं ने भी वहाँ से हटने से इनकार कर दिया। 26 जुलाई को जापानी सेना के कमांडरों ने एक ज्ञापन दिया कि चीनी सेनाओं को 28 जुलाई की दोपहर तक वह क्षेत्र खाली कर देना चाहिए। चीनी सेनाओं ने इनकार किया और जापानियों ने ज़बर्दस्ती उन्हें हटाने का प्रयत्न किया। अतः युद्ध प्रारम्भ हुआ।

हालाँकि नानकिंग डिक्टेटर युद्ध के लिए तैयार नहीं थे किन्तु जापानी इस युद्ध के लिए पर्याप्त धनराशि ख़र्च करने को तैयार थे। यह सूचना मिली थी कि वे 117,650,000 पाउंड ख़र्च करने को तत्पर थे और वह युद्ध जनवरी, 1938 तक चला।

पूर्वोत्तर क्षेत्र में युद्ध की तरोताज़ा प्रगति यह है कि शंघाई क्षेत्र में भी युद्ध छिड़ गया है। 9 अगस्त को शंघाई के हवाई अड्डे हंगजाओ में एक नयी घटना घटी—दो जापानी सेनाधिकारियों को मार डाला गया, जब वे हवाई अड्डे में घुसने का प्रयास कर रहे थे। अतः जापानी सेनाओं ने इस हत्या का बदला लेने के लिए दुखद कार्य किया तथा जापानी एडमिरल ने अन्य बातों के साथ-साथ यह माँग भी की कि शंघाई से 30 मील की दूरी तक चीनी सेनाएँ दिखाई नहीं देनी चाहिए। तथा इस क्षेत्र में जितने भी सेना के अड्डे हैं उन्हें तत्काल नष्ट कर दिया जाये। चीनियों ने इस माँग के उत्तर में शंघाई क्षेत्र से 88वीं डिवीजन को हटा लिया ताकि वहाँ की सेनाओं को शक्ति मिल सके। जापानियों ने इसे 1932 के समझौते का उल्लंघन माना और चीनियों ने कहा कि जापानियों ने स्वयं चीनी क्षेत्र में अपनी सेनाएँ तैनात करके और इस क्षेत्र में जानबूझकर इतने बड़े सैन्यबल को बुलाकर उस सन्धि से मुक्त कर दिया है।

इस प्रकार दो क्षेत्र पीकिंग तथा शंघाई क्षेत्र में युद्ध जारी है। इस सम्बद्ध में मुख्य प्रश्न यह है कि शंघाई क्षेत्र में युद्ध जारी रखने की इच्छुक कौन-सी पार्टी थी? सभी सम्भावनाएँ जापान की हैं।

नानकिंग सेनाओं के होपी प्रान्त में आ जाने से जापान का थल मार्ग अवरुद्ध हो गया, तो वे समुद्र की ओर मुड़े। मार्शल यांग ने पीपिंग के चारों ओर (जापानी क्षेत्र में) सेनाओं का अर्द्धवृत्त बना दिया, बहुत योजनाबद्ध तरीक़े से यह किया गया जो कि एक अच्छी और मज़बूत रणनीति थी। सरकारी सेवा का बायाँ बेड़ा प्रसिद्ध दर्रे नानको पर तैनात किया जहाँ से पीकिंग पाओटो रेलवे पर्वत शृंखला को काटती हुई निकलती थी। पीपिंग से 100 मील दक्षिण में हेंको रेलमार्ग पर पाडटिंगफू पर केन्द्रीय सेनाएँ तैनात थीं। दायाँ बेड़ा त्येनत्सीन से 30 किलोमीटर की दूरी पर था। यह क्षेत्र भी जापान के अधीन था। यह अर्द्धवृत्त हीडनबर्ग लाइन, एक दुर्जेय रेखा थी। अतः चीनियों की शक्ति का ग़लत आंकलन करके ही शंघाई पर आक्रमण किया जा सकता था।

यदि चीन के पास हृदय है तो वह यांग्त्से के मुँह में आर्थिक केन्द्र में स्थित है। जापान इस पर आक्रमण करके विदेशी नियन्त्रण के औद्योगिक, वाणिज्यिक और आर्थिक क्षेत्र पर आक्रमण करना चाहता है ताकि केन्द्रीय सरकार की आर्थिक स्थिति ख़राब करके राष्ट्रीय भावना को ठेस पहुँचा सके और चीनी मध्यवर्ग को आतंकित कर सके। शंघाई जापानी जल सेना की दया पर है और इस सम्पन्न क्षेत्र पर आक्रमण करके इस विकसित देश को जानबूझकर युद्ध में झोंकने के समान है किन्तु इस धक्के के प्रभाव का पता तभी चलेगा जब यहाँ का व्यापार-कार्य ठप्प हो जाये तभी युद्ध से हुई हानि का सही आकलन सम्भव हो पायेगा।

कुछ अर्से तक युद्ध जारी रहेगा। जापान की कोशिश होगी कि वह हृदय को नष्ट कर दे ताकि उसे पंगु बनाने में आसानी हो जाये। चीन मुकाबला करे या घुटने टेक दे इसीलिए प्रमुख रणनीति के तौर पर शंघाई में युद्ध छेड़ा गया है। क्या चीन इस ख़ूनी दरिया से पार हो पायेगा? यदि आयुध सामग्री के लिए कटोन का मार्ग खुला रहेगा और शंघाई में युद्ध के दौरान हुए राजस्व का घाटा अधिक नहीं होगा तो शायद चीन जापान की सामाजिक व आर्थिक स्थिरता को हानि पहुँचा सकता है। इसी विषय में यह तथ्य भी ग़ौरतलब है कि जापानी जलसेना चीनी बन्दरगाहों को अवरुद्ध करने का प्रयास कर रहा है तथा जापानी लोगों में युद्ध का बुखार चढ़ा है, और इस क्षेत्र में सेनानियों व आम जनता के उद्देश्यों में अब अधिक अन्तर भी नहीं रह गया है। चीन ने एक बार फिर 1931 की भाँति लीग ऑफ़ नेशंस से अपील की है। किन्तु ऐसे आपात्काल में इस मरणासन्न लीग की क़ीमत क्या है? विश्व की सहानुभूति निस्सन्देह चीन के साथ है किन्तु विश्व की सहानुभूति की भी मशीनगनों के सामने क्या क़ीमत है। चीन की स्थिति निराशाजनक है। यह सोचना कि समय चीन के पक्ष में है, ग़लत है। आज चीन समय के विरुद्ध युद्ध कर रहा है। ईश्वर करे कि वह सफल हो सके।

जापान ने अपने लिए और एशिया के लिए बहुत महत्त्वपूर्ण कार्य किया है। वर्तमान सदी के अन्त में उसके जागरण ने पूरे महाद्वीप में भय का संचार कर दिया है। जापान ने पूर्वोत्तर क्षेत्र में गोरी जाति के सम्मान को धक्का पहुँचाया है और सभी पाश्चात्य साम्राज्यवादी ताक़तों को सीमित दायरे में रहने का मार्ग दिखाया है चाहे वह सेना के क्षेत्र में हो या फिर आर्थिक क्षेत्र में। जापानी बहुत संवेदनशील हैं, ठीक भी है, एशियाई जाति के रूप में उनमें आत्मसम्मान भी बहुत है। वह पूर्वोत्तर क्षेत्र से पाश्चात्य ताक़तों को बाहर निकाल फेंकने के लिए वचनबद्ध है। किन्तु क्या यह सब साम्राज्यवाद के बिना, चीनी गणराज्य को नष्ट किये बिना, किसी अन्य तथा सभ्य व प्राचीन जाति के सम्मान को ठेस पहुँचाये बिना सम्भव नहीं? हमारी प्रशंसा जापान के लिए है, जहाँ तक उसकी प्रशंसा होनी चाहिए, किन्तु हमारा हृदय इस कष्ट की घड़ी में चीन के साथ है। चीन की स्वयं अपने लिए और मानवता के लिए अभी ज़िन्दा रहना चाहिए। इस संघर्ष की राख से वह एक देवदूत की भाँति पुनः प्रकट होगा, जैसा कि पहले भी कई बार हो चुका है।

आइए पूर्वोत्तर क्षेत्र के इस संघर्ष से हम भी कोई सबक सीखें। नये युग के शुरू में भारत को प्रत्येक दिशा में राष्ट्रीयता प्राप्त करनी है, किन्तु अन्य राष्ट्रों के आधार पर नहीं, और न ही स्वयं को बड़ा बनाने या साम्राज्यवाद के ख़ूनी मार्ग पर चलकर।

19 सितम्बर, 1937

व्यक्तिगत पत्राचार में हस्तक्षेप करने पर*

मुझे महसूस हो रहा है कि मेरे पत्र-व्यवहार में असंवैधानिक हस्तक्षेप के विषय में अपनी टिप्पणी से लोगों को अवगत कराना मेरा कर्तव्य है। अब इस विषय में सन्देह की गुंजाइश नहीं रह गयी है कि यह हस्तक्षेप डाक विभाग के सहयोग द्वारा ही सम्भव हो रहा है। अब तक सी.आई.डी. के कर्मचारियों की इस गुप्तचरी की गतिविधियों के लिए पर्याप्त भर्त्सना हो चुकी है। मेरी निजी राय है कि ऐसी ही भर्त्सना डाक विभाग के कर्मचारियों की भी की जानी चाहिए। सी.आई.डी. के सदस्य तो अपने बचाव में यह तर्क दे सकते हैं कि उन्हें इस प्रकार की गतिविधियों के लिए ही वेतन मिलता है। इसके विपरीत डाक विभाग के कर्मचारियों को एक प्रकार के कार्य के लिए वेतन मिलता है किन्तु वे उन जासूसों के साथ शामिल हो गये हैं। जिस बात से मुझे बहुत दुख पहुँचा है वह यह है कि मेरे प्रश्नों के उत्तर में डाक विभाग के कर्मचारियों ने जो कुछ कहा है वह मन्त्रियों के विरुद्ध है। केन्द्रीय मन्त्रियों को चाहिए कि वे व्यक्तिगत पत्राचार की पवित्रता को क़ायम करने के लिए आवश्यक क़दम उठायें।

पंजाब की स्थिति पर**

कुछ अपरिहार्य कारणों से मैं पंजाब छोड़कर इस समय पूर्व चला जाना चाहता हूँ जो मैंने मूल रूप में सोचा था। किन्तु जाने से पूर्व मैं अपने हृदय की गहराई से उन अनन्त मित्रों व शुभचिन्तकों का आभार व्यक्त करना चाहता हूँ जिन्होंने मेरे पाँच माह के यहाँ के आवास के दौरान अपना प्रेम और आदर मुझे दिया। मैं डलहौजी के लोगों तथा बाहर के लोगों को, जो जब भी मुझे मिले, मेरा बहुत स्वागत किया, का भी धन्यवाद करना चाहूँगा। यह कहना आवश्यक नहीं कि यह प्रेम और सहृदयता जो मुझे मिली उसने मेरे डलहौजी के आवास को सुखद एवं आनन्ददायक बना दिया।

पंजाब में स्थिति

पिछले कुछ माह के दौरान मुझे पंजाब की स्थिति को निकट से देखने व समझने का अवसर मिला है। किन्तु मैं बहुत दुख के साथ इस प्रान्त से जा रहा हूँ।

* 6 अक्टूबर, 1937 को कलकत्ता से लाहौर के लिए रवाना होते समय सुभाष चन्द्र बोस द्वारा यूनाइटेड प्रसे को दिया गया बयान।

** 8 अक्टूबर, 1937 को सुभाष चन्द्र बोस द्वारा यूनाइटेड प्रेस को दिया गया बयान।

ऐसा लगता है कि वर्तमान संघीय सरकार ने सुधार पूर्व के दिनों की तुलना में दमनकारी नीति अपना ली है। इससे पहले सरकार ने, कई राजनीतिक बन्दियों को मुक्त करके, राज्य क़ैदी सतीन्द्रनाथ सेन के विरुद्ध मुक़दमे को वापिस लेकर, साम्प्रदायिकता पर नियन्त्रण कर, अन्तर साम्प्रदायिक एकता के लिए एकता सम्मेलनों का आयोजन कर ख़ान अब्दुल गफ़्फ़ार खाँ पर से प्रतिबन्ध हटाकर तथा कसाईखानों को बन्द कराकर, लोगों के मन में अपने प्रति सहानुभूति व आदर पैदा किया था।

किन्तु अब दमनकारी नीति अपनाकर उसने कई गुणा असम्मान अर्जित किया है। कुछ लोगों से बात करने पर मुझे महसूस हुआ है कि आम लोगों की राय यह है कि सरकार अपने राजनीतिक प्रतिद्वन्द्वियों पर अधिक ध्यान दे रही है। खालसा कॉलेज के कई महत्त्वपूर्ण व योग्य प्रोफ़ेसरों को बरख़ास्त करने के मामले ने लोगों में यह धारणा बना दी है कि इस सबके पीछे सरकार का हाथ है। यदि यह बात सत्य है तो मुझे भय है कि राष्ट्रीय सिखों, मुसलमानों और समाजवादियों के हृदय में सरकार के प्रति अविश्वास पैदा हो जायेगा जैसा कि आजकल दिखाई दे रहा है।

लोगों की स्वतन्त्रता

लोकप्रिय सरकार की पहली कसौटी यह है कि वह जनता की स्वतन्त्रता की गारंटी दे। इस कसौटी पर सरकार के इस कार्य की प्रासंगिकता क्या है जबकि बहुत से राजनीतिक बन्दी अभी भी क़ैदी हैं, दोनों जिन पर मुक़दमा चल रहा है या जिन पर मुक़दमा नहीं भी चल रहा है, और अन्य लोगों की गिरफ़्तारी के आदेश भी दिये जा रहे हैं। इसके अलावा शचीन्द्र नाथ सान्याल तथा उनके मित्र को देशनिकाला देने की क्या न्यायसंगतता है? यदि मन्त्रालय ने स्वयं यह आदेश जारी किया है तो भी या गवर्नर के कहने पर यह हुआ तो भी इसकी भर्त्सना की जानी चाहिए। शचीन्द्र नाथ सान्याल द्वारा जनता को हिंसा करने से रोकने पर और उनको मुक्त करने की अपील पर तो कोई भी बुद्धिमान सरकार उनका स्वागत करती ताकि वे जनता के मध्य अहिंसा का सन्देश प्रचारित करते।

राजनीतिक स्वाँग

एकता सम्मेलन के आयोजन की पृष्ठभूमि में राजनीतिक स्वाँग की झलक स्पष्ट है। संघीय सरकार की अपेक्षा क्या है जनता की एकता अथवा प्रतिक्रियावादी ताक़तों की एकता? यदि वह जनता की एकता चाहते हैं तो उन्हें प्रान्त में उन्नतिवादी ताक़तों के दमन का कार्यव्यापार स्थगित कर देना चाहिए।

प्रतिक्रियावादी गुट

अब इस बात में कोई संशय नहीं है कि संघीय काग़ज़ी कार्यक्रम कुछ भी हो, वह एक प्रतिक्रियावादी गुट के रूप में सामने आ रही है जिसमें मन्त्रालयों के पर्दे के पीछे गवर्नर के हाथ में उनकी लगाम है। फ़िलहाल संघीय गुट की स्थिति इतनी अजेय है कि उसे सत्ता से अलग करने की कोई आशा नहीं कम-से-कम इस विधान मण्डल के कार्यकाल के दौरान तो बिल्कुल ही नहीं। इन बादलों से जो एक आशा की किरण फूटती है वह केवल यही है कि समाजवादी विचार अधिकाधिक लोकप्रिय हो रहा है। मुझे यह जानकर सुखद आश्चर्य हुआ कि जो लोग पहले कांग्रेस के विरोधी थे या उसमें रुचि नहीं रखते थे अब उनका मत बदल रहा है। क्या कांग्रेस पार्टी पंजाब की स्थिति का सदुपयोग करेगी और यहाँ के लोगों को अपने झण्डे तले एकत्र कर पायेंगी? यदि ऐसा नहीं हो पाता तो मुस्लिम लीग जैसी साम्प्रदायिक संस्थाएँ इस प्रान्त में आगे बढ़ जायेगी।

पंजाब में कांग्रेस

पंजाब में कांग्रेस अपनी स्थिति सुदृढ़ कर सकती है इस मौक़े का फ़ायदा उठाकर जो उसे स्वतः ही उपलब्ध हो गया और अगले पाँच वर्ष के लिए वह विधान सभा में कांग्रेस बहुमत भी प्राप्त कर सकती है। किन्तु क्या वे यह करेंगे? एक मित्र के रूप में मैंने जो निरीक्षण किया उससे यह आभास हुआ है कि यहाँ के कांग्रेस के उच्चतम नेताओं में सहृदयता और विशाल हृदयता की अधिक आवश्यकता है। पंजाब को ऐसे नेताओं की आवश्यकता है जो दूरदृष्टि दखते हों तथा जिनका हृदय विशाल हो तभी वे इस प्रान्त को एकजुट रख पाने में सफल होंगे। ऐसे नेता चाहिए जो जातिवाद और गुटवाद से ऊपर उठकर सम्पूर्ण जाति के मनुष्यों के लिए कार्य करने को प्रतिबद्ध हों। पद और प्रतिष्ठा के हिसाब से यह आभास होता है कि पंजाब में कम समय में ही कांग्रेस अपना प्रभुत्व बना सकती है। यदि इस समय उसके नेता अपने को योग्य सिद्ध कर पायें तो मुझे आशा है और मैं प्रार्थना करता हूँ कि यह बात जल्दी-से-जल्दी सम्भव हो जाये।

किसान और भारतीय राष्ट्रवाद*

कलकत्ता में किसान रैली

कांग्रेस के आदर्शों पर श्री सुभाष चन्द्र बोस के विचार

अत्यधिक स्वागत व प्रसन्नता की तालियों की गड़गड़ाहट में सुभाष चन्द्र बोस ने अभिभाषण देते हुए घोषणा की कि कांग्रेस हर प्रकार के दमन को समाप्त करना चाहती है चाहे व सरकार की ओर से हो या निजी स्वार्थों के कारण हो। कांग्रेस सभी वर्गों का नेतृत्व करने की इच्छुक है। राजनीतिक स्वाधीनता प्राप्त करने से भारत को आर्थिक स्वतन्त्रता भी प्राप्त हो जायेगी। एक बार फिर वह विश्व के सभ्य लोगों की श्रेणी में आ खड़ा होगा।

बंगाल की स्थिति पर**

कल प्रातः मैं दुखी हृदय से कुछ समय के लिए यूरोप के लिए रवाना हो जाऊँगा। आज बंगाल की स्थिति इतनी दुखद है कि मुझे जानबूझकर इस हताशा और निराशा की स्थिति में स्वयं को अलग करने पर मजबूर होना पड़ रहा है। यदि मेरा स्वास्थ्य इस योग्य होता कि मैं इन उत्तरदायित्वों को जो हमारे सम्मुख खड़े हैं निभा पाऊँ तो मैं नहीं जाता, किन्तु आज मेरे पास अन्य कोई मार्ग नहीं है। मेरे कई कांग्रेसी मित्रों के आग्रह पर मैंने यह निर्णय लिया कि मैं अपने डलहौजी आवास के दिनों में कटौती कर अखिल भारतीय कांग्रेस समिति की बैठक में उपस्थित होने के लिए कलकत्ता आऊँ। तभी से अनेकों कारणों से, जिसे जनता भलीभाँति जानती है, मैं यहाँ कलकत्ता में ही रुका हुआ हूँ, जिसका परिणाम यह है कि आज मुझे महसूस हो रहा है कि मैं इस राजनीतिक जीवन के अपरिहार्य तनाव को सहन करने की शक्ति से क्षीण हूँ। मैं इस आशा के साथ कल रवाना होऊँगा कि आगामी नववर्ष में मेरी शारीरिक क्षमता और मेरा स्वास्थ्य इस योग्य हो जाये कि मैं इतने वर्ष राजनीतिक परिदृश्य से हटा रहा उस कार्य को परिपूर्ण कर सकूँ।

पिछले मार्च में रिहा होने के पश्चात जो बात सबसे पहले मेरे ज़ेहन में आयी वह यह थी कि कुछ सिद्धान्त हैं जो मेरे भविष्य के जीवन को और कार्यों को निर्देशित करेंगे। मैं फिर इस बात पर बल देना चाहूँगा कि यदि बंगाल फिर

---

* 10 अक्टूबर, 1937 को दिये गये अभिभाषण का कुछ अंश जो 28 अक्टूबर, 1937 के 'कलकत्ता निगम गजट' में प्रकाशित हुआ।

** नवम्बर, 1937 को सुभाष चन्द्र बोस द्वारा प्रेस को दिया गया बयान।

पुरानी स्थिति में लौटना चाहता है तो उसे भारतीय राष्ट्रीय कांग्रेस के सिद्धान्तों, कार्यक्रमों और नीतियों का अनुपालन करना चाहिए। इसके अलावा अहिंसा के सिद्धान्त की भर्त्सना करना अति आवश्यक है। इसका अर्थ यह है कि यदि आज अभी तक कहीं ऐसी गुप्त कार्यवाहियाँ चल रही हों तो उन्हें सदा के लिए समाप्त कर दिया जाना चाहिए। तभी हम सामाजिक-आर्थिक कार्यक्रम के आधार पर कार्य करने में सफल होंगे।

आज बंगाली समुदाय के कुछ लोग साम्प्रदायिकता में लिप्त हो गये हैं। इस विषाक्त वातावरण में से कांग्रेस ही हमारे लोगों को निकाल सकती है क्योंकि कांग्रेस ही इस भूमि पर एकमात्र राष्ट्रीय संस्था है। मुझे पूरा विश्वास है कि जैसे ही हम अपने आर्थिक कार्यक्रम आगे बढ़ायेंगे हम सभी प्रकार की साम्प्रदायिकता को छोड़ कर एक समुदाय के रूप में एकत्र हो जायेंगे। मैं उन सभी मुसलमान भाइयों और अनुसूचित जाति के लोगों से अपील करता हूँ, जो अभी तक कांग्रेस से अलग-थलग रहे, कि वे कांग्रेस में शामिल हो जाये। यह उनका कार्य है कि वे कांग्रेस पर अधिकार कर लें और उसे अपनी पार्टी बना लें। यदि वह ऐसा कर लेते हैं तो हमें पिछड़ेपन से निजात मिल जायेगी।

इस समय मेरे लिए कुछ भी कहना सम्भव नहीं है कि राजनीतिक बन्दियों के और नज़रबन्दी के विषय में महात्मा गाँधीजी का क्या क़दम होगा। मैं लोगों को याद दिलाना चाहता हूँ कि महात्माजी को बंगाल में आमन्त्रित कर हमने उन पर कठिन ज़िम्मेदारी डाल दी है। मैं जनता की ओर से उन्हें आश्वस्त करता हूँ कि, उनके कलकत्ता आने से पूर्व मैंने उन्हें अहिंसा की दृष्टि से जो बताया था, आज बंगाल का वातावरण पहले की अपेक्षा अधिक उपयोगी है। मुझे पूरी आशा है कि भविष्य में ऐसा कोई क़दम नहीं उठाया जायेगा जो इस वातावरण को दूषित कर सके। यदि हम अहिंसा के वातावरण को क़ायम रख पायेंगे तभी राजनीतिक बन्दियों की रिहाई के लिए किये जा रहे प्रयासों के सफल होने की आशा की जा सकेगी। वन्दे मातरम्।

सम्पादक, हिन्दुस्तान स्टैंडर्ड

23 नवम्बर, 1937

महोदय,

18 तारीख़ के आपके पत्र में पृष्ठ 6 पर आपने कहा है कि महात्मा गाँधी ने समयानुभाव के कारण लेखकों से (वन्दे मातरम् के प्रश्न पर) न मिल पाने के लिए खेद व्यक्त किया है। यह बात सही नहीं है।

मैंने ही लेखकों को महात्मा गाँधी के पास शिष्टमण्डल भेजने का विचार दिया था, बाद में डॉ. सुनीति चटर्जी को फ़िलहाल इस विचार को त्याग देने का सुझाव दिया था। अतः मेरा दायित्व है कि मैं स्थिति को स्पष्ट रूप में पेश करूँ।

मन्त्रियों ने महात्मा गाँधी की सहमति से प्रातः 11:30 पर एक बैठक आयोजित की। हमें आशा थी कि यह बैठक एक घण्टे में समाप्त हो जायेंगी। अतः हमने विचार बनाया कि महात्मा गाँधी के लिए सायं 3:30 बजे का समय ठीक रहेगा। अतः डॉ. चटर्जी को इसकी सूचना दे दी गयी। उस दिन (शायद 16 तारीख़ थी) हमने देखा कि महात्मा गाँधी का रक्तचाप बढ़ गया है और मन्त्रियों ने बैठक का समय दोपहर बाद 12:30 बजे निर्धारित कर दिया है। हमने यह महसूस किया कि जब मन्त्रियों से मिलने के बाद गाँधी घर लौटेंगे तो इतने थक चुकेंगे कि इन विशिष्ट व्यक्तियों से कैसे मिल पायेंगे। अतः मैंने डॉ. चटर्जी को फ़िलहाल इस विचार को त्याग देने की राय दी जिसे उन्होंने स्वीकार कर लिया। मुझे प्रसन्नता है कि यह हुआ, क्योंकि मन्त्रियों से महात्मा गाँधी की बातचीत तीन घण्टे चली और गाँधी जी बहुत थके हुए वापिस लौटे। अगले दिन बैठक सम्भव नहीं हो पायी क्योंकि दोपहर की गाड़ी से गाँधी जी हिजली के लिए रवाना हो गये।

आपका

सुभाष चन्द्र बोस

कार्ल्सबाद तथा चेकोस्लोवाकिया के अन्य जल स्थान*

जुलाई, 1933 में जब मैं प्राग में था तब चेकोस्लोवाकिया सरकार के सौजन्य से कार्ल्सबाद की पोर्सलीन फैक्टरियों को देखने का अवसर मिला जिसके लिए पूरा प्रबन्ध सरकार द्वारा कर दिया गया था। कार्ल्सबाद के अल्प आवास के दौरान मैंने खनिज झरनों को भी देखा जिन्होंने पूरे विश्व में कार्ल्सबाद को प्रसिद्ध कर दिया है। कार्ल्सबाद में मेरी दिलचस्पी अप्रैल, 1933 में और बढ़ी जब मेरे परीक्षण हेतु आये एक प्रोफ़ेसर ने मुझे बताया कि जिस आन्तरिक पीड़ा से मैं ग्रस्त हूँ उसके उपचार के लिए मुझे कार्ल्सबाद जाना चाहिए। सितम्बर, 1934 में मुझे कार्ल्सबाद जाने का अवसर मिला और मैंने वहाँ के प्रसिद्ध खनिज झरनों का पानी पिया।

अगस्त, 1933 में मैं चेकोस्लोवाकिया के एक अन्य स्नानघाट फ्रेंजनबाद गया जो कार्ल्सबाद से एक घण्टे की यात्रा की दूरी पर स्थित है। उस समय श्री वी. जे. पटेल अपने हृदय रोग के उपचार हेतु वहाँ आये हुए थे। फ्रेंजनबाद एक

* कलकत्ता नगर निगम के गजट में 31 दिसम्बर, 1937 को प्रकाशित।

छोटा स्थान है और कार्ल्सबाद की भाँति अन्तरराष्ट्रीय ख्याति प्राप्त स्थान भी नहीं है। फिर भी यह एक बहुत सुन्दर स्थल है, विशेष रूप से हृदय रोगों, स्त्री रोगों तथा जोड़ों के दर्द आदि के लिए तो बहुत उपयोगी स्थान है। यह एक समतल भूमि पर स्थित है अतः बूढ़ों व कमज़ोर स्त्री-पुरुषो के लिए उपयुक्त स्थान है।

इसके विपरीत कार्ल्सबाद पहाड़ियों की शृंखलाओं से घिरा स्थान है। मुख्य शहर घाटी में स्थित है तथा घरों के साथ-साथ सड़कें बनी हैं जो हर ओर पहाड़ों तक फैली हुई हैं। स्वास्थ्य और दृश्यावली की दृष्टि से भी इस शहर की स्थिति बहुत उत्तम है। कार्ल्सबाद नगर निगम ने बहुत सुन्दर सड़कें और मार्ग बनाये हैं जो कार्ल्सबाद को घेरने वाले पहाड़ों तक पहुँचते हैं। अधिकांश चोटियों उदाहरण के लिए, ड्रिक रेशउजबर्ग (त्रिशूल के आकार में), फ्रेंडशाफ्टशेश (मैत्री पहाड़), हीरशनस्प्रग (हिरणकूद), विएट्रसवर्ग, अबर्ग, स्टिपटरवर्ट आदि को शहर से ही देखा जा सकता है और वहाँ तक आधे घण्टे की पैदल यात्रा के पश्चात पहुँचा जा सकता है। इन सभी चोटियों से आँखों के सम्मुख अद्भुत दृश्य देखने को मिलता है। पर्वत चोटियों पर पहुँचने वाले मार्ग पर थोड़ी-थोड़ी दूर पर विश्राम स्थल हैं और ऐसे मार्ग बनाये गये हैं कि हर प्रकार के पैदल यात्रियों को लुभाते हैं। मौसम के दौरान इन सभी एकान्त चोटियों पर कैफ़े खुले रहते हैं जिससे पैदल यात्री यहाँ स्वयं को तरोताज़ा कर सकते हैं और घर लौटने की यात्रा शुरू करने से पूर्व अपनी थकान मिटा सकते हैं। यूरोप के किसी भी लोकप्रिय रिसोर्ट की भाँति कार्ल्सबाद में भी टेनिस, गोल्फ, नृत्य, सिनेसा, थियेटर, घुड़सवारी-शिकार आदि की सुविधाएँ उपलब्ध हैं। किन्तु मुझे कार्ल्सबाद में जो चीज़ सबसे आकर्षक लगी वह थीं, वह पगडण्डियाँ जो पर्वत की चोटियों तक पहुँचती हैं। वहाँ नीरसता का कोई नाम नहीं। प्रत्येक दिन की यात्रा में आप नये-नये दृश्यों से अपना मन लुभा सकते हैं।

कार्ल्सबाद की स्थापना 1349 में राजा चार्ल्स-IV (कार्ल-IV) ने की थी। इससे एक लोककथा जुड़ी है कि एक बार राजा चार्ल्स-IV कार्ल्सबाद पर्वतों में शिकार खेल रहे थे; अचानक वहाँ एक बड़ा हिरण आया और उसके पीछे कुत्ते पड़े हुए थे। वह हिरण चट्टान पर से कूदा, पीछे-पीछे कुत्ते भी कूदे। तभी राजा को एक कुत्ते के चिल्लाने की आवाज़ सुनाई दी, क्या हुआ यह देखने के लिए राजा वहाँ पहुँचे तो उन्होंने देखा कि एक गरम चश्मे (झरने) में कुत्ता जल गया है। अतः अचानक राजा चार्ल्स-IV द्वारा कार्ल्सबाद की खोज हुई। बाद में चिकित्सकों की राय से राजा चार्ल्स ने उस चश्मे के चारों ओर एक घाट बनवा दिया। तभी से कार्ल्सबाद (चार्ल्स, जर्मन भाषा में कार्ल्सबाथ) मध्य यूरोप का सुप्रसिद्ध स्नानागार बन गया, क्योंकि इस चश्मे के पानी में रोगों को ठीक

करने की शक्ति थी, अब यह हमेशा के लिए प्रसिद्ध हो गया है। गोथे, जिन्होंने कम-से-कम 13 बार कार्ल्सबाद की यात्रा की, कहते हैं—"इन चश्मों की वजह से मेरा अस्तित्व बार-बार स्थापित होता है।" अन्य जल स्नानों की भाँति ही कार्ल्सबाद में किसी भी समय जाया जा सकता है क्योंकि चश्मे और स्नानाघाट वर्षभर खुले रहते हैं। कार्ल्सबाद के थर्मल चश्मों में अल्कासोलाइना मिनरल वाटर है, जिसमें सोडा सल्फेट, सोडा कार्बोनेट और सोडा क्लोरेट मुख्य रूप से विद्यमान है। इसके अलावा यहाँ के पानी में लीथियम (हाइड्रो कार्बोनेट) भी मिलता है और अन्य खनिज पानी के स्रोतों की अपेक्षा यहाँ के पानी में रेडियोधर्मिता भी अधिक है। पानी और कार्बोनिक एसिड गैस भी रेडियोधर्मिता से परिपूर्ण हैं।

कार्ल्सबाद की स्थायी आबादी 16,000 है, किन्तु मौसम के दौरान यहाँ 50,000 के लगभग यात्री आते हैं। 1928 और 1931 में रिकॉर्ड क़ायम हुआ जब यहाँ आने वालों की संख्या 68,000 और 71,000 के लगभग हो गयी। किन्तु पिछले कुछ वर्षों में आर्थिक तंगी के कारण तथा अन्य देशों में जल स्रोतों के विकास की वजह से और कई सरकारों की आत्मनिर्भरता की नीतियों के कारण यहाँ आने वाले यात्रियों की संख्या में बहुत कमी आ गयी। 1933 में यात्रियों की संख्या 38,000 थी। चेकोस्लोवाकिया के लिए कार्ल्सबाद का महत्त्व यहाँ की पोर्सलिन इंडस्ट्री के कारण भी है जिसकी वजह से चेकोस्लोवाकिया इतना प्रसिद्ध है। किन्तु विश्व इसे जलस्रोत के रूप में ही जानता है।

कार्ल्सबाद के गर्म चश्मों की संख्या 16 है। यहाँ का पानी पीने और स्नान दोनों के ही कामों में आता है। कुल सुप्रसिद्ध चश्मों का विवरण इस प्रकार है—

स्प्रूडेल—यह हवा में ऊपर की ओर तेज़ गति से उठता है। यह कार्ल्सबाद का प्रतीक चिन्ह है। इसके उपचार योग्य पानी (72 डिग्री सेंटीग्रेड) को पहले-पहल आधी शताब्दी तक केवल स्नान के काम में ही लाया जाता था, 1520 में डॉ. वेंजल पेयर ने इसे पीने के लिए भी कहा। यह स्रोत प्रति मिनट 2000 लीटर पानी फेंकता है, गर्म पानी। कुल मिलाकर पूरे दिन में 29 लाख लीटर पानी यहाँ से निकलता है। इसमें 19,000 किलो लवण होता है 40 लाख बोतलों की वार्षिक खपत 1—$\frac{1}{2}$ दिन में पूरी हो जाती है, 23,500 बोतल पानी मौसम के दिनों में प्रतिदिन उपयोग में आता है। यह खपत दो मिनट में फेंके गये पानी से पूरी हो जाती है। स्प्रूडेल से निकले पानी द्वारा सभी संस्थाओं के स्नान के पानी की पूर्ति हो जाती है। प्रतिवर्ष यहाँ से 100,000 किलो स्प्रूडेल लवण तैयार किया जाता है। प्रति घण्टा यहाँ 250 किलो कार्बोनिक गैस का उत्पादन होता है।

'द मुहलब्रन्न' यह स्प्रूडेल के बाद सबसे शक्तिशाली स्रोत है। प्रति मिनट

17.5 लीटर पानी छोड़ता है। तापमान 53.7 डिग्री सेंटीग्रेड है। पूरे विश्व में 30 लाख बोतलें प्रतिवर्ष इसके पानी की खपत होती है। कार्ल्सबाद आने वाला प्रत्येक व्यक्ति मुहलब्रन्न के पास बने ग्रीक स्थापत्य का प्रशंसक अवश्य बनता है।

'दि स्कलासब्रन्न' सबसे अधिक ऊँचाई पर स्थित है। 45 लीटर प्रति मिनट पानी छोड़ता है। तापमान 63.3 डिग्री सेंटीग्रेड है। स्क्लासब्रन्न की जड़ में चट्टान से कार्मटब्रन्न निकलता है। प्रति मिनट 4.9 लीटर पानी देता है। तापमान 49.9 डिग्री सेंटीग्रेड है।

'दि कैंसर कार्ल-IV स्प्रिंग' यह राजा चार्ल्स के समय से पुराना स्रोत है (1316-1370)। पैरों में दर्द हो जाने पर राजा यहाँ स्नान किया करता था तो उसने इसके पानी को स्वास्थ्य के लिए उपयोगी पाया। प्रति मिनट 5.1 लीटर पानी यहाँ से निकलता है। तापमान 50.4 डिग्री सेंटीग्रेड है। अन्य चश्मे हैं न्यूब्रन्न, बर्न हार्डसब्रन्न, दि एलिजाबेथे रोजन क्वेले, दि कुरहास क्वेले, पार्कब्रन्न, दि रशियन क्रानन क्वेले, स्पाइटलस्क्वेले, डोरोथीन सोरलिंग तथा ईजन क्वेले।

कार्ल्सबाद में 6 स्नानघर हैं जिनमें निम्न स्नान किये जा सकते हैं—स्प्रूडेल बाथ, मडबाथ, कार्बोनिक एसिडबाथ, हॉट एयर बाथ, इलेक्ट्रिक बाथ, स्प्रूडेल स्टीम बाथ, स्प्रूडेल इंटेस्टाइनबाथ, स्प्रूडेल कार्बेनिक एसिड बाथ, ड्राई गैस बाथ, मड पैक बाथ आदि।

निम्न बीमारियों के उपचार में कार्ल्सबाद बहुत उपयोगी है—पेट की बीमारियाँ, आँतों की बीमारियाँ, यकृत की बीमारियाँ, गालडक्ट की बीमारियाँ आदि। इसके अतिरिक्त जिन अन्य बीमारियों में भी कार्ल्सबाद उपचार से लाभ पहुँचता है वे हैं—मलेरिया के परिणामस्वरूप पैदा हुए रोग, मूत्र मार्गों के रोग, जोड़ों का दर्द, पेशियों का दर्द, गठिया, चर्मरोग, स्त्री रोग।

कार्ल्सबाद में आपको सड़कों पर चलते हुए स्त्री-पुरुष हाथ में गिलास लिए पानी पीते नज़र आयेंगे। प्रायः यह पानी एक बार सुबह और एक बार दोपहर में पीना होता है। पानी पीने के इस निर्धारित समय में वहाँ अत्यधिक भीड़ होती है। मौसम के दिनों में अर्थात मई से अगस्त के बीच पीने के पानी को लेने के लिए लम्बी-लम्बी लाइनें लगी देखी जा सकती हैं। यहाँ बड़े-बड़े हॉल बनाये गये हैं ताकि ख़राब मौसम के दिनों में भी लोग पानी पीने आ सकें। डॉक्टर प्रायः एक और दूसरी बार पानी पीने के बीच एक घण्टे का अन्तर रखने की राय देते हैं।

अभी यहाँ केवल एक पहाड़ी रेलमार्ग है जो शहर से पहाड़ की चोटी फ्रडशाफ्टशोल तक पहुँचता है। अन्य रेलमार्गों का कार्य चल रहा था किन्तु आर्थिक तंगी के कारण उसे रोक देना पड़ा।

कार्ल्सबाद का पानी और नमक पूरे विश्व में उपलब्ध है हालाँकि यह पानी उतना प्रभावशाली नहीं जितना कि ताज़ा पानी जो सीधे झरने से लेकर गर्म ही पिया जाता है, फिर भी लाभ तो पहुँचता ही है।

कार्ल्सबाद आधुनिकतम फ़ैशनेबल स्थान है। सुविधाओं से पूर्ण होटल हैं, बहुत महँगे हैं, यहाँ रहना काफ़ी ख़र्चीला है। सुविधाजनक स्थिति में रहने के लिए आवश्यक ख़र्च अधिक नहीं है। उदाहरण के लिए, मैं स्कालेसबर्ग में कुरहांस कोनिजिक अलेक्जेंडरा में ठहरा था। सुविधाजनक स्थान है जहाँ खाने और स्नान की क़ीमतें मध्यम हैं। यहाँ प्रत्येक कमरे में गर्म और ठण्डा पानी हर समय उपलब्ध होता है। कार्ल्सबाद में ऐसे कई स्थान हैं। किसी विदेशी को जो सबसे बड़ी असुविधा का सामना यहाँ करना पड़ता है वह है यहाँ का विशेषकर 'वुरटेक्स' जो व्यक्ति की आर्थिक अवस्था के अनुरूप लगाया जाता है। यह कर ईमानदारी से नहीं लगाया जाता क्योंकि प्रायः आगंतुकों को वहाँ के व्यवस्थापकों से कर कम करने के लिए झगड़ते देखा जा सकता है।

कार्ल्सबाद के निकट ही और भी कई पानी के स्रोत हैं जैसे मोरीनबाद और सेटे जोशीमस्थल, जहाँ मैं भी गया था। इस स्थान के निकट रेडियम की खानें हैं। जोशीमस्थल का रेडियम स्नान उपचार की दृष्टि से बहुत प्रसिद्ध है।

अब मैं यह प्रश्न करना चाहूँगा कि पानी के ये स्रोत हमें क्या सबक सिखाते हैं। ऐसा बहुत कुछ है जो हम लोग सीख सकते हैं। भारत में कई पर्वतीय स्थल हैं, समुद्र किनारे के स्थान हैं और कई खनिज झरने भी हैं। किन्तु इनको वैज्ञानिक पद्धति से विकसित करने का कोई प्रयास नहीं किया गया है जिससे कि सारे देश के यात्री इस ओर आकर्षित होते। इसका मुख्य कारण सरकार की इस ओर रुचि न होना ही है। इसके विपरीत चेकोस्लोवाकिया में सरकार ने इन स्थानों के विकास में बहुत कार्य किया है। उन सभी यात्रियों को जो, दस दिन कार्ल्सबाद में रुकते हैं, पचास प्रतिशत रेलभाड़े में छूट मिलती है जब वे वापसी की यात्रा करते हैं। भारत में जब सरकार या निगम इस ओर क़दम उठाये उससे पहले हमें लोगों को इस कार्य के लिए तैयार करना होगा। ऐसे स्थानों पर दूसरे देशों के यात्रियों की दिलचस्पी पैदा होने से अपने देश की सम्पदा में वृद्धि होती है। अपने देश के लोगों को लाभान्वित करने के साथ-साथ इसका आर्थिक उद्देश्य भी हो सकता है। क्या हम इसी रूपरेखा पर अपने देश में कुछ कार्य नहीं कर सकते? भारत की सामाजिक व आर्थिक उन्नति के लिए राज्य योजनाएँ बनाते समय हमें उसमें भारत के स्वास्थ्य केन्द्रों व जलस्थानों के विकास को भी शामिल करना होगा।

□□